本书得到赣南师范大学世界史学位点建设经费资助、教育部"本科教学工程"赣南师范大学历史学专业综合改革试点项目资助

冷战后
印巴安全关系研究

刘红良 著

中国社会科学出版社

图书在版编目（CIP）数据

冷战后印巴安全关系研究／刘红良著．—北京：中国社会科学出版社，2017.5

ISBN 978 – 7 – 5161 – 8793 – 7

Ⅰ.①冷… Ⅱ.①刘… Ⅲ.①国际关系—研究—印度、巴基斯坦 Ⅳ.①D835.12②D835.32

中国版本图书馆 CIP 数据核字（2016）第 196844 号

出 版 人	赵剑英
选题策划	刘　艳
责任编辑	刘　艳
责任校对	陈　晨
责任印制	戴　宽

出　　版		中国社会科学出版社
社　　址		北京鼓楼西大街甲 158 号
邮　　编		100720
网　　址		http://www.csspw.cn
发 行 部		010 – 84083685
门 市 部		010 – 84029450
经　　销		新华书店及其他书店

印刷装订	北京君升印刷有限公司
版　　次	2017 年 5 月第 1 版
印　　次	2017 年 5 月第 1 次印刷

开　　本	710×1000　1/16
印　　张	17.75
插　　页	2
字　　数	273 千字
定　　价	79.00 元

凡购买中国社会科学出版社图书，如有质量问题请与本社营销中心联系调换

电话：010 – 84083683

版权所有　侵权必究

目　　录

导论 ………………………………………………………（1）
　一　问题的提出及意义 …………………………………（1）
　二　研究对象 ……………………………………………（2）
　三　研究现状 ……………………………………………（2）
　四　研究方法及结构安排 ………………………………（8）

第一章　冷战后的南亚安全构造 …………………………（13）
　第一节　冷战后的全球安全环境 ………………………（13）
　第二节　主要大国的南亚政策 …………………………（19）
　　一　美国的南亚政策 …………………………………（19）
　　二　俄罗斯与南亚的关系 ……………………………（26）
　　三　中国的南亚战略 …………………………………（31）
　第三节　印巴安全复合体的塑造及阐释 ………………（38）
　　一　冷战后的冲突及分析范式 ………………………（38）
　　二　巴里·布赞的安全复合体理论 …………………（39）
　　三　南亚安全复合体：基本态势及演变、前景 ……（42）
　第四节　印巴两国的战略选择和利益诉求 ……………（52）
　　一　冷战后印度的国家战略 …………………………（52）
　　二　冷战后巴基斯坦的国家战略 ……………………（64）

第二章 印巴安全关系的历史因袭及现实对抗 …………… (72)
第一节 影响印巴关系演化的历史因素 …………………… (72)
一 克什米尔及三次印巴战争 ………………………… (72)
二 黄铜钉危机 …………………………………………… (76)
第二节 以对抗为特征的90年代印巴关系 ……………… (79)
一 印巴关系中的重大事件 …………………………… (79)
二 90年代印巴关系评析 …………………………… (88)

第三章 印巴关系的缓和与波折 ……………………………… (91)
第一节 缓和初现与纷争再起 …………………………… (91)
一 阿格拉峰会 ………………………………………… (91)
二 印度议会大厦遇袭事件 …………………………… (93)
第二节 2003年始印巴关系的改善 ……………………… (97)
一 印巴缓和的序幕：南盟峰会 ……………………… (98)
二 印巴和谈进程及议题 ……………………………… (100)
三 印巴和谈：评价与总结 …………………………… (113)
第三节 印巴关系改善的动因 …………………………… (114)
一 美国作用的发挥 …………………………………… (115)
二 减少核风险的诱因 ………………………………… (116)
三 推动印巴和谈的利益基础 ………………………… (119)
四 其他因素 …………………………………………… (129)
第四节 孟买恐怖袭击事件及两国和谈的恢复 ………… (130)
一 孟买恐怖袭击事件：过程及影响 ………………… (130)
二 孟买恐怖袭击事件后两国的对话进程 …………… (134)

第四章 层次分析法与印巴关系的影响因素 ……………… (150)
第一节 层次分析法：内涵及应用 ……………………… (150)
第二节 国内层次：政治生态及伊斯兰教 ……………… (154)
一 印度的政治体制、主要政党及政策倾向 ………… (155)
二 巴基斯坦的政治体制、主要政党及政策倾向 …… (160)

三　伊斯兰教在印巴两国的作用及差异 …………………………（164）
第三节　双边层次：印巴关系中的关键议题 …………………………（171）
　　一　克什米尔 ……………………………………………………（172）
　　二　恐怖主义 ……………………………………………………（184）
　　三　水资源 ………………………………………………………（197）
　　四　核武器及核战略 ……………………………………………（205）
第四节　地区层次：阿富汗及中亚因素 ………………………………（227）
　　一　印巴两国在阿富汗的利益博弈 ……………………………（228）
　　二　印巴在中亚的竞争 …………………………………………（236）
第五节　国际体系层次（结构与进程）…………………………………（242）
　　一　冷战后的国际体系：结构、进程的特征及其影响 ………（243）
　　二　主要大国的影响 ……………………………………………（246）

结语　总结与展望 ………………………………………………………（253）
　　一　印巴关系：总结与诠释 ……………………………………（253）
　　二　印巴关系：前景展望 ………………………………………（257）

参考文献 ………………………………………………………………（262）

导　　论

一　问题的提出及意义

　　印巴安全关系是影响和左右南亚区域安全状况的主要双边关系。自1947年印巴独立建国以来，围绕领土争端，双方发生了三次较大规模的战争，给两国关系蒙上了挥之不去的阴影。冷战结束后，随着国际体系结构的转换以及印巴国内政治、经济的发展，印巴关系走出了僵硬对峙的固有模式，逐渐趋向于试探—调整—对峙—缓和—调整的模式。其间虽然经历了印巴公开核试验、卡吉尔冲突、印度议会大厦遇袭、孟买恐怖袭击事件，两国关系一度走向低谷，但战争不再是两国解决矛盾与冲突的必然选择。尤其是自2003年以来，两国调整关系的举措及力度逐渐加大。在政治、经济、能源、金融、反恐等领域进行了卓有成效的对话及制度建设，使得国际社会对南亚稳定、合作的前景寄予了厚望。但时至今日，印巴关系改善的进程仍在曲折中进行，期待的实质性进展仍有待落实。那么，究竟是哪些因素迟滞了印巴关系改善的势头？印巴关系究竟受到哪些层面复杂因素的制约？未来两国关系的走向究竟如何？这些问题成为国际关系学者尤其是南亚问题专家研究的焦点。对这些问题的索解，需要借助理论分析的框架，对两国关系中的制约因素进行系统研究。实践意义上，印巴两国作为中国的邻国，在中国的周边外交筹划中具有重要的地位。两国关系的走向对中国外交战略的开展及调整具有较强的影响。因此，考察印巴两国安全关系的脉络、走势、制约因素对于中国制定、开展具有针对性的南亚外交政策，极具现实意义。

二 研究对象

本书研究时段锁定于冷战后这一特定时期，研究范围聚焦于安全领域。通常意义上，冷战的结束以东欧剧变、苏联解体为标志，而冷战后的时间上限为1991年底。考虑到国际关系体系及各国政策的延续性，80年代末苏联和东欧已然酝酿和悄然发生的变动也应在考虑之列，则我们可以把研究的时间的上限界定为从80年代末90年代初开始。而从概念上说，安全（Security），一是指安全的状态，即免于危险，没有恐惧；二是指对安全的维护，指各国采取的安全措施及安全机构。阿诺德·沃尔弗斯（Arnold-Wolfers）认为，在客观意义上，安全表明对所获得价值不存在威胁；在主观意义上，安全表明不存在这样的价值会受到攻击的恐惧。传统意义上，在国际关系研究领域内，安全的指涉对象为国家，则国家之间的安全关系指的是国家机构为维护国家安全，制定安全战略并通过相应国家机构有意识地推行，在此过程中与其他国家行为体产生的互动。印巴两国，自立国之始，两国的安全关系在整体国家战略中的位置就至为突出，以至于达到"淡化"了其他领域关系的程度。本书将对两国安全关系的研究放在冷战后这一时期，以达到在特定的国际格局中考察两国的安全考量、关系正常化的安全制约、未来关系的趋势这一目的。

三 研究现状

印巴关系作为南亚最重要的双边关系一直是政治家、学者关注的焦点，冷战后的印巴安全关系作为牵动印巴关系实质性改善的"中枢"，自然成为研究的重点，因此有关印巴安全关系的研究著述较为丰富。尤其是自2003年以来，印巴关系改善的趋势明朗化、措施多样化，其间虽经历多次突发事件的干扰，但两国仍通过多种渠道、多种形式尝试使两国关系走上正常化轨道。对印巴改善关系的动因、举措及制约、前景，研究者从不同角度进行了论述，以期对印巴关系的进一步发展做出合理的研判。

（一）国内研究现状

国内学者有关印巴关系的研究主要以论文形式为主，多着眼于阶段性问题，探讨印巴两国特定时段的关系状况。为数不多的著述，多是在其中一个章节探讨印巴关系问题。在有关印巴关系的研究中，以下成果较有代表性。

张蕴岭主编的《21世纪：世界格局与大国关系》相关章节中，将来自区外大国的影响以及印巴的敌视对抗融合在一起，分析印巴关系的特点。指出南亚安全首要挑战来自内部，核心问题是印巴对抗。在该学者主编的《未来10—15年中国在亚太地区面临的国际环境》一书中，同样着重于影响印巴关系的症结、方式分析，如克什米尔争端、国内政治、大国的影响等因素。专著中，陈继东的《印巴关系研究》属于相关研究中较新的一部，作者从印巴分治开始，探寻两国关系的渊源、冷战时期三次大规模战争及至冷战后两国关系的曲折发展、国内多种因素与印巴关系的复杂联动，找出影响印巴关系的主要因素，并预测两国关系发展的新态势。对印巴关系较为关注的论文有方金英的《克什米尔争端重起的原因和印巴关系展望》，文章侧重于论述1990年克什米尔危机产生的背景及特点，印巴两国不同的政策应对，危机得以缓和的原因、两国的解决方案。2003年，张力在《当代亚太》上发表了《南亚安全局势的近期发展及其影响因素》，文章认为两国的近期调整促使印巴关系解冻、紧张关系出现缓和，预示着向地区和平迈进。同时指出，"越界恐怖主义"以及克什米尔问题是两国关系改善的实质性前提，而美国的全球及地区安全战略也发挥了重要作用。刘艺的文章《印巴关系缓和：原因与趋势》则通过追溯印巴关系的特点及形成，论述其对两国关系走向的影响，并对自2003年以来印巴关系改善的原因作出了自己的解读；同时，在剖析两国关系障碍的基础上，预测其发展趋向。马加力在《和平与发展》季刊2004年第2期撰文分析了两国关系改善的积极姿态，即开始走上良性发展的轨道，表述的观点与上文基本相同。王东的《印巴关系的变化与克什米尔问题》则着重分析克什米尔对两国关系发展历程曲折反复的影响，属于在一个维度上较为深入的文章。李群英在《现代国际关系》2011年第6期上发表的《印巴关系缓和现状与前景》则是该类文章中较新的一篇，文章认为，自2004年启动和平进程以来，印巴关系有较大改善。这是两国国内政治、经济、军事和外交等方面现实发展的需要，也与大国尤其是美国推动和谈所发挥的作用有关。但两国关系面临着由拉登之死所引发的多重危机的考验，同时印巴核因素、印度崛起以及美国反恐战争、美国与印巴关系等仍在制约着印巴和平进程。印巴关系尽管在向缓和的方向发展，但在克什米尔争端这一"核心"问题上近期难有突破性进展。杜冰、李莉的文章《印巴关系回暖及前景》则详细阐述了自2011年以来印巴全面和谈进程及在一些领域取得的成就，分析了两国改善关系的内在原因，认为两国的分歧及做法制约了关系的进一步发展。荣鹰的《印巴关系中的宗教和民族因素初探》从宗教和民族因素切入，以此为线索，探讨两国关系对峙、缓和的不断起伏，从文化的视角提出实现印巴和解之道。

（二）国外研究现状

从目前所能获得的资料来看，国外学者对此问题关注较多。研究中较有代表性的是美国学者斯蒂芬·科亨的《大象和孔雀》（Stephen P. Cohen, India: Emerging Power），作者详细阐述和分析了影响印巴关系的多重因素，其中对双方观念对立的分析颇具启发性。兰德公司的扎尔米·卡利扎德和伊安·O. 莱斯作为从事世界政治分析的权威，在《21世纪的政治冲突》（Zalmay Khalilzad & Ian O. Rice, Sources of Conflict in the 21st Century）中，立足于南亚的政治、经济、军事态势，对地区力量转变、军事技术和政治能力的相互作用作出分析；预测该地区尤其是印巴关系的发展趋势，国内及国际因素对两国走向的驱动，勾画的图景具有极强的现实性。印度学者斯坦利·沃尔珀特的《印巴关系：持续的冲突还是合作》（Stanley A. Wolpert, India and

/// 导 论 ///

Pakistan: Continued Conflict or Cooperation）一书中，简要回顾了印巴立国进程、冲突的根源以及三次印巴战争的经过，国际社会为解决印巴冲突所做的努力、阿富汗对印巴关系的影响、克什米尔在两国关系中的地位以及为解决冲突两国的举措、围绕克什米尔的解决方案。作者认为是悲剧性的分治造成了悬而未决的问题，尤其是克什米尔的归属，双方的强烈分歧引发了多次战争和冲突。作者对冲突的起源和问题的本质的揭示，视角较为全面，并检视了各种解决方案，展示了使南亚有一个美好前景的路线图。桑迪普·瓦斯莱克的著作《最终方案：重组印巴关系》（Sundeep Waslekar, The Final Settlement: Restructuring India-Pakistan Relations, 2005）则主要分析了制约印巴关系的主要症结——身份、水资源及克什米尔问题，作者更多侧重于对巴基斯坦的分析，详细探讨了巴基斯坦政策抉择中的深层次因素。对消除两国关系中的障碍，作者提出了多种可供选择的方案。苏米特·甘古力的《持续的冲突：1947年以来的印巴关系》（Šumit Ganguly, Conflict Unending: India-Pakistan Tensions Since 1947）则主要从两国关系的竞争性和冲突性方面着手，认为两国在立国理念上的差异造成了两国深陷于围绕克什米尔的螺旋式冲突的敌意中。断言即便原初的意识形态想象已然散去，两国敌意依然存在，并据此分析了该地区战争与和平的可能性。美国前国务院南亚问题专家丹尼斯·库克斯的《印巴会谈：过去的序幕？》（Dennis Kux, India-Pakistan Negotiations: Is Past Still Prologue?）则主要是对印巴谈判的6个关键问题进行了历史回顾和现实概览。作者指出，自2004年以来，持续的谈判进程涵盖了从克什米尔问题到贸易、运输等多个领域。虽然谈判超越了领导人更迭和政党政治，但要在更广泛、坚实的议程上改善双边关系，最终实现地区安全，两国必须发挥更有活力、创造性的领导作用。拉延·哈什的文章《印巴克什米尔冲突：发展合作求和平》（Rajen Harshe, India-Pakistan Conflict over Kashmir: Peace through Development Cooperation）认为，印巴克什米尔冲突可追溯到次大陆分治后印巴分别形成国家之时，印巴分别以世俗主义和两个民族的理论立国，都渴望将克什米尔并入自己版图。该文认为，克什米尔的解决依赖于双方的诚意，应在现实的基础上寻找替代冲突的解决方案，其中贸易、发展合作的解决方案被严重忽视。艾米丽·克里克的《1999年以来印巴关系中的板球运动》（Emily Crick, Contact Sport: Cricket In India-Pakistan Relations Since 1999）则从印巴两国极受欢迎的运动——板球透视印巴关系的阴晴起伏，其中板球起到"多轨外交"的作用，可以借此增强交流、打破两国关系中负面因素的影响。伊贾兹·汗的文章《巴基斯坦911后的阿富汗政策转变》（Ijaz Khan, Pakistan's Post September 11 2001 Afghan Policy Shift: Impact on Pak-India-Afghan Geopolitics）中认为，"9·11"之后巴基斯坦改变了支持塔利班政策，加入以美国为首的反恐联盟。阿富汗新政府上台对巴基斯坦的态度带来了不利的影响，而美国作用的发挥避免了巴基斯坦被孤立。巴基斯坦支持反恐战争推动了印巴之间的和平进程，其再结盟的政策使地区的地缘政治版图完全不同。

2010年，吉提克·卡密瑞在《南亚发展杂志》上发表了《国家身份叙事在塑造外交政策中的作用：以印巴关系为例》（Gitika Commuri, The Relevance of National Identity Narratives in Shaping Foreign Policy: The Case of India-Pakistan Relations），文章以建构主义身份政治的范式，分析国家政治精英的文化—宗教身份叙事相对于世俗观念对印巴关系的冲突抑或合作产生的影响，为理解印巴关系提供了一个独特的视角。赛义德·穆尔希德和达乌德·迈穆恩的文章《印巴对抗的贸易、民主、军费开支解读》（Syed Mansoob Murshed and Dawood Mamoon, Not loving thy neighbour as thyself: Trade, democracy and military expenditure explanations underlying India-Pakistan rivalry）则认为印巴冲突运用多变量的分析框架可以得到很好的解释。变量包括经济表现、与其他地区的多边贸易、双边贸易、民主得分等因素。通过对1950—2005年的经济状况进行计量分析可得出结论，在双边贸易减少、军费开支增加，较低的发展支出以及低层次民主、低增长率、低贸易开放度的情况下，冲突趋向于增强。经济增长可以缓和冲突，而全球化与较为开放的贸易可以成为和平的主要驱动因素。2011年，拉梅什·塔库在《印度季刊》上发表了《不再连接的命运：改变平

导 论

衡的印巴关系》(Ramesh Thakur, Delinking Destiny from Geography: The Changing Balance of India-Pakistan Relations), 文章以六个改变了的程式来分析孟买恐怖袭击事件, 认为在军事回应和不作为之间的平衡逐渐趋向于前者, 印度对于一个强大而稳定的巴基斯坦有着既定的利益, 但不再是长期的关键的利益。巴基斯坦军队、政府、三军情报局和恐怖分子间的分离造成了其一直的推诿和可信度的日渐下降。为防止安全形势恶化, 巴基斯坦的军事力量必须完全置于民选政府的监控之下。此举一旦失败, 印度将不得不获取军事能力和政治意愿以摧毁巴基斯坦境内恐怖分子的人力及物质基础。最终, 巴基斯坦参加反恐战争的回报将超过资助印度境内恐怖分子所受的惩罚。

对印巴关系作出探讨的最新文章有哈桑－阿斯卡瑞·瑞兹维的《巴印关系: 老问题新倡议》(Hasan-Askari Rizvi, Old Problems, New Initiatives), 文章总结了 2011 年印巴会谈和协商的进程, 详细分析了阻碍印巴关系正常化的主要因素以及在此因素制约下双方可能的政策选择, 尤其对孟买恐怖袭击事件及巴基斯坦面临的恐怖主义挑战做出了深入的解读, 并明确了两国关系中必须引起关注的关键问题领域, 认为未来两国关系的走向取决于在这些问题上的进展。国际危机组织 2012 年 5 月的亚洲报告《巴基斯坦与印度关系: 超越克什米尔?》(Pakistan's Relations with India: Beyond Kashmir?) 则从最近两国全面对话进程的重启出发, 考察两国关系进展中的积极因素, 尤其是经济自由化计划的快速扩展展示了双边关系正常化的政治意愿。报告认为, 从争议较少、互惠的经济贸易合作入手, 以贸易求和平, 是双边关系最新举措, 且存在这种合作的潜在性。双方政府也应因势利导, 推动双边经济合作的开展。但同时, 印巴水资源及能源的冲突及竞争难以消除, 军事及宗教的破坏性因素仍然存在。此外, 阿富汗因素也会助推战略利益的差异及对抗, 巴基斯坦政府的民主过渡也异常脆弱, 加上恐怖袭击突发的可能性影响, 致使各种挑战不容回避。报告认为, 必须克服政府间深深的不信任以及阻碍人民之间互动、接触的不利因素, 才能形成和保持经济活力以及持久和平的必要纽带。

除了以上的著述及论文、报告,《南亚调查》《南亚发展杂志》

《印度季刊：国际事务杂志》《亚洲与非洲报告杂志》《和平研究杂志》等期刊对印巴关系的进展、动态都有最新的跟踪及分析。喜马拉雅事务、南亚分析专家组、亚洲和平及印巴和平组织、战略及国际研究中心、史汀生中心、战略研究国际学会、斯德哥尔摩国际和平研究所、美国和平研究所等欧美知名研究机构及印度、巴基斯坦国内的研究组织都对印巴关系的历史、现状、进展进行了深入细致的研究，相关研究的内容在本书中将有所提及。

四　研究方法及结构安排

通过国内外研究现状的综述可知，对印巴关系发展的成果较多、论述较为丰富，尤以国外研究体现得最为明显。但从安全这一视角、专注于冷战后这个时段出发，长时间跟踪印巴关系改善、深入剖析的著述偏少。有鉴于此，本书力图在已有研究成果的基础上，利用已经掌握的翔实资料，对安全因素在两国关系中的重要地位，冷战后时期两国的安全互动、转化、调整，以及迟滞两国关系正常化的安全因素进行分析，以期对两国关系发展的脉络、前景作出说明。为更精准、深刻地说明印巴关系的变化、调整及其制约，本书拟采用多种理论视角和分析方法，包括现实主义的权力结构、建构主义文化与观念结构、巴里·布赞（Barry Buzan）的安全复合体理论以及对位分析法、层次分析法。

权力—利益的分析方法是现实主义的经典研究方法。汉斯·摩根索（Hans J. Morgenthau）的《国家间政治》对权力政治做了比较权威的描述和界定，形成现实主义权力政治的理论根基。在他看来，权力争夺是国际政治的本质，"国际政治，像所有政治那样，是争夺权力的斗争。不管国际政治的终极目的是什么，权力总是其直接目的。国家之所以对权力如此青睐，是因为权力带来的收益，国家出于利益最大化的考虑，总会出现权力最大化的冲动，因而国际政治中对权力的争夺是无休止的。与古典现实主义不同，沃尔兹（Kenneth Waltz）认为安全才是无政府状态下国家的终极目标，国家寻求权力是因为权

导　论

力能带来安全，国家参与国际政治的最低层次要求是生存、最高层次是安全。在现实主义的理论内涵中，权力是国际政治中的永恒现象，权力结构作为国际政治体系中国家力量对比形成的相对稳定的态势，决定了国家在整个国际系统中的位置、影响及利益获取的可能性。无论是在全球层面还是地区层次，权力结构的准确定位都会成为国家战略设计的前提和基础，权力结构变动带来的冲击、影响也成为国家外交政策调整的依据。对印巴关系的分析，也必然要立足于南亚权力结构中两国不同的位次，以此为出发点，说明其不同的战略、安全诉求以及对两国安全关系的深远影响。

权力政治可以对两国关系的基础性层面做出较为准确的概括，如果仅仅局限于权力这一因素，则无法对印巴半个世纪以来的恩怨、纠纷做出详细的说明、深入的解读。印巴之间紧张、对立的深层因素根源于两国迥然不同的立国理念，而两国关系的调整及波折不仅是利益的权衡，更反映了两国精英集团及普通民众的文化、观念上的互动。建构主义理论中的文化、共有期望等观念也可以对印巴关系的嬗变做出一定的说明。

不同于冷战时期的冲突、战争更多的是从两极对立的国际体系中进行解读，冷战后时期的冲突更多局限于地区层面，从地区子系统来阐释冲突或战争的起因，显然更具有解释力。为探讨冷战后地区冲突频发的现实，巴里·布赞提出了地区安全复合体理论，而其理论最初探讨的对象就是南亚地区。印巴之间因地理、政治、战略、经济和文化多重因素的复杂扭结，其国家安全难以单独分开考虑。同时作为南亚这一特殊地理区域内的成员，印巴两国都深刻感受到发展同域外国家尤其是大国关系带来的收益，这就决定了研究的焦点不能仅局限于两国，对印巴安全研究的恰当分析层次不只是国家，而是介于国家与全球性国际体系的"中间层次"，即南亚安全复合体。

对位分析法作为社会科学最基本的研究方法之一，通常应用于国际冲突和战争问题的研究，从国家间相生相克、此消彼长的特点进行考察，尤适合于对立性的国家关系。考虑到印巴安全关系的复杂性及特殊性，以致有的理论家认为任何国际关系理论、方法都难以准确概括印巴关系的实质，唯有采用对位分析法，才有助于从单位基础层次上予以说明。

以上几种理论分别从不同角度、层面上分析印巴安全关系，其各有侧重。而对国际关系研究者来说，所有层面的国际问题最终还需要在国内层次上进行解读。为对印巴安全关系的互动、嬗变做出更清晰、正确的理解，分析不同层面的因素起到的不同作用，本书也采用了层次分析法的理论框架，分别从国内层次、双边层次、地区层次以及国际体系层次考察印巴关系发展的多层次制约，以期对印巴关系发展的症结、历程、前景做出更准确的解读。

采用多视角、多维度、多层次的理论解读是本书特点。对印巴安全关系进行分析的著述颇为丰富，但这些分析的事实描述较多，理论阐释的深度及广度稍有欠缺。理论契合于系统解释现实的需要，运用多种理论进行解读，便于从更广阔的层面来透视印巴关系，挖掘两国关系中的深层因素，并对多种因素的关联进行梳理，明确其所处地位、起到的作用。理论分析与事实描述结合，使我们得以更准确、更全面地展示印巴关系的真实图景，理清其发展脉络，指明最终的趋向。

本书结构安排如下：

第一章 描述和阐释冷战后南亚安全环境的特征，这需要结合全球整体安全环境的变化。美苏对立的两极格局的终结势必会对全球安全环境产生巨大的影响和冲击，安全格局的变动塑造了国家战略调整的背景空间，各国尤其是大国的战略调整尤为关键。美、俄、中等大国的全球战略在冷战后的一超多强格局中发生了不同于冷战时期的明显变化，在此背景下的南亚大国：印巴之间，力量的对比及政策倾向也会出现变化，从而形成冷战后时期的南亚地区安全格局。对比冷战时期，地区国家更为关注本地区的发展态势及安全状况，安全关切更多地发生于周边国家之间。印巴两国作为地理毗邻、传统上对立的国家，分析其不同的立国理念、文化观念、民众认知对于判断两国关系的基本层面具有非常重要的作用。在分析中，本书借用了巴里·布赞的安全复合体模式对南亚安全构造进行了阐释。

/// 导　论 ///

　　第二章　主要是对印巴关系发展的历程进行描述。理论的分析需要借助经验数据，这部分内容首先对印巴关系的历史进程进行概括。介绍印巴关系中的克什米尔问题，历史上三次印巴战争爆发的原因、结果及影响。然后对90年代的印巴关系的发展进行详细阐述，聚焦点放在几次重大事件上，以此串联起印巴关系发展的总体态势。从这些典型性事件也可以透视出90年代印巴关系的对抗性，这种状况的存在既为大国的涉入提供了契机，也使得两国认识到僵硬的对峙关系难以长期持续，从而为以后关系的改善做了相应的铺垫。

　　第三章　聚焦于印巴关系的缓和及波折。从印巴关系开始显露缓和的迹象入手，分析两国意欲改善关系的努力。对印巴关系的波折进行追踪及分析，重点描述2003年开始两国改善关系的进程。详述两国的和谈领域、涉及问题，在此基础上指明两国关系改善的原因及影响因素。"9·11"事件之后的印巴关系因双方重点的转移，出现了不同于以往的特征，本书拟对此进行说明，并描述在此背景下印巴关系改善以及缓和进程遇到的阻滞，两国关系的最新进展及现实举措。

　　第四章　运用层次分析法，从四个层面阐释印巴关系改善的多层次制约。国内层次上，巴基斯坦的政治体制尤其是民主机制与军队机构之间的复杂关系对政策一致性的影响，不同政党政策主张的区别。对于印度来说，主要是民族自尊、大国意识的泛化以及多党派的民主体制造成政策空间的相对有限，这对改善两国关系会形成一定的掣肘。同时，伊斯兰教对两国都有一定的影响，但所处位置、影响程度有着截然的差异，作为共同的因素会对印巴关系的走向产生怎样的影响，也是国内因素分析时不可忽略的一个环节。互动层次上，运用对比分析，对两国关系中的具体问题：恐怖主义、核武器及核政策、克什米尔、水资源及两国在阿富汗及中亚的竞争（不可忽视中亚及阿富汗对改善两国关系的意义。两国在阿富汗的影响力的扩大及利益的竞争已逐渐加强，呈现彼此对立的形势。中亚也成为两国角力的一个舞台），详细分析两国在这些方面的分歧、差异，论述其对改善两国关系的影响。在体系层次上，整体国际体系的结构、国际进程的演化会对两国的定位、政策选择、互动模式形成制约，尤以大国因素对印巴关系的影响最为显著。

结语 通过分析印巴关系的发展过程，明确两国关系的基本属性。对印巴安全关系在冷战后的具体进程进行梳理、总结，把握其阶段性发展特征，找出制约印巴关系发展的多种因素。分析印巴关系的缓和进程及全面和谈，指明其所取得的成就、存在的缺失。在总体评价印巴关系的基础上，根据其关系演化发展的逻辑，结合影响两国关系的多层次制约，对未来印巴关系的走向及前景做出合理的研判。

第一章

冷战后的南亚安全构造

第一节 冷战后的全球安全环境

1989 年的东欧剧变及 1991 年的苏联解体,被认为是冷战终结的标志性事件,以两极对立为特征的雅尔塔体系宣告终结。冷战的结束尤其是苏联的解体,现有的国际关系理论尤其是长期占据主导地位的现实主义理论,很难对其作出合理解释。[①] 因而,对冷战终结原因的探讨成为当时学者们的主要关注点。然而,冷战后纷繁复杂的全球安全环境很快转移了政治家及学者们关注的视野,应对冷战后的安全问题成为必须面对的挑战。与冷战时期相比,冷战后安全环境或者准确地说与安全环境有密切关联的整体局势出现以下一些变化:

两极体系下的意识形态对抗因社会主义阵营的不复存在而渐趋淡化,西方国家民主和平的理念渐趋上扬。[②] 两极对抗的一个主要内容是以苏联为首的社会主义与以美国为首的资本主义的对抗,二者在长达 40 多年的僵硬对峙中,以意识形态对抗为先导,宣扬自身具有的价值优势,以达到颠覆对方的价值及道德观念,增强自身制度及文化方面的吸引力的目的。冷战的结束使得意识形态的争夺失去了竞争性,而在此前提下,资本主义民主制度相对于社会主义制度的胜利,

---

[①] 尤以沃尔兹的结构现实主义理论为代表,沃尔兹认为两极结构是最稳定的国际系统。参见 Kenneth Waltz, *Theory of International Politics*, New York: McGraw-Hill, 1979.

[②] 此类观点见 Francis Fukuyama, "The End of History?" *National Interest*, Summer 1989; Charles Krauthammer, "The Unipolar Moment," *Foreign Affairs* 70, No.1, 1990/1991.

使得民主和平论再次成为讨论的重点，扩展和推广民主成为以美国为首的西方新一轮的意识形态冲动。

民主和平论的思想源于康德的（Immanuel Kant）《论永久和平》。康德认为自由主义的共和政体如逐渐扩大直至包含所有国家，从而实现永久和平是可行的。在他看来，自由主义共和政体组成的和平联邦，更乐于接受国际规则的约束。加上民意对发动战争的制约，使之得出结论，共和政体间奉行和平的外交政策。但康德并没有认为，共和国都不进行战争或者应杜绝战争。① 受康德思想的影响，迈克尔·多伊尔（Michael W. Doyle）首次提出民主和平论，他认为，民主国家决策过程的透明性保证了战争不会成为首要选择；同时，民主国家拥有相似的道德价值观，将逐渐推动和平联盟的产生；借助市场体制产生的日益深化的合作及相互依赖，这一切都注定了西方国家间不会发生战争。② 冷战的结束，在西方很多学者、思想家看来是民主的胜利。在此背景下，民主和平的观念再次被彰显和放大。民主和平论的提出，不仅代表了自由主义在国际关系领域的盛行，强调权力均衡的谋划、共同的战略利益，以解释自由民主国家间以和平、稳定为特征的关系。同时，提出民主和平论的潜藏意义也在于其挑战着其他政治体制的有效性。③ 正是以此作为理论的蓝本，克林顿（William Jefferson Clinton）政府时期提出了参与和扩展战略，在世界范围内推广民主观念。同一时期，福山（Francis Fukuyama）的历史终结论也引起极大的反响。在他看来，苏联解体与东欧剧变，冷战的结束，标志着共产主义的终结，历史的发展只有一条路，即西方的市场经济和民主政治。在他看来，历史的终结意味着：人类意识形态演化的终点和西方自由主义民主的普遍化。人类社会的发展史，就是一部"以自由

---

① ［美］詹姆斯·多尔蒂、小罗伯特·普法尔茨格拉夫：《争论中的国际关系理论》，阎学通等译，世界知识出版社2003年版，第339页。

② Michael W. Doyle, " Kant, Liberal Legacies, and Foreign Affairs," *Philosophy and Public Affairs*, Vol. 12, No. 3, Summer 1983.

③ Michael W. Doyle, "Liberalism and World Politics," *The American Political Science Review* 80, No. 4, December 1986.

第一章 冷战后的南亚安全构造

民主制度为方向的人类普遍史"①。民主和平论与历史终结论都是在冷战后兴起的,出现于资本主义制度相对于共产主义的没落取得胜利的背景下,是西方自由民主制度的一种盲目的自信,同时也是为民主制度的扩展而造势。虽然批评之声不断,但毕竟所引起的声势、反响已足够达到为政策推行制造理论氛围的目的。

在政治领域推广西方民主制的同时,国家的关注重点逐渐内化,作为国家实力根基的经济成为主要的竞争领域,持续多极化的趋势明显。欧盟、北美、东亚逐渐发展为世界经济中主要的一极。经济因素在定义国际关系时相对于政治、安全因素已变得非常重要。② 在东亚,中国改革开放后经济飞速发展,使其国力的增强有了雄厚的基础,综合实力在世界各国中的排序逐级递增。冷战后,日本经济虽处于衰退期,但在冷战时期已经积聚起的经济总体实力使之在世界经济格局中仍居世界第二经济大国的地位,人均国民产值超过美国。与此同时,日本正加速走向政治大国,国际影响力也会不断扩大。欧盟的经济、金融形势较为稳定,随着经济政治一体化程度的加深,其综合实力进一步增强,逐渐成为国际社会具有重要影响力的一极。在经济领域,欧、日力图摆脱美国控制,寻求独立定位的倾向日益突出。同时,经历解体之痛的俄罗斯,虽国内形势不稳,金融危机严重、生产停滞,但仍拥有良好的工业和科技基础,拥有丰富的资源和巨大的发展潜力,一俟政局稳定、社会走上重建轨道,发展势头也不可低估。

相对于冷战时期国际关系的僵化和东西方对峙,冷战后全球整体安全形势趋缓,但地区冲突频繁,出现冲突泛化的局面。冷战时期,美苏两国在全球展开争夺,众多国家被卷入两大阵营对抗的旋涡。为防止国家之间的紧张或冲突升级,以至于酿成集团的对抗和冲突,成员的利益、关切被压制,从而使局部冲突或地区危机规模较小、烈度较低。冷战后时期则呈现完全相反的特征,由于结构性约束的缺失,长期被掩盖的国家间矛盾得以爆发,并呈蔓延扩散的态势。一时之

---

① Francis Fukuyama, "The End of History?" *The National Interest*, Summer 1989.
② Sharif M. ShuJa, " Trends in Post-Cold War International Relations," http://www.nationalobserver.net/2001_ summer_ 110.htm.

间，波黑战争，巴以冲突，海湾战争，俄罗斯境内的民族冲突，非洲的安哥拉、索马里、利比里亚、苏丹、莫桑比克、埃塞俄比亚、乍得和卢旺达的内战、冲突，成为冷战后最令人瞩目的国际热点①。在此状况下，国家和国际组织介入其他国家内部事务的幅度及深度也在逐渐加强。为管理国际冲突，监督冲突双方的停火，避免冲突升级，联合国、北约、欧安会介入了一些国际冲突。国家也应国际组织的要求派出维和部队，维护冲突地区的社会秩序，传统的主权观面临着实践上的困境和难题。②

与地区冲突相伴的是民族主义的兴起，民族主义本就是地区冲突的一个诱因。作为当代国际体系中最突出的现象，其重要性正在上升。不同的是，地区冲突多以国家之间武装对抗的形式出现，民族主义则兴起于一国疆土之内，包含相对温和的方式，但两者时有交叉、缠绕而难以截然区分。特别是跨界民族的普遍存在，由此引发的武装冲突就会超越一国疆界，演化为地区、国家间的冲突和对抗。对许多国家来说，民族主义成为政治、社会发展最严重的威胁。③恰逢冷战前后第三次民族主义浪潮兴起，这次浪潮使整个东欧地区改变了社会制度，苏联和南斯拉夫分裂为多个国家，而且还波及其他地区，民族分裂主义演变成为一个影响世界安全的突出问题。由此，造成多个地区的局势动荡不安，冲突频仍，社会混乱。民族分离主义往往与恐怖活动结合在一起，比如，在俄罗斯，为谋求脱离俄罗斯建立独立的车臣国，车臣分裂力量频频诉诸恐怖活动，严重危及车臣地区的安全与稳定，且对车臣以外的俄罗斯领土完整与国家安全及人民的生命财产安全造成了严重威胁。在南斯拉夫波黑地区与科索沃地区，民族主义、恐怖活动相当严重，严重危害了地区安全与稳定。如科索沃阿族

---

① Alan Munro, "Humanitarianism and conflict in apost-Cold War world," 30 - 09 - 1999 article, *International Review of the Red Cross*, No. 835.

② Ernst B. Haus, *The United Nations and Collective Management of International conflict*, New York: UN Instiute for Training and Research, 1996, p. 24.

③ Krista Knaul, "Nationalism in the Post Cold-War World," *Honors College Capstone Experience/Thesis Projects*, Paper. 87, 11 - 21 - 1996.

分离主义组织"科索沃解放军",为达到脱离南斯拉夫联盟与建立独立的"科索沃共和国"的目的,大肆制造针对塞族军民的恐怖活动,严重危害了南联盟的国家安全。民族主义的国际化趋势,肇因于全球化的加速和全球意识的增强。一国内部的民族问题往往在国际上引起一系列的连锁反应,使得民族问题成为牵动全球整体发展的重要因素。对此,美国往往以民族、人权问题为借口,干涉别国内政,为其全球战略目标服务。从1991年开始,美国领导的多边干涉呈上升和加强的趋势。

在地区冲突频繁、民族主义兴起的冷战后安全环境下,还有一种趋势值得关注,那就是两种环境或说是多中心的安全范式。国家中心的范式在冷战后受到越来越大的冲击,超国家或者说非国家行为体的活动日益纳入国际关系的视野。对全球化进程的讨论逐渐兴起,文化与身份问题不断挑战着作为现实主义议程的国家中心论。[1] 民族主义作为当代国际体系中最显著的力量,正逐渐兴起。对许多国家而言,民族主义对其政治发展造成最严重的威胁。而对以美国为首的西方国家而言,民族主义和未能有效凝聚公民忠诚的失败国家联系在一起。[2] 民族主义的浪潮虽然不能看作是非国家行为体兴起的表征,但一旦民族主义采取极端化的形式并获得了大规模杀伤性武器,则这种非国家行为体的能量及可能造成的破坏性影响是非常可怕的。这种多中心的安全环境包含的内容是:一是由激进民族主义和原教旨主义驱使的国家行为体,这些国家可能拥有大规模杀伤性武器,并将支持恐怖主义作为国家安全政策的工具。二是超国家的方式指的是以国家政治分裂过程为基础,国家会逐步瓦解失去统治的权威性,给次国家和超国家行为体的发展留下了空间,包括极端种族主义团体、分裂主义运动、犯罪组织、宗教好战分子、暴徒等,这些将成为未来动荡分裂

---

[1] Christopher Hughes, "Globalisation and Nationalism: Squaring the Circle in Chinese IR Theory," *Journal of International Studies*, March 26, 1997.

[2] Michael N. Barnett, "sovereignty, Nationlism, and regional Order in the Arab State System," *International Organization*, Summer 1995.

和冲突的主要根源。①

在出现超国家行为体的可能性前提下，尤其是苏联解体过程中武器的流散与失控，造成大规模杀伤性武器扩散的危险。同时，已经披露出的南非、以色列、朝鲜等国的核计划，南亚可能的核竞赛，以及中东的多重冲突，都凸显了防扩散问题的迫切性。对美国而言，至少有三个主要因素强调了防扩散的必要性：（1）苏联威胁的消失提升了次级强国的重要性，如果其装备了大规模杀伤性武器则威胁程度更为严重；（2）国际政治和科技发展趋势提升了武器扩散对国际安全的威胁；（3）出现了加强现有防扩散机制的新的机会。② 冷战后，1998年印巴公开进行了核试爆。虽然很多国家没有突破核不扩散条约，但越来越多的国家已经拥有核技术，只是暂时没有生产而已。生物和化学武器虽然破坏力较小，但获取相对容易。大规模杀伤性武器的扩散，在冷战后时期主要造成了以下方面的危害：导致地区军备竞赛的加剧，使安全环境日益严峻，危及全球安全。急于得到大规模杀伤性武器的国家往往和周边国家存在着尖锐的矛盾，一旦获取此类武器，将会使对抗、冲突逐渐加剧，造成安全形势的恶化；同时为恐怖活动提供了方便，造成国际安全的重大隐患③。现代恐怖主义有着严密的组织机构、一定的财力支持，有些恐怖组织甚至有国家作为后盾，大规模杀伤性武器的获取将使其打击目标更大，危害更深。在冷战后时期，国际社会为缓和局势、维护稳定，进行了多方面的努力。在原有防扩散国际条约的基础上，1992年，《里斯本议定书》（Lisbo Protocol）签订，重申对美苏之间签订的《消减和限制进攻性战略武器条约》（Treaty on Reduction and Limitation of Strategic Offensive Arms）的支持。确定俄罗斯承担苏联的条约义务，独联体国家的核

---

① ［英］巴里·布赞：《人、国家与恐惧》，闫建、李剑译，中央编译出版社2009年版，第165页。

② "Proliferation of Weapons of Mass Destruction: Assessing the Risk," OTA-ISC – 559, U. S. Congress, Office of "Technology Assessment", August 1993.

③ 蔡华堂、孟江虹：《论大规模杀伤性武器的扩散与国际和平与安全的维护》，《解放军外国语学院学报》2003年第3期。

武器应置于安全、可靠的单一政府控制之下,哈萨克斯坦、白俄罗斯、乌克兰将承担撤除核武器并运往俄罗斯销毁的义务。同时督促更多国家加入核不扩散条约,运用各种国际制约机制监督、防止核扩散及生化武器的扩散。①

第二节 主要大国的南亚政策

冷战后,全球安全环境的变化势必促成相关国家整体战略的调整,而战略的调整首先是从局势的研判、自身定位等方面入手,基于不同的权力基础以及现实考虑,冷战后主要大国的南亚政策呈现不同的权衡和考量。从历史上对南亚的关注、冷战后国家自身的全球影响力及冷战后外交政策的内容、方向上考虑,本书主要选择了美国、俄罗斯及中国的南亚政策。同时,也考虑了这些国家的政策对南亚国家影响的程度及对安全格局可能性变动施加的力度。

一 美国的南亚政策

南亚在美国的全球战略布局中从来不是核心利益所在,因此美国的南亚政策是在冷战后全球战略调整的大背景下形成的。因此,考察美国的全球战略是分析其南亚政策必需的初始环节。

(一) 冷战后初期美国的全球战略

伴随着冷战的结束,在美国国内首先经历了新环境下全球战略的辩论。1992 年 2 月,时任国防部长的切尼(Dick Cheney)向总统和国会提交的《国防报告》(Annual Report to the President and the Congress)中分析认为,冷战期间,美国的安全政策一直受苏联将会进攻欧洲这一威胁判断所左右,这决定了美国的全球战略的根本目标是遏制共产主义的扩张。苏联解体,造成世界力量对比严重失衡的现实,美国成为唯一的一个真正全球性大国,在对外政策上需要寻找新

---

① "Protocol to The Treaty Between the United States of America and The Union of Soviet Socialist Republics on The Reduction and Limitation of Strategic Offensive Arms," http://www.state.gov/documents/organization/27389.pdf.

的范式以代替反共产主义的战略思维。①

在首要的威胁消失之后,美国全球战略面临着摇摆及不确定性。冷战时期的战略因袭,使美国习惯了以朋友或敌人的思维应对面临的世界。对美国来说,一个明确的敌人或威胁的存在是政策凝聚、资源投向的聚焦和重点。而敌人的缺失则有方向感迷失、定位摇摆之虞。米尔斯-海默(John J. Mear-sheimer)在文章中说,有一天我们醒来后也许会突然发现,随着冷战的消失,冷战给无政府状态的国际关系带来的秩序也随之消失实在令人痛惜……欧洲未来的45年可能比过去的45年有更多的暴力,而有一天我们回顾过去的历史时,那不应该被称作冷战,而是长和平。② 亨廷顿(Samuel P. Huntington)则质疑说,如果没有一个邪恶帝国会威胁到美国人珍视的民主、自由、个人主义,美国信念还会有多大的吸引力,还能得到多少支持?在没有对立思想的情况下是否还会生气勃勃?③ 冷战对巩固和加强人民与政府的一致性极为有利,冷战的结束则可能会削弱这种一致性。类似这样的困惑、疑问代表了当时学者及政界普遍存在的惶惑,冷战后世界的快速变动和不确定性使美国处于丧失方向的危险之中,因而难以主动应付。

在此背景下的战略思维,核心威胁的确定成为首要任务。在现实主义权力观的长期支配下,美国习惯以权力均衡的"透镜"看待所处的安全环境及其面临的安全挑战。俄罗斯地位的衰落、中国经济的活力及政治影响力的上升,加之不为美国所乐见的政治体制,使得中国逐渐成为美国指认中有可能危及其霸主地位的国家。马斯坦诺(Michael Mastanduno)的文章指出,"在单极世界,国家确实会很快去制衡霸权国不受约束的权力"④。舒尔特(Christopher E. Schildt)

---

① Dick Cheney, *Annual Report to the President ang the Congress*, February 1992.

② John J. Mear-sheimer, "Why We Will Soon Miss The Cold War," *The Atlantic Monthly*, Vol. 266, No. 2, August 1990.

③ Samuel P. Huntington, "The Erosion of American National Interests," *Foreign Affairs*, Sep/Oct 1997.

④ Michael Mastanduno, "Preserving the Unipolar Moment: Realist Theories and U.S. Grand Strategy after the Cold War," *International Security*, Vol. 21, No. 4 (Spring 1997).

/// 第一章 冷战后的南亚安全构造 ///

则认为，冷战后面临着中国崛起带来的不确定性，美国应采用混合的平衡策略即竞争与合作相结合的政策，以谨慎的接触诱导中国进行合作。① 同时，也有观点强调，大国是依据其在政治、经济、军事领域的决定性影响来定义的。在冷战后初期，尽管中国政治、经济、安全事务上的影响力在上升，但并不具备挑战美国的现实可能性。② 结合冷战后国际安全环境显露出的特征，美国在其战略议程中明显增加了应对地区安全挑战，应对新兴大国崛起的重点安排。而其关键的落脚点在于防范不确定因素，维护冷战后美国的霸主地位。

在此背景下，美国的战略逐渐进行了调整。1989年5月，美国提出超越遏制战略，是对长期奉行的遏制战略的一次主动调整，以应对出现的变化。1991年3月，老布什（George Herbert Walker Bush）在国会讲话中提出"世界新秩序"的战略构想。认为一个新的世界即将展现，呼吁在全世界建立一个新纪元，一个在寻求公正中变得更强大、在需求和平中变得更安全的新纪元。③ 海湾战争之后，布什政府的《国家安全战略报告》（A National Security Strategy of the United States）中提出，尽管国际格局出现了变化，但美国依然是唯一在各个领域真正拥有全球影响的国家，因此其领导地位不可或缺。由此决定了美国的战略目标是要建立一个政治和经济自由、人权和民主盛行的世界。④ 克林顿时期，美国的全球战略逐渐转轨。在1994年7月，新政府的《国家安全战略报告》出炉，提出参与和扩展战略。表明在冷战后时期，美国全球战略计划的基本成型，美国特定历史环境下的战略转变也基本完成。与冷战时期聚焦于东西方对峙及军事领域不同，冷战后，美国要利用其强大的力量优势，加大介入和参与国际和地区事务的力度，扩展自由疆界，实现美国的领导地位。1997年5

---

① Christopher E. Schildt, "Managing Uncertainty: Formulating A U. S. Grand Strategy for China," http: //www.princeton.edu/jpia/past-issues – 1/2006/12.pdf.
② Liselotte Odgaard, "Metternich and China's Post-Cold War Grand strategy," http: //forsvaret.dk/FAK/Publikationer/Briefs/Documents/.
③ "President Bush's speech to Congress," http: //www.al-bab.com/arab/docs/pal/pal10.htm.
④ The White House, *A National Security Strategy of the United States*, August 1991.

月，克林顿政府的《面向新世纪的国家安全战略报告》（A National Security Strategy for A New Century）首次提出塑造—反应—准备三位一体的全球战略构想，表明美国将以更加灵活多样、富有进攻性的手法推进其全球战略。[①] 虽然与前任政府的提法不同，但克林顿的国际安全战略报告和老布什时期都同样围绕一个共同的目标：维持美国冷战后唯一超级大国的地位，建立美国领导下的单极世界，确保其霸权利益。在此逻辑下，美国不容许能够向其霸权提出挑战的国家和国家集团，也不能容忍地区性霸权的出现，因而美国冷战后的全球战略其实质可以称为优势战略，这也是其长期战略的继承和发展。

（二）冷战后初期美国的南亚政策[②]

如果将冷战后全球安全环境出现的一些变化及特征和美国的战略追求联系在一起，会发现其中呈现出较大的关联性。民主和平思想的盛行与冷战后美国对民主扩展的重视，国家对经济发展的关注程度与美国外交的经济驱动，地区不稳定的形势与美国地区干预力度的上升及防范大规模杀伤性武器扩散的努力等方面都存在着逻辑上的一致性。这即是美国在各个领域拥有结构性权力的体现，而"问题"的呈现或者"议程"的提出本就代表了美国的主导性，有些根本就是美国设定的议程。与此密切相关的是，美国的《国家安全战略报告》中有关南亚的部分，鲜明地体现出美国全球战略框架下的地区利益。

克林顿总统任职期间，制定了6份国家安全战略报告，由于内容的交叉和重复，本书选取了较具代表性的1995年、1998年及2000年报告作为分析的依据。1995年2月，克林顿提交了上任后的首份安全报告《接触和扩展的国家安全战略》（A National Security Strategy of Engagement and Enlargement）。报告提出了美国的核心目标：以随时准备战斗的军事力量维护美国安全；推动实现美国的经济复兴；促进国外的民主，实现这些核心目标的手段是接触和扩展，报告同时宣

[①] 王传剑：《双重规制：冷战后美国的朝鲜半岛政策》，世界知识出版社2003年版，第54—65页。

[②] 此部分有关美国南亚政策的观点及内容参阅张贵洪《超越均势》（博士学位论文，复旦大学，2003年），第44—46页。

称美国国内政治和外交政策的界限正在消失。① 在南亚的部分指出："南亚的民主和经济改革已有重大的扩展，美国应能够解决长期存在的冲突和信任措施，帮助人们享受民主和更加稳定带来的成果。美国要求印度和巴基斯坦采取步骤，以停止、减少以至最后消除其大规模杀伤性武器和弹道导弹能力。同时，地区稳定和双边关系对美国在这一地区的经济利益也很重要。"② 与报告的原则相一致，南亚政策体现在几个目标上：促使印巴关系的缓和实现地区的稳定；推进南亚的无核化，加强对南亚的安全监控；重振经济的需求使美国较为重视发展与印度的经济联系。

1998年的国家安全战略报告，在反扩散问题上，美国强烈要求印巴采取措施减少冲突的危险，使其核、导弹项目与国际标准一致。"我们寻求根据各自的发展价值发展与印度、巴基斯坦的关系，并能反映美国在两国的战略、政治、经济利益的分量和范围；我们寻求与地区国家紧密合作以阻止来自南亚特别是阿富汗的毒品泛滥。"③ 与以前的报告相比，内容上出现了一些变化：（1）由于在南亚的不扩散努力遭受挫折，美国认为目标应该从阻止两国获得核武器转变为避免因核问题引发冲突，推动两国参加反扩散国际机制；（2）开始分别处理与巴印两国的关系。印度的经济潜力、民主传统、在南亚的特殊位置，成为美国发展与印度关系的动力。对巴基斯坦，美国注重的是不扩散及地缘战略的意义。该报告发表于印巴核试验之后的10月，因而特别增加了美国对此问题的立场和政策。美国认为印巴核试验有点燃亚洲核军备竞赛的危险，因此对印度、巴基斯坦进行了制裁。报告包括以下内容：停止提供防务产品和服务及外国的资金支持；政府一切部门不准提供非农业信贷、信用保证和其他金融援助；禁止出口需要商务部出口许可的特别产品和技术。美国应与联合国安理会其他

---

① The White House, *A National Security Strategy of Engagement and Enlargement*, February 1995, Preface.

② The White House, *A National Security Strategy of Engagement and Enlargement*, February 1996.

③ The White House, *A National Security Strategy for A New Century*, October 1998.

常任理事国保持一致，要求这两个国家停止进一步核试验。立即无条件签署《全面禁止核试验条约》（CNTBT）开展直接对话，采取有效措施缓解南亚紧张局势。①

因印巴的公开核试验，凸显了南亚地区反扩散问题的紧迫性，南亚的核试验是对美国主导下的国际核不扩散机制的极大冲击，也是美国南亚政策目标的一大挫败，因而使美国政府异常尴尬和愤怒。在联合国通过谴责印巴核试验的1172号文件之后，克林顿政府以此为依据，提出南亚不扩散政策的5点基准：签署和批准《禁止全面核试验条约》；放缓所有裂变材料的进一步生产，并参与《禁产公约》（FMCT）的谈判；限制发展和部署大规模杀伤性武器的运载工具；对大规模杀伤性武器的技术和材料执行严格的出口管制；在新德里和伊斯兰堡之间建立对话机制②。基于印巴两国已经制造核武器的事实，小布什政府时期把重点放在运载工具的控制上，加快了对导弹不扩散政策的推进，以更具实效的方法推进印巴对导弹扩散的自我克制③。

2000年12月，克林顿政府的安全报告名为《全球时代的国家安全战略》（A National Security Strategy for a Global Age），其南亚部分，主要阐述了不扩散、克什米尔、双边关系、恐怖主义几个方面。不扩散问题上，美国认为印巴核武器的存在会导致军备竞赛的加剧，无助于地区的稳定。美国推动印巴加入国际不扩散机制，加入和批准《核不扩散条约》（NPT）、加入支持禁止生产裂变材料的国家行列、强化出口管制，避免核与远程导弹的军备竞赛。在报告制定不久后的2001年3月，克林顿出访南亚的印、巴、孟三国。访问印度期间，两国领导人发表了《开启相互关系新时代》（The Beginning of A New Era in Mutual Relations）的联合声明，采取了一系列措施以提升、强

---

① The White House, *A National Security Strategy for A New Century*, October 1998.
② Ejaz Haider, "Nonprolireration, Iran and Pakistan," *Friday times*, September 19, 2003.
③ "Transcript: Hearing of the subcommittee an Asia ang Pacific of the House International Relations Committee," *Federal News Service*, March 20, 2003.

化双边关系。① 会谈的最显著成果是双方对政治问题有了更深入的了解，同意双边对话的机制化，发表了共同展望的声明。印度外长贾斯万特·辛格（Jaswant Singh）评论说，印美关系有了细微的变化，有了站在印度立场上的重新评估。② 在经济上印度获得的最明显的好处是获得了美国投资者对印度经济潜力的认可，双方签署了11个商业协议，价值140亿美元，涵盖领域包括IT、环境、电力、旅游。但印度媒体认为，如果印度淡化和忽略美国的"话语"就是自欺欺人，因其将博克兰二期（Pokhran Ⅱ）称为"历史的错误"，称克什米尔是"最危险的地方"、"核引爆点"。在克什米尔问题上，称克什米尔以及巴基斯坦控制下的克什米尔是占领区，挑战了在分治前克什米尔属于印度这一基本前提。③ 从这些方面来看，美印关系是在接触和合作增强的同时，在许多具体领域仍有较大的分歧。与访印5天的行程相比，克林顿对巴基斯坦5个小时的访问显得异常低调，也足以说明克林顿政府对巴基斯坦关系的重视程度。访问表明了克林顿对巴基斯坦军事政权的承认，虽然以强硬的口吻促其重回民主政治的轨道。

在冷战后初期，出于维护其全球霸主地位的考虑，美国在南亚的安全利益主要集中于地区的安全和稳定，防止美国在这一地区的利益受到僭越。相比于冷战时期的战略价值，冷战后时期的南亚对于美国的意义逐渐增强。不再是从两极对抗和争夺的视角来审视南亚地区，美巴和印苏这种具有对立性意味的结盟关系也不复存在。这种结构变化产生的结果是巴基斯坦在美国战略天平上的重要性有所下降，而同时印度在冷战后时期经济的迅猛发展，使得从贸易、投资的角度，美国也会更加注重发展与印度的联系。况且从地区安全、稳定上，相对于巴基斯坦的动荡和羸弱，美国更加看重日渐强大的民主国家——印

---

① Joint India-US Statement, India-US Relations: A Vision for the 21st Century, March 21, 2000, http: www.indianembassy.org/indusrel/clinton_ india/joint_ india_ us_ statement_ mar_ 21_ 2000. htm.

② Poonam Kaushish, "Clinton's South Asia Sojourn Shapes a New US Policy on the Region," http: //www.southasiatimes.com/article/May2000/clinton.htm.

③ Ibid.

度。在地区层面上,无论是克什米尔、核不扩散以及开始显露的恐怖主义问题,都与地区稳定利益攸关。美国不愿看到该地区因这些领域的问题影响到其整体利益,因而美国会力促该地区的稳定,在印巴争端加剧和升级的状况下,美国的调停和斡旋也就成为必不可少的因素。

二 俄罗斯与南亚的关系

俄罗斯独立后,虽继承了苏联在国际社会中的席位,但其声望及地位却难以和以往相提并论。因政局的动荡,国内经济危机的加剧,国际环境和战略空间被进一步压缩,俄罗斯对原来的地缘政治关切一度也无法顾及。为摆脱困境,俄罗斯最初实行完全倒向西方的外交策略,希望靠着西方的支持及援助改善自己的处境。但事与愿违,北约东扩等一系列事件使俄罗斯逐渐清醒。外交政策的调整也提上议事日程,开始强调自身的利益诉求,注重恢复大国地位,捍卫国家利益,在国际事务中显示自己的声音和存在,对南亚地区的影响和作用也逐渐加强。

(一)叶利钦(БорисНиколаевичЕльцин)时期的南亚外交

叶利钦执政初期,奉行亲西方的外交政策。将俄罗斯对外政策的重心完全放到与西方七国集团尤其是与美国的合作上,以便获得经济发展所需的资金及技术支持,赢得西方的接纳,逐渐形成以美俄以及欧洲为中心的新大西洋体系。由于外交政策重心的调整,俄罗斯对加入西方的政治、经济、军事组织方面表现出了极大的热情。对发展与传统战略伙伴的关系并不热衷,俄印关系几乎处于停滞甚至倒退的境地,双边贸易联系崩溃、防务合作举步维艰、政治接触游移不定。[①]政府层面的访问中,仅有 1992 年 5 月,副总理布尔布利斯(Gennady Burbulis)出访印度,讨论经济及防务合作问题。同年 9 月,印度国防部长访问俄罗斯,谈论采购军事装备一事,以更新印度的军事装备,但收效不大。对巴基斯坦方面,因两国在苏联时期是潜在的对

---

① "Is the glass half full or half empty?" http://southasiamonitor.org/detail.php? type = n&nid = 519.

手,而在冷战后时期,在俄南亚政策没有根本调整的前提下,两国关系难有较大的进展。

由于亲西方外交政策的失败,从1992年下半年开始,俄政府进行了外交政策的调整,奉行东西方并重的外交政策。1993年1月,叶利钦出访印度,两国签署了新的《印俄友好条约》(Treaty of Friendship and Cooperation),以及《印俄防务合作协定》(Agreements on the Defence Cooperation)、《印俄贸易合作协定》(Agreements on the Trade Cooperation)等九项协议。叶利钦的出访为后苏联时代俄印关系奠定了基础。叶利钦强调,俄印新型伙伴关系,是友好、持久的。值得一提的是,叶利钦是结束对中国的恢宏之旅后不到一个月对印度进行访问的。其外交举动被认为是回避集团外交、致力于东西方平衡外交的一部分。[①]《印俄友好条约》中涉及两国定期磋商有关双方利益的重大问题以及在和平受到威胁时立即协调立场,以消除不利形势。《印俄防务合作协定》主要涉及军事方面的合作,内容包括:双方将在武器系统、防务准备及零部件供应,装备的使用、维护及更新,军事人员培训、互访以及情报交流方面加强合作,并在技术转让、项目援助、共同研究与开发等领域展开合作。叶利钦坚称会兑现对印度提供低温火箭发动机及技术的承诺,此举被美国认为是违背导弹及其技术控制机制(Missile Technology Control Regime, MTCR)。美国务院高级官员嘲笑叶利钦的讲话粗暴强硬,并对印度媒体称此举会威胁到美国对俄罗斯的援助。次年6月,印度总理拉奥(Rao P. V. Narasimha)访问俄罗斯,双方签订了10项文件,以进一步推进在各领域的合作。尤其在经贸领域,俄罗斯愿意用部分债款参与印度的核电、水电建设工作,并在俄市场出售部分印度债务,由新的债权人负责选购印度予以偿还的产品。同时,双方愿意在苏联改造援建的机器制造、冶金工业方面进行合作。印度准备参加扩大俄罗斯新罗西斯科港的建设项目,为扩大双边贸易,解决双

[①] Susan Maitra, "Yeltsin presses for Asian Allinc in Visit to India," *EIR*, Volume 20, Number 8, February 19, 1993.

方货物国境运输问题创造条件。①

俄印之间紧锣密鼓的互访，凸显了两国关系的恢复和升温，在幅度及深入的程度上已超越了苏联时候的水平。在军事技术及航天方面合作及武器出口方面，以及俄罗斯对印度争取联合国安理会成员国的支持，都显示了两国关系的紧密以及合作的增强。对俄罗斯来说，恢复、提升与印度的关系，是其有意识的东方外交的重要一环。如果缺失了印度这一链条，不仅其完整性难以保证，在战略利益拓展、政治影响力覆盖及地区经济合作等方面都会严重受损。根源于两国在政治、军事、经济等各个领域存在广泛的合作关系，除了冷战后初期，俄印关系一直在稳固中提升。因而，俄罗斯不顾美国的指责，深化与印度在军事技术方面的合作，以此巩固日渐紧密的两国关系。通过与印度的友好关系，俄罗斯还可以借此抵制美国对中亚地区的政治渗透及战略拓展。在南亚地区，扩展俄罗斯的影响力，增强对南亚事态的话语权，平衡美国的影响力。虽然，俄罗斯在发展与印度关系时极力排除"对抗美国"、"平衡中国"的说法，但通过夯实俄印关系的基础，充实两国在各方面合作的内容，无疑可以取得潜在的效果。

俄罗斯推行的等距离外交，在南亚处理与印度、巴基斯坦关系上也有明显体现。对俄罗斯来说，与曾经是敌对关系的巴基斯坦发展关系证明了自己外交与苏联时期的决裂，也颇能说明对印度、巴基斯坦的平等对待。对巴基斯坦来说，自身战略地位下降，与美国关系疏远，需要寻找新的武器供应国和支持来源，以平衡与印度的关系。在这种状况下，俄罗斯与巴基斯坦的关系也得到迅速的改善。1992年底，俄罗斯副总统鲁慈科伊（АлександрВладими-ровичРуцкой）访问了巴基斯坦，指出俄罗斯发展对巴基斯坦关系的原则是"根据相互尊重、友好互利的新原则，在没有意识形态妨碍的情况下发展同穆斯林国家的关系"。②

1996年1月，普里马科夫（Yevgeny Maksimovich Primakov）就任俄罗斯外交部长。作为外交经验更为丰富的新一任外长，普里马科

---

① 矫正：《冷战后俄罗斯南亚政策研究》，博士学位论文，吉林大学，2010年，第34—35页。

② 冯绍雷、项兰欣主编：《普京外交》，上海人民出版社2004年版，第446页。

夫的外交政策的调整首先建立在对国际形势清醒而深刻的判断的基础上。他认为在两极对立格局不复存在的情况下，欧洲国家对美俄的依赖程度明显降低，中国、日本等新的国际力量正在崛起，世界出现多极的趋势。俄罗斯外交要从国家利益出发，放弃一边倒的外交政策，推行以在未来多极世界占据重要一极为目标的全方位外交，为此需要把维护大国地位、恢复传统势力范围作为核心。在此原则指导下，俄外交开始注重发展与亚太国家关系。1996年3月，普里马科夫访问印度，两国决定开通政府首脑间热线。1997年3月，两国提出建立战略伙伴关系，并延长了军事技术合作协议的有效期。俄罗斯不顾核供应国集团的禁令，达成帮助印度建立两座轻水反应堆的协议。① 1998年5月，印度公开核试验之后，俄罗斯虽发表声明予以谴责，但明确反对经济制裁印度。在普里马科夫访问印度期间，签署了经济和军事合作的长期协定。两国发表的联合声明中指出，印俄将迅速迈向战略伙伴关系。②

同一时期的俄巴关系却出现挫折。主要起因在于俄罗斯寄希望于巴基斯坦政府利用其对塔利班的影响，解除伊斯兰激进势力对其南部边境的袭扰，但由于巴基斯坦与塔利班的特殊关系，不承认塔利班是恐怖组织，因而对俄罗斯打击阿富汗境内恐怖组织的做法不予支持。在阿富汗问题上，俄罗斯也希望巴基斯坦能在战俘遣返上有所帮助，但巴基斯坦的作为与俄罗斯严重偏离。同时，由于印度因素作用的存在，印度非常关切俄罗斯与巴基斯坦的军事交往，力阻俄罗斯向其出售武器。

（二）普京（Владимир Владимирович Путин）时期的南亚外交

普京任职之后，更加清醒地认识到俄罗斯所处的国际地位：已不再是一流的强国，只是一个衰落的地区性大国。因而要恢复其大国地位，继续在各个领域拥有相当大的潜力和重要手段，俄罗斯必须同世

---

① Jerome M. Conley, "Indo-Russian Military and Nuclear Cooperation: Implications for U. S. Security Interests," *Naval Postgraduate Report*, Monterey, California, p. 108.

② Jayanta Kumar Ray, *Indian's Foreign Relations*, 1947 – 2007, London and New York: Routledge, 2001, p. 549.

界上的主要国家保持密切的联系，对国际新秩序的建立发挥重大影响。① 2000 年 6 月 28 日，普京签署的《俄罗斯对外政策构想》中就指出，俄罗斯政策极为重要的方向之一是发展与主要亚洲国家的友好关系，首先是中国和印度。俄罗斯打算加深与印度的传统伙伴关系，包括在国际事务中的合作，这有助于解决南亚存在的问题，加强该地区的稳定性②。在 2001 年 1 月 26 日，普京在俄罗斯外交部的演讲中再次明确表示亚洲的重要性正在增加，俄罗斯外交政策很难说是侧重于欧洲还是亚洲。现实情况是像俄罗斯这样的大国到处都有自己的国际利益，这样的路线应该继续下去，参与亚太区域经济合作，与亚洲国家首先是邻国发展友好关系。演讲显示了俄罗斯注重发展与亚太国家的联系，对参与亚太经济合作有着浓厚的兴趣。与印度这种传统友好国家的关系更是俄罗斯外交政策中的重要部分。

普京执政期间，多次出访印度，两国关系也更为密切。2000 年 10 月普京首度出访印度，双方签署了《战略伙伴关系宣言》（Declaration on Strategic Partnership），建立了领导人年度会晤制度，政治、外交部门定期磋商制度，以及政府间防务和技术合作委员会。《战略伙伴关系宣言》为加强俄印关系注入了活力，被认为是俄印关系提高到了一个新的水平。"9·11"事件之后，由于面临着恐怖主义的共同威胁及冲击，双方在反恐领域合作的必要性加强，反恐合作的空间也在拓展。同时，借助反恐也能进一步增进两国关系，深化在各个领域的合作，巩固双方利益汇合的基础。2002 年 12 月，两国签署了《关于进一步巩固俄印战略关系的德里宣言》（Delhi Declaration）、《俄印反恐合作谅解备忘录》（MOU on Cooperation in Combating Terrorism）等 8 个合作协议、文件，表明了印俄强化战略伙伴关系的需要及强烈的愿望。对俄罗斯而言，通过与印度、中国发展良好的合作关系，可以有效弱化美俄关系紧张带来的影响。2007 年 11 月，普京率团第四次访问印度时，

---

① ［俄］伊·伊万诺夫：《俄罗斯新外交——对外政策十年》，陈凤翔等译，世界知识出版社 2002 年版，第 149 页。

② 俄罗斯外交与国防委员会：《俄罗斯战略——总统的议事日程》，冯玉军等译，新华出版社 2003 年版，第 160 页。

重点发展两国在经济领域的合作。两国实业界确定的合作基本方向是石油、天然气的勘探、开采运输及核能。在航天、航空、交通、通信领域双方进行协作。① 印俄还计划在国际原子能机构核供应集团及其他组织开展协作，核电站方面俄罗斯与印度进行了直接的协作，如库丹库拉姆核电站及其他核电项目，是两国在核能领域合作的突出反映。对俄印之间的合作，俄罗斯一位企业家认为，"两种地缘因素决定了俄印关系：1. 印度是俄罗斯第一大军火购买商；2. 中国新一代领导人更看重苏联的地位，认为苏联更应该严肃对待，在对俄关系上相对冷漠，而俄罗斯一些领土被标注在中国的地图上。这两个因素决定了印度是俄罗斯外交的优先，如果我们设法与印度建立一个军事战略、军事经济和文化集团，俄罗斯将获得巨大的收益"。②

值得注意的是，普京时期对南亚外交政策在注重恢复与印度传统关系的同时，并不排斥与巴基斯坦关系的开展。普京非常看重巴基斯坦的地理位置和在穆斯林国家中的影响，因此认为与巴基斯坦发展地区及国际事务中的合作具有重要的意义。俄罗斯首先从经贸领域的合作入手，逐渐扩大与巴基斯坦的交往。在联合国千年首脑会议期间，普京专门会见了巴基斯坦总统穆沙拉夫（Pervez Musharraf），并派遣特使前往巴基斯坦，商讨建立反恐联合小组的事情。2003 年 2 月，穆氏应普京邀请，访问俄罗斯，签署了外交部有关机构合作备忘录。2005 年，俄罗斯代表团访问巴基斯坦，表达了准备投资石油、天然气、电力、钢铁的愿望。两国的关系逐渐走上了正常化，虽然与印度相比，关系推动的进展不大。③

三 中国的南亚战略

冷战后的国际环境对中国的国家安全战略提出了新的挑战。在两

---

① 《普京称印俄关系正以最优方式发展》，2007 年 11 月，http：rusnews.cn/eguoxinwen/eluosi_ duiwai/20071112/41957675.html。

② Natalya Verbitskaya, "India must be Russia's number one priority," *Regions of Russia Online Magazine*, February 20, 2013.

③ ［俄］伊·伊万诺夫：《俄罗斯新外交——对外政策十年》，陈凤翔等译，世界知识出版社 2002 年版，第 187 页。

极对抗的格局消失之后,美国成为唯一的超级大国,在国际事务中的单边主义倾向渐趋加强。为维护其霸权地位,美国的战略重点开始转向防范挑战性大国的崛起。中国因经济的迅猛发展、政治影响力的增强,成为美国有意识防范的对象,这成为中国制定国际战略、推行对外政策时不可回避的一个因素。而相对美、俄等国,中国的南亚战略特殊性表现在,南亚的印巴两国是中国的邻国,接壤边界线总计在2300多千米。南亚的印巴关系状况事关中国的周边安全及和平崛起的国际环境,因而中国的南亚战略势必要考虑总体国际安全环境,同时要结合南亚尤其是印巴两国的具体情况。这就会使得南亚政策及外交战略易受印度、巴基斯坦两国事务性因素的影响,但中国南亚战略的总体目标不会轻易改变。

冷战后,中国在南亚的战略目标倾向于维持南亚的稳定,保证自己建设和发展所需要的稳定的周边环境,同时发展与南亚国家的多维度合作。与俄、美不同的是,中国在注重发展与南亚最重要的两个国家即印度、巴基斯坦关系的同时,兼顾与孟加拉国、尼泊尔等小国各方面的合作关系。造成这种区别的原因,在于南亚国家很多是中国的邻国,稳定的周边环境对于中国发展所需要的和平环境尤其重要。同时,在中国国力逐渐增强的条件下,对于政治影响力的扩展、地区经济联系的加强以及友好的周边环境乃至军事合作关系的加深这些目标,南亚国家是不可或缺的重要伙伴。鉴于本书主要探讨印巴关系,阐明大国南亚战略及政策的目的主要在于明晰印巴两国政策选择的国际环境制约,因而对中国的南亚战略也主要集中于印巴两国的叙述。

首先,在经济上,中国经济的快速发展需要南亚的资源和市场。印度因其经济的发展速度、工业化以及经济的影响力成为中国最重要的经济伙伴,2003年中印双边贸易额达到76亿美元,而同期中巴贸易额为24亿美元。在2005年温家宝总理与曼莫汉·辛格(Manmohan Singh)的会晤中,同意到2008年把双边贸易额提升至200亿美元或更高的目标。[1]

---

[1] 《中华人民共和国与印度共和国联合声明》,2005-04-11, http://www.fmprc.gov.cn/web/gjhdq_676201/gj_676203/yz_676205/1206_677220/1207_677。

实际增长额在2013年超过650亿美元。中国从印度进口的主要矿产及工业品，包括钢、铁矿石、锌、铝、铝制品、铜及铜制品、酸、碱、染料、酒精、橡胶、塑料、棉花、羊毛、丝、纱、皮革、机械及部件，从巴基斯坦购进的主要是棉花、纱及皮革。中国认识到印度在软件业方面具有的优势，在经济技术领域的这些合作将有助于把它和中国的硬件优势加以融合，以加速中国作为世界一流经济强国的地位。① 巴基斯坦也可以给中国的消费品和机械制品提供有吸引力的市场，但其购买中国产品的能力及生产对中国有用产品的能力相对有限。

政治上，中国寻求与南亚国家尤其是印巴在共同关心问题上的合作，促使南亚局势的稳定，这方面主要涵盖印巴关系的缓和、恐怖主义、跨境毒品交易和走私、稳定阿富汗卡尔扎伊（Hamid Karzai）政府。在中国的亚洲政策排序中，南亚政策紧随东北亚、东南亚之后，重要性位列第三。南亚的7个国家中，4个和中国边界相连，这使得中国成为南亚整体的一部分。中国对南亚最大国家——印度的安全关切，加上两国的领土争端、中国保护其柔软的战略软肋——西藏的战略需要，成为理解中国南亚政策的关键。② 对中国来说，南亚安全环境的复杂性远胜于前两个地区，印巴两国围绕克什米尔问题的纠葛、引发的关系起伏不断考验着中国周边外交的成熟度，也需要中国不断发挥负责任大国的作用，影响印巴关系不致偏离正常化的轨道。③ 在1999年卡吉尔冲突、2001年印度议会大厦遭袭事件以及2008年孟买恐怖袭击发生之后，中国为缓和紧张局势，力促印巴和解，为两国的改善和地区的稳定发挥了巨大的作用。1998年5月，印巴先后进行公开核试验，造成对国际核不扩散机制的巨大冲击和破坏，同时也给印巴间本已紧张的关系增添了新的不稳定源，使南亚安全局势变得更

---

① John W. Garver, "China South Asia Interests and Policy," Prepared for panel on "China's Approaches to South Asia and to Former Soviet States," *U. S. -China Encnomic and Security Review Commission*.

② J. Mohan Malik, "South Asia in China's Foreign Relations," *Pacifica Review*, Volume 13, Number 1, February 2001.

③ 楼春豪、张明明：《南亚的战略重要性与中国的南亚战略》，《现代国际关系》2010年第2期。

为复杂。中国外交部声明，对南亚核试验表示严重关切，指出在当时核裁军进程逐步取得进展、《不扩散核武器条约》无限期延长、《全面禁止核试验条约》业已达成的形势下，进行核试验违背国际潮流，不利于南亚地区的和平与稳定。印度核试验之后面临国际社会的谴责之际，以"中国威胁"为其发展核武器的借口，导致中印关系在总体趋向好转之时陷入波折和紧张。两国的核试验不仅危及南亚的和平与稳定，也会对国际安全造成重大影响，对国际军控与核不扩散进程构成严重挑战，并且极易在南亚地区引起核军备竞赛，造成南亚局势的失控和升级。作为印巴的近邻，中国自然格外关注印巴两国的核试验及随后其不甘落后的核军备的发展，与国际社会一道，呼吁印巴两国遵守国际社会的有关规定，回到不扩散的轨道上来，签署全面禁止核试验条约。

在2001年"9·11"事件之后，恐怖主义与国际反恐成为南亚印巴关系中的主题。在美国发动反恐战争之后，反恐的利剑指向阿富汗的基地组织及塔利班政权，巴基斯坦因而成为反恐的前线国家，承担着配合、协助以及提供后勤通道、情报共享的任务，巴基斯坦在美国全球反恐战略中的位置得以凸显。对印度来说，借反恐战争之机，指责巴基斯坦对恐怖分子的窝藏、纵容，增进与美国的关系，使美国的南亚战略天平向己方倾斜，是其利益所在。但美国为反恐大计，对巴基斯坦更为看重，致使印度也不得不逐渐倾向于改善与巴基斯坦的关系，这使得南亚局势总体趋缓，反恐成为共同的主题。对中国来说，西北边境活跃的恐怖主义等三股势力与南亚及阿富汗的恐怖组织有着极深的联系，很多恐怖分子在这些地方的恐怖训练营接受训练，打击恐怖主义及毒品、走私，从源头上切断恐怖分子的资金支持、边境管理等事务需要跨国合作，中国与印巴等国在这些领域有着共同的利益，反恐及相关领域合作的推进是多方共赢的事业。在阿富汗问题上，较为迫切的是随着2014年美国撤出阿富汗的日期日益临近，阿富汗安全局势的缓和、经济的重建、政治架构的稳定及有效运转，这对于中、印、巴利益攸关。中国是阿富汗的邻国，在稳定西部边境局势、发展经贸交流、卓有成效的政治交往上，阿富汗的稳定至为重要。印巴两国对阿富汗虽有不同的利益考虑，但在稳定这一点上目标基本一致，这也决定了中国与南亚国家乃至整个国际社会在阿富汗的合作空间。

政治领域的共同关切决定了中国与南亚国家的军事合作及军事交流的重要意义。中国将军事联系看作是整个国际合作的一个有机组成，寻求扩展与南亚国家的军事联系。每年中国与印巴及其他南亚国家通过国防部进行副部长或部长级别代表团的交流，或者进行地方军事代表团、军事学院、防务工业机构的交流，并逐渐推动中国与南亚大国军事交流的机制化，就地区安全及共同关心的问题进行周期性的讨论。中国海军对巴基斯坦、印度、孟加拉国的港口进行了多次友好访问，并在联合军演、情报共享、交流、反恐演练方面进行了有效的合作。军事合作及问题的沟通、交流有助于共同理解，增进彼此之间的合作，缓解地区紧张局势。

具体而言，冷战后时期中国与印度的关系方面，主要包括：（1）寻求妥善的方式解决两国间的领土争端，以降低阻滞两国关系的消极因素的影响。在印度学者看来，中国对南亚最强大的国家——印度的军事安全关切以及领土争端、保护其战略软肋——西藏的需求，是理解中国南亚政策的关键。[1] 尽管双方在政治、经济、军事、文化进行了各层面、各种级别的交流，但双方关系的竞争性因素仍难以消除。印度对中国与南亚其他国家的政治及战略关系保持密切的关注，对中国军队在西藏及西南边境地区的举动极为敏感，并随时进行有针对性的军力布置。中国政府深知印度的警觉及隐忧，通过协商、会谈的方式解决两国边界问题。1993年拉奥总理访华时，两国签署保持边境实际控制线地区和平与安宁的协定，同意维持边界现状，直至有双边接受的冲突解决方案。在1996年江泽民总书记访印期间，双方签署了另一个重大协议，同意在漫长的边界地区建立军事互信。[2] 2003年，两国

---

[1] Swaran Singh, "Sino-South Asian Ties: Problems & Prospects," *Strategic Analysis* (New Delhi), 24, 1 (2000).

[2] Zhang li, "China-India Relations: strategy Engagement and Challenge," http://www.ifri.org/index.php?page=contribution-detail&id=6223&lang=uk.

建立了特别代表会晤机制，迄今为止，特别代表会晤进行了 15 次。2005 年，双方达成解决边界问题的指导性原则，成为双方在边界问题上取得的最重要成果。虽然具体边界问题上的最终协议尚未达成，但两国通过协商方式解决争端的共识及机制已然建立，有助于消除不时给两国关系制造"麻烦"的消极因素，对推动问题的解决无疑起到持久的推进作用。（2）两国在经贸领域的合作、交流逐渐加强，并向其他领域扩展。2002 年 1 月，朱镕基总理访问印度期间，双方签署了包括旅游、科技、水利、空间等领域的 6 个合作文件，进一步推动中印关系全面发展。2008 年，两国签署了在传统医药、植物检疫、地质调查、国土资源等方面的合作协议。由于相似的境遇、对特别问题的关切，国际层面上，两国在气候变化、能源、环境保护等方面可以协调立场、深化合作。迄今为止，中国成为印度最大的贸易伙伴，印度属于中国排名前十的贸易伙伴，2013 年双边贸易额达到了 650 亿美元。贸易通常被看作是国家间关系的稳定因素，也是发展国家关系带来的主要收益。中印两国领导人有信心将双边贸易额在 2015 年提升至 1000 亿美元。在两国经贸联系日渐紧密的同时，在贸易平衡、出口商品结构、建立亚洲金融体系方面双方也存在着一定摩擦和裂隙[1]。（3）文化交流上，与两国政治、经济关系的发展密切同步，中印文化交流也日渐紧密。两国于 1988 年就签订了文化合作协议，提供了具体实施文化交流计划的方案。2003 年，北京大学成立了印度研究中心，深圳大学、暨南大学、复旦大学也建立了印度研究教席。同年，瓦杰帕伊总理承诺在洛阳建立一座印度风格的佛教寺庙。印度总统普拉蒂巴·帕蒂尔（Pratibha Devisingh Patil）访问中国时，出席了寺庙的落成仪式。2010 年，温家宝总理访问印度时签署的文化交流计划包含的内容较为丰富，涉及艺术家、官员、考古学家、档案学家、建筑学家的交流计划以及组织文化节、电影节，在大众媒体、青年、体育方面的交流。2011 年成为两国"交流年"，同年 9 月，500 人的印度青年代表团访问了北京。

---

[1] R. S. Kalha, "China-India Relations: Are Trade Issues Likely To Cause Even More Problems?—Analysis," http://www.eurasiareview.com/26122012-china-india-relations-are-trade-issues-likely-to-cause-even-more-problems-analysis.

宝莱坞电影代表团和北京电影学院合作举行了涉及中国多个城市的电影节。①

在中巴关系方面，90年代初，美国以中国侵犯人权镇压民主运动为由，制裁中国，在联大投票时，巴基斯坦代表认为是侵犯中国主权的行为，反对制裁中国。冷战后，经济、能源问题的重要性在两国关系逐渐凸显，两国签署了一系列双边贸易协定和投资承诺。2008年，双方签署了全面自由贸易协定，相互给予对方前所未有的市场准入。两国的经济关系主要涵盖双边贸易、相互投资、合资企业、援助及贷款，巴中贸易额2010年达到80亿美元，2012年上升至120亿美元；在巴基斯坦基础设施建设方面，两国合作修建了公路、开采金矿与铜矿、建设大型电力综合厂以及核电站。② 政治方面，两国高层互访频繁，双边关系不断升温。1996年12月，江泽民主席访问巴基斯坦之际，两国领导人确定了建立面向21世纪的中巴全面合作伙伴关系。1998年的核试验尽管给两国关系造成了"冲撞"，但两国政府很快达成了谅解。在中巴建交50周年期间，举行了多种庆祝活动。2011年中巴建交60周年，双方政府签署了《中巴经贸合作5年发展规划》(The Five-year Development Plan of Economic and Trade Cooperation)，进一步拓展合作的范围。除此，在反恐方面，两国在情报交流、人员训练、联合军演等方面的合作卓有成效。中国对巴基斯坦联邦管辖的部落地区（FATA）的维吾尔极端分子的活动尤为关切。2003年，两国建立了反恐联合磋商机制。2004年，中巴在新疆进行了联合反恐演习，自此之后，两国每年举行反恐演习。2005年4月，双方签署了联合反恐协议。③

---

① "India-China Bilatera Relations," http：www. mea. gov. in/foreign relation/China-January-2012. PDF.
② Atul Kumar, "China-Pakistan Economic Relations," *IPCS Special Report*, September 30, 2006, p. 3.
③ Claude Rakisits, "Pakistan-China Relations: Bumps on the Road to Shangri-La," *FDI Strategic Analysis Paper*, November 13, 2012.

第三节　印巴安全复合体的塑造及阐释

一　冷战后的冲突及分析范式

冷战后全球安全环境的特征表现为全局及大国间对抗、冲突的急剧减少直至消亡，而局部及地区冲突频发，呈泛化的趋向。由于来自两极对抗的结构性压力的消失，国家的利益驱动得以伸张，潜隐的矛盾逐渐显露并激化，紧张的关系上升并发展成为对抗、冲突乃至战争。在一些国家，原一度存在的矛盾，在冷战后的国际机制缺失或大国协调的功能不再的状况下，重新得以复燃并呈燎原之势。国家之间的利益碰撞与民族主义复苏的浪潮相互交织，使得地区冲突愈演愈烈，几乎演变为肆虐蔓延、遍地开花的趋势。自冷战结束到 21 世纪初，世界上发生了 116 次冲突，有 89 次纯粹为国家内部冲突，外国干涉的内部冲突有 20 次，致使 80 多个国家行为体、2 个地区组织、200 多个非政府组织卷入其中。[①]

对冷战时期国际危机及冲突的解释，学者们多从现实主义的理论视角，以权力结构阐释结构性约束对冲突、战争的抑制作用。全局性的冲突及局部争夺也是放置在两极对抗的格局下才可以得到更好的理解，因冷战时期整体国际关系是以两个超级大国的权力竞争为中心议题的，也就造成了权力政治的主要分析范式。核威慑的作用是从技术的层面增加了权力对抗及权力克制、审慎使用的筹码，从而使得两极对抗更趋稳定。因两极对抗的压倒性特征，权力分布的分析范式着重于国际格局或国际系统的整体性，以系统的结构性特征及系统的输入、输出讨论国家陷入紧张、冲突的根源，这在卡普兰（Morton A. Kaplan）的《国际政治的系统与过程》、沃尔兹的《人、国家与战争》及《国际政治理论》中都有明确的叙述。

而在冷战后的国际安全环境中，是以冲突的地区化为特征的，

[①] Michael Erikson and Peter Wallensteen, "Armed Conflict, 1989 – 2003," *Journal of Pearce Research*, 41: 5 (September 2004).

大国插手而造成冲突或战争的数量相对较少，仅有的例外是美国对伊拉克的战争以及对阿富汗塔利班政权的反恐战争。这就使得以权力竞争性作为战争原因的分析模式相对式微，冲突根源需要更多地从国家、地区的微观层次进行分析，这种"由下而上"的框架更切合于对冷战后地区冲突的探讨。在这种安全环境的转变所导致的分析模式的更替下，巴里·布赞的安全复合体范式逐渐浮出水面。

二 巴里·布赞的安全复合体理论

巴里·布赞在阐述安全复合体包含的分析层次、内容框架时，首先解释了创造安全复合体这个概念的目的，在于提倡把地区层次作为应用性安全分析的恰当框架。以往的安全分析着重于国家层次和全球层次，国家层次的安全本身并不是一个有意义的分析层次，因为安全态势本质上是关联性的，国家不可能置于一种隔绝的状态而奢谈自身的安全。而全球安全对于大多数国家而言都是虚妄的，仅有极少的大国、超级大国可以从紧密的安全一体化中获益。因而地区层次的聚焦，在冷战后的环境中意义逐渐显现。在这个层次上，国家之间的互动足够紧密，以至于其安全不能分割开来进行考察。地区层次所处的位置：一方面是体系层次上全球大国的互动，另一方面是地区层次上安全紧密依赖的群体。独立单位的安全和全球大国的干涉进程只有理解地区安全态势才能加以把握[①]，而通过这一层次，才可以更加清晰地把握国家间互动行为的根源，国家间的安全竞争及安全关切才能得到更好的说明。那么，如何来界定安全复合体？是仅仅依靠地区性的概念界定还是依靠文化及经济模式对安全模式产生的因果性影响？布赞认为，一组单元，它们的安全化、非安全化的主要过程或者两者紧密地联系在一起，以致其安全问题不能彼此分开地合理分析或解决。据此来考察地区安全复合体，会看到它并不会和地区建构构成完全的重合。例如，不可能用划定欧洲边界的方式简单地界定一个大的欧洲

[①] [英]巴里·布赞、[丹]奥利·维夫：《地区安全复合体与国际安全结构》，潘忠岐等译，上海世纪出版集团2010年版，第42页。

安全复合体，研究的起始应该是行为的安全话语和安全实践而不是其地区话语和地区实践。地区安全复合体是一种非常具体的、功能意义上界定的地区类型，主要判定的标准是地理的毗邻及安全的不可分。①

　　地区安全复合体的内核结构包含四个变量：（1）边界。将地区安全复合体同近邻区分开来的依据就是地理接近性、友善—敌对关系和安全相互依存模式。地理的邻近会使国家之间处于更紧密的安全互动，因威胁在近距离传播更为容易，地理邻近对互动的影响在军事、政治、社会、环境领域都有强烈的表现。同时，布赞特别指出了一种类型的国家发挥着隔离行为体的作用，即处在两个安全复合体的交界带上，同两类安全复合体都会进行着经常性的安全互动，对其安全利益发挥着举足轻重的影响，如阿富汗之于南亚及中东。（2）无政府结构。意味着地区安全复合体必须包含两个以上的自治单位。无政府的基本假定是安全复合体形成及持续存在的前提，而安全互动的最低要求是存在两个以上的独立行为体，依靠紧密的互动形成一种安全结构。（3）极性。涉及单位之间的权力分配。它是对安全复合体的物质性的强调，权力会在塑造地区安全状况中发挥持久的作用。行为体之间的权力关系，如同在国际体系一样，会形成地区层次的权力结构，即权力的极性。地区层次中，同样会出现权力的单极、两极到多极的结构，则权力结构的主导者在地区安全事务中拥有较高程度的主导性。安全及战略回旋的空间相对广阔，在权力关系中具有优势地位。（4）社会建构。涉及单位之间的友好—敌对模式。体现了建构主义的理论视角，友好和敌对模式被赋予了一种起源于历史的现实属性，它们自身是社会性建构的结构维度。通过角色身份的深刻内化及行为体的角色期待、身份领悟，会有一种特定的角色占据主导位置，足以为体系及次级体系设定一个总体性的社会结构。预测地区安全复合体的互动类型，仅考察权力分配是不够的，权力分配只会告诉人们

---

① Barry Buzan and Ole Wæver, *Regions and Powers: The Structure of International Security*, Cambridge: Cambridge University Press, 2003, p.201.

物质资源的集聚程度。历史、文化、宗教、地理医素则会参与形成界定一个地区安全复合体是处于恐惧、威胁还是友谊状态的总族群。类似印巴之间的复杂纠葛，就会使国家之间处于一种持续的敌对模式中。①

地区安全复合体的四个考察层次：（1）内部意义上的地区内国家，主要指国家内部的政治体制的有效性及安全状况的稳定与否，国家的民族构成及其对安全的影响。国家的脆弱性决定了其安全恐惧的性质，出于恐惧而把他国或国家集团作为结构性威胁进行看待。（2）国与国关系、地区内国家之间关系、地区内强国与其他国家的关系往往构成主导性的地区关系，并决定了地区总体安全特征是属于友好还是敌对性的。（3）该地区与周围地区的互动，布赞认为这一点的重要程度相对有限，因为复合体更重要的是内部的互动。但是如果复合体内部的安全互动发生了重大变革，邻国之间的安全对抗逐渐趋向消融，安全关切主要转向区外国家，则相邻区域的安全互动就成了主要的安全议题，层次的重要性就会上升，但这种状况的出现在于区域内安全依赖模式的根本改变。（4）全球大国在地区内的角色，将全球大国权力分配的总体模式与地区安全复合体联系起来的是渗透机制。渗透指的是外在强权同地区安全复合体的国家建立安全联盟，主要源于本地区的冲突、对抗为大国渗透进该地区提供了机遇和需要。但主要的地区安全特征由地区内国家来定义，大国的作用不应被扩大化。如果地区内的安全特征及其相互依赖关系完全由大国决定，则大国的作用完全覆盖该地区，则安全复合体的意义就会丧失。因为地区内的安全互动已被忽略，不复产生实质的影响。

地区安全复合体的三种演变的可能：（1）维持现状，意味着内核结构没有发生重大变革。（2）内在变革，即内核结构已然发生变化，但发生在地区边界之内。或者因为地区一体化而致无政府结构产生变化，或者是权力的极性变化，或者是友好—敌对关系发生变化。

---

① Barry Buzan and Ole Wæver, *Regions and Powers: The Structure of International Security*, Cambridge: Cambridge University Press, 2003, pp. 49 – 50.

（3）外在变革，主要指外围边界发生了扩张或收缩，改变了安全复合体的成员构成情况，或者改变了其内核结构，如两个复合体合二为一。

安全复合体的类型：（1）标准地区安全复合体（极性取决于地区内大国，可能包含单极、多极）；（2）中心化地区安全复合体（地区安全态势是由地区内部中心力量主导的），包括：大国如俄罗斯，超级大国美国，制度整合起来的地区如欧盟；（3）大国安全复合体（以大国作为地区内的两极或多极），如1945年前的欧洲、东亚；（4）超级安全复合体（强有力的地区间层次安全态势，源自大国对邻近地区的扩溢），如南亚和东亚。①

三　南亚安全复合体：基本态势及演变、前景

布赞对安全复合体理论的聚焦是从南亚开始的，因而其对南亚安全复合体尤其是印巴安全互动的分析及阐释有很多可以借鉴之处，运用其理论框架结合印巴两国具体的状况可以对印巴安全关系现状及发展脉络、前景做出更合理的解读。以下，我们就参考其基本分析框架，来说明印巴安全关系的基本特征。

南亚地区因其特殊的地缘政治特征，成为安全复合体理论的典型分析范例。南亚次大陆的地理空间，位于喜马拉雅山以南直至印度洋的大陆部分。喜马拉雅山绵延2500余千米，与西北的喀喇昆仑山脉、兴都库什山脉及东北的那加山脉一起，形成天然的屏障，沮隔了外部力量的进入，但少数可与外界相通的山口的存在，仍成为北方游牧民族入侵的通道，历史上次大陆遭遇的多次外族入侵都说明了这种安全环境脆弱的一面，况且一旦越过连绵的群山，一览无余的平原便于游牧民族的长驱直入。背靠群山，面向海岸，这种安全环境决定的安全隐忧使次大陆的国家对来自西北的力量异常敏感，因历史上主要的安全威胁来自西北，这也决定了印度在独立后

---

① 参见［英］巴里·布赞、奥利·维夫《地区安全复合体与国际安全结构》，潘忠岐等译，上海世纪出版集团2010年版，第50—60页。

的大多数时间都把主要的外交重点放在对西北的关注和防范，东向政策只是近年来因发展的需要而做出的转变。在冷战期间，由于相对独特的地缘位置、广阔的面积、众多的人口，南亚地区在大国的地缘战略考虑中占有一席之地。冷战的格局与相对封闭、隔绝的地理环境及历史因袭，决定了区内国家发展的特征，更多的是处于一种"内向型"发展的状态，政治、经济、文化的交流更多局限于区内国家。在经常性外交实践中，占据重点及主要议题的是与区内国家关系的拓展。尽管出于力量及利益平衡的考虑，在南亚印巴对抗的格局中逐渐引入了大国的力量均衡及相互牵制，但外部力量是沿着内部冲突的分裂线而渗入和分布的。也就是说，因内部的分裂和对抗，产生了外部大国进入的机会。对印巴两国来说，对抗冲突是由两国间多种内在因素驱动的。安全复合体理论的逻辑展开也是建立在区内国家的冲突型互动上的，与印巴两国的对抗关系较为吻合。同强调冲突缘于全球力量分布失衡的系统层次理论有显著的区别。

南亚作为一个安全复合体自然缘于其安全的不可分割性。作为区内实力最强的国家，印度与斯里兰卡国内僧伽罗人与泰米尔人之间的内战、冲突有着必然的联系，对孟加拉国动荡的国内政治及尼泊尔政府羸弱、失序都发挥着重要的影响，与这些国家政治、经济的联系和交往也占据着这些国家外交关系的重要内容。同区内另一个实力较强的国家——巴基斯坦的安全纠葛，则成为南亚安全复合体的主要构成。在布赞看来，南亚安全复合体在类型上属于两极内核结构的标准复合体，结构植根于印巴的相互安全化。从南亚安全复合体的极性来看，印度处于优势地位。无论是从领土疆界、人口规模、军事准备、科技实力还是从体制稳定性、文化、社会凝聚等方面，印度相对巴基斯坦都有较大的优势。以领土面积、人口规模和自然资源为例，分治之初，印度国土面积（126.96平方英里）和人口规模（3.57亿）都是巴基斯坦的4倍，工业实力是巴基斯坦的10倍，主要工业资源集中在印度境内。巴基斯坦于1971年失去东巴基斯坦之后，实力对比更加失衡。从军费支持来看，90年代印巴两国年均增长幅度都在

2%，而印度经济实力远强于巴基斯坦，军事采购的数量、速度都非巴基斯坦可比。印度用于军备的资金占 GDP 的 2%，巴基斯坦为5%，总军费开支只相当于印度的 1/8，印度的军队为巴基斯坦的 2倍强。① 从最新的经济数据来看，据 2012 年一季度的统计数据，一季度印度 GDP 增幅比 2011 年同期增长 1.3%，2000—2012 年印度 GDP 年均增长幅度高达 7.4%②。据国际货币基金组织 2012 年 4 月的数据，2011 年印度 GDP 总量为 45.3086 亿，按购买力平价法，不考虑欧盟在内，在 183 个国家中排名第三，超过了日本。而巴基斯坦的数据是 4.8842 亿，排名 26 位。③ 与此相伴的是，印度在国际社会中的影响力逐渐增强，在参与国际机制、协调立场、设定议程方面的话语权相对上升。与印度相比，巴基斯坦的影响力较为有限。

  印巴安全复合体的结构特性是以二者的相互安全化为特征的，即都把对方作为自己的安全威胁，在两国的立国理念、文化特征、观念认知以及具体做法中有明显的体现，尤以立国理念、观念认知上的差异以及行动上的针锋相对性最为典型。首先，在两国理念上，印度强调世俗主义的立国原则，即印度是各宗教和平相处的国家，宗教因素不介入政治运行。印度以英帝国的天然继承者自居，认为印度理应成为一个统一次大陆的大印度联邦，以宗教的区分而实行两个民族理论是不成立的，穆斯林独立建立新的国家是一种意外，巴基斯坦根本不具备立国的基础。而巴基斯坦的立国理念是两个民族理论。真纳认为，印度教徒和穆斯林属于两种不同的文明，无论按照什么样的民族定义和检验标准，穆斯林和印度教徒是两大民族。他认为，两种文明基本上是建立在相互冲突的思想观念上的，穆斯林一定要同印度教徒决裂以成立独立的穆斯林国家——巴基斯坦④。真纳曾说："统一的

---

① 傅小强：《印巴冲突的历史和地缘考察》，《亚非纵横》2002 年第 2 期。
② "India GDP Growth Rate," http：//www.tradingeconomics.com/India/GDP-growth.
③ "List of Countries by GDP (PPP)，http：//en.wikipedia.org/wiki/List_of_countries_by_GDP_(PPP).
④ [巴] G. 阿拉纳：《伟大领袖真纳》，袁维学译，商务印书馆 1983 年版，第 154 页。

而似乎又是民主的印度,那是不可能的。印度在不同的时期曾被印度教徒、穆塞尔曼(即穆斯林)和英国人用武力统一过,这种统一只有在专制政体下才有可能,它从来不是也不能是以人民的真正统一为基础的。分歧太大太深,它们超过经济和社会的分歧。这种分歧是根深蒂固的。印度并非一国,它是个大陆或次大陆。它决不能只是一个国家。"[1] 此后,历届巴基斯坦政府也无不认为,印度一定会不断挑战和否定"两个民族"理论,并要从根本上否定巴基斯坦立国的合法性,从而为其武力兼并巴基斯坦奠定思想和理论基础。由立国理念决定了印度把穆斯林教徒从原英印殖民体系中分离开来而形成为新的独立国家看作是一种反常,巴基斯坦缺乏作为独立国家存在的基础。在尼赫鲁(Jawaharlal Nehru)看来,统一印度和巴基斯坦仅是时间问题,印巴分治并非不可接受,而是个妙主意,即暂时牺牲印度的一点领土,很快就会收回来。其后,很多领导人也认为印度是一个多民族、多种族的国家,必须团结起来完成历史使命。[2] 而对巴基斯坦来说,两个民族理论建立在民族、宗教、文化、价值体系等方面明显的分野之上,是穆斯林政党建国理念及政治实践的必然反映。印度所坚持的世俗主义否认巴基斯坦建国的合理性,势必会在执政理念及具体行动中有所反映,而印巴独立之后的历史也证实了这种担忧。

对印巴关系来说,值得关注的一个现象是,无论印度还是巴基斯坦,都感到自己受到对方的威胁,处于一种不安全的状态,这体现在相互间的观念认知上。首先,在教义的区分上,双方从印度教及伊斯兰教教义寻找根据,指责对方的征服、统治的图谋。巴基斯坦人喜欢引用《政事论》证明印度人/印度教的治国才能是颠覆、搞间谍活动和阴谋诡计。而印度战略家则强调伊斯兰教义为教徒和异教徒划分了一道世界的分水岭,提出前者有责任诱导后者皈依伊斯兰教。巴基斯坦的理论家把伊斯兰教在南亚的传播看作是对异教徒的净化与改造,

---

[1] [英]哈罗德·麦克米伦:《麦克米伦回忆录(三)》,张理京等译,商务印书馆1980年版,第234页。

[2] "Secularism in India," http://www.civilserviceindia.com/subject/Essay/secularism.html.

印度则把这段历史视为对印度文明、文化的全面威胁①。在涉及安全的观念认知上，冷战期间，印度倾向于把巴基斯坦看作是一个新帝国主义的样板，认为巴基斯坦通过与英、美、中这样的国家结盟，把外部威胁引入次大陆地区，如此既改变了南亚地区的结构，也使得巴基斯坦国内政治的结构被严重扭曲，在政治和外交方面日益军事化。在印度1982—1983年安全调查报告中，强调的巴基斯坦因素包括：有限的文化、文明遗产、军事独裁、神权政治特征、集权政府的僵化、对西亚反动政权的支持、与人民的疏远等。依据这些特征，巴基斯坦天生就是印度的威胁。同时，印度也不断宣称自己所受的包围和威胁，认为巴基斯坦对印巴分治的不均心存怨怼，不断纵容和诱导穆斯林民族复仇者进行旨在破坏印度完整和统一的行动。巴基斯坦宣称自己是印度穆斯林的代言人，其身份本身就是对印度安全与完整的威胁②。相对于印度强大的国力，巴基斯坦领导人认为所受的威胁比印度大得多。基于对印度世俗主义理念的判断，巴基斯坦领导人宣称印度自独立之初，就企图颠覆巴基斯坦，1971年东巴被分裂出去是明显的例证。而普通民众也认为，自己的国家受到日益强大的印度教及狂热的教派分子的威胁。同时，印巴相互敌视指认为威胁的根源还来自于，印度声称由于巴基斯坦境内民族、宗教派别的分离、主要省份之间的差异及分歧，日益动荡的政治生态，需要利用印度的威胁来凝聚各派力量，削弱民族身份、强化国家认同，以维护社会的稳定、国家的统一。而巴基斯坦对印度说法不以为然，认为自己受到威胁，是因为道义的因素，是受正义感的驱使。

两国在一系列大事上的针锋相对体现得也极为明显，当然这种行动更多地说明了两国间存在的安全困境，是心理、观念、文化等对抗性的反映。持续的冲突关系也容易营造一种互不信任的氛围，双方都不愿在哪怕微小的事件上进行让步。而处于优势的一方也不会接受妥协，因为这会侵蚀其已然获得的优势。自身力量越强，对

---

① ［美］斯蒂芬·科亨：《大象与孔雀——解读印度大战略》，刘满贵等译，新华出版社2002年版，第220页。

② 同上书，第222页。

方越容易屈从己方的强大压力，弱势者寻求的妥协只会削弱在事态上的影响力和主动性。两国关系的针对性，从竞相发展核武器上可以得到很好的说明。对印度来说，核武器的试验及获得是印度的大国地位、身份、尊严乃至实现民族形象的一种方式，应对巴基斯坦的威胁只是因素之一。对巴基斯坦而言，其核武器计划则从一开始就是针对印度的。在印度率先研发核武器的情况下，巴基斯坦总理阿里·布托（Zulfikar Ali Bhutto）曾说，即使吃草根，我们也要制造原子弹。1972 年，他召集科学家商讨核武器发展计划，而 1974 年印度的和平试爆进一步推动了巴基斯坦加速发展核武的进程。[①] 但在印度看来，巴基斯坦开发研制核武器的时间更早，其核军备计划始于 70 年代末，至 80 年代末已有重大进展，并称这是印度发展核武计划中的巴基斯坦因素。在 1986—1987 年的黄铜钉危机中，两国都倾向于采取一种战争边缘政策，都采用了敌对互动模式的决策机制。印度在拉贾斯坦沙漠地区进行了 10 个师参与的代号黄铜钉的演习，巴基斯坦也开始在时控线附近部署大量军事，并下令陆军北方和南方预备役部队向边境集结。由于两国的本意不在于发动一场战争，通过政治沟通，危机最终得以化解。1998 年 5 月，印度人民党二度执政时期，于 11 日、13 日在博克兰地区进行了 5 次公开核试验，总理瓦杰帕伊（Atal Bihari Vajpayee）宣称印度成为有核国家。在印度 13 日进行第二次核试验后，巴基斯坦外交部发言人发表声明称：巴基斯坦在此重申将根据对其安全构成威胁的程度和国家利益的需要，采取一切必要措施。5 月 28 日，巴基斯坦在俾路支省查盖山区进行了 5 次核试验，总理谢里夫（Muhammad Nawaz Sharif）发表电视讲话，称巴基斯坦核试验是迫不得已之举。印度虽以中国威胁作为发展核武器的托词，但实质上是对巴基斯坦安全的巨大威胁。30 日，巴基斯坦再次进行核试验，并称已基本完成了从核装置到核武器的研制试验过程。

在公开核试验后，两国核竞赛主要体现在运载工具——导弹的

---

① 章节根：《印度的核战略》，博士学位论文，复旦大学，2007 年，第 101 页。

研发上，从双方导弹试射的频度和时间上的趋近可以清晰地显现出来①。从拥有的核能力来看，据估计，印度目前拥有核弹头数量为80—100枚，其设在卡尔帕卡姆（Kalpakkam）的反应堆具有每年生产140千克武器级钚的潜在能力，足以生产28—35枚核武器。其目的在于建立以陆基核打击力量为主体、以空中核打击力量和海基核打击力量为辅的"三位一体"的核打击和核防御体系。同时，印度集中于发展具有路基打击力量的烈火型弹道导弹系列，海上则致力于核潜艇的发展。相对印度来说，巴基斯坦核武器的数目估计难以统一，一种说法称其拥有90—110枚核弹头，储备有2.2—3.0吨90%的高浓缩铀，每年足以生产10—15枚核弹头。② 而在导弹总数方面的差别并不太大，各种型号的中、短程导弹较为齐备且已装备使用。巴基斯坦导弹主要倚重的是"沙辛"（Shaheen）导弹，2005年3月沙辛-2型试射成功，射程2500千米，可以覆盖印度境内几乎所有的目标。2008年4月，巴基斯坦对沙辛-2型中程弹道导弹进行了第5次和第6次试验，以其作为发挥进一步威慑作用的支柱。③

安全复合体的两个最基本变量是极性与友好—敌对结构，两个变量融合了物质主义及建构主义的观察视角。既从物质实力的角度，也从观念、文化的社会建构方面考察安全复合体的核心内容。具体到南亚地区，印巴之间虽存在权力方面的程度差异，但在南亚的地区安全结构中，印巴两国无疑成为两个最有权势的安全等级，其他小国难以与其相提并论。因而，印巴成为地区性的两极，并在诸多领域形成对抗性关系。这种对抗关系包含了历史因袭、文化特质、观念认知、地缘政治、战略利益等多重因素，并在印巴关系的

---

① 相关内容参见刘红良《核威慑效应的生成及印巴核威慑的稳定性》（《南亚研究季刊》2011年第3期）。

② SIPRI yearbook 2011: Chapter 7, World nuclearforce, http://www.sipri.org/yearbook/2011/07.

③ An IISS strategic dossier: Pakistan's nuclear program and imports, http://www.iiss.org/publications/strategic-dossiers/nbm/nuclear-black-market-dossier-a-net-assesment/pakistans-nuclear-programme-and-imports.

第一章 冷战后的南亚安全构造

曲折演进中不断得以体现。如持续依照这种发展逻辑,印巴关系只会陷入螺旋式发展的竞争与冲突的泥潭。但在安全复合体的演进中,即便是对抗性关系,也会在连续性与变革中遵循一定的路径发生着演变。

在布赞的安全区域主义的研究中,国际安全具有多种维度上的相互关联性,众多的国家及其他行为体均被纳入"安全相互依存"的全球网络关系中。同时由于威胁的多样化与不确定性更多地与地理接近性联系在一起,国家对相临国家的恐惧和防范要超过远距离的国家,使得"安全相互依存"的常规模式是一种以区域为基础的安全集合。[①] 在微观层次上,巴里·布赞认为区域安全结构存在着从"冲突形态"经由"安全机制"演变为"安全共同体"的可能性,而把安全复合体绑在一起的联系纽带有地理、政治、战略、经济和文化多种形式[②]。

虽然在安全观念上印度一直把巴基斯坦作为主要的对手,但从20世纪90年代以来,印度开始调整其军事战略,一改过去以夺取南亚地区战略支配地位而推行的"地区性进攻战略",代之以"区域性威慑"军事战略。军事战略的调整必然带来战略观念的改变,印度逐步认识到国家安全是一个广泛的概念,不仅包括领土的完整,而且还有经济、政治多个方面。[③] 印度囿于南亚及其周边地区的安全观,也在逐渐拓展至更广阔的层面。稳定的周边环境对抱有大国期望的印度来说尤为必要。以往印度执着于肢解、削弱巴基斯坦的实力,致使印巴关系长期不睦处于敌对状态。多年与巴基斯坦交往的实际使得印度深深地认识到,与巴基斯坦的敌视、对抗难以取得预想的结果,必须减少两国的军事对峙,增进相互之间的了解和信任,印巴安全密不

---

① 参见郑先武《安全区域主义:一种批判 IPE 分析视角》,《欧洲研究》2005 年第 2 期。

② Bayyr Buzan, *People, States and Fear: The National Security Problem in International Relations*, Chapel Hill: The University of North Carolina Press, 1983, pp. 114–115.

③ 宋德星:《论 90 年代印度的"区域性威慑"军事战略》,《南亚研究季刊》1998 年第 3 期。

可分。只有加强政治互信、经济合作、文化交流，才足以实现国家战略目标。而对力量相对弱小的巴基斯坦来说，一直以来存在着印巴力量对比结构性失衡的问题，在这种不利情势下如何维护自身安全成为其最大的考虑。在两极对抗时期，巴基斯坦可以借助某种联盟的力量增强自身对抗印度的资本，冷战后急剧变化的地缘政治形势和多极化发展趋势却使得巴基斯坦唯有选择"自助"战略。因而对印度的核试验、军备升级等加强军事实力的举措，巴基斯坦唯有针锋相对，因为非如此不足以增加自身安全感。印巴间持续的对抗并非巴基斯坦本意，在印度军事战略调整背景下的巴基斯坦安全观念，自然也会有一定程度的变化。倾向于保持同印度竞争关系的同时，加强彼此间的对话和合作，而不再僵持于与印度的对峙与隔绝。

　　结合布赞的相关理论，我们可以看出印度与巴基斯坦之间的安全关系正发生某种程度的演变。安全复合体的形成是一个不断递进的进程，是一个安全的连续统一体。其中包含着区域安全结构从冲突形态逐渐发展到安全共同体的过程，基本因素有安全的相互依存、权力结构以及限定在独特地理区域内牢固的友善与敌意关系。印巴自独立以来不断的战争、冲突加深了彼此之间的敌意与猜忌，使两国不得不把有限的资源耗费在强化军事力量上。然而多年的冲突、对抗也使两国意识到一方的安全须建立在另一方的安全之上，安全是不可分割的。两国在政治、社会、文化等领域的联系日渐紧密的事实，也促使两国对传统的军事战略作出调整。对安全而言，区域的成本和收益要大于国家的成本、收益，因而减少成本和获取更多收益的渴望会刺激国家区域合作的努力。同时非安全问题，诸如经济、环境、信息、国民价值等如果与安全问题保持一致，对各领域、各种形式的合作刺激作用会日益扩大。况且非安全领域的合作积累起来会增加合作中的潜在所得，为更大范围内的战略合作创造外部性条件。在经济领域，印巴自2003年以来开始积极推动南亚自由贸易区的建成、启动。此外，印巴之间还开展谈判，签署了避免双重收税协议和双边投资协定，并就建立合资企业可能性以及建立南盟贸易和发展银行进行了探讨。安全领域，两国在核安全以及国防、外交领域加强合作、交流，在建立包括互信机制在内的和平与安全问题上,两国进行了多轮对话。

然而,印巴关系的演进目前尚不足以支撑安全共同体的形态及其趋向。"9·11"事件之后,美国领导的反恐战争逐渐成为南亚安全事态的中心议题,使本已升温的美印关系受到一定程度的阻隔和干扰。印巴在趋近对美关系上暗藏竞争,在此背景下的印巴关系调整因2001年的印度议会大厦遇袭事件几至于走向战争边缘,趋缓的势头也被搁置。随着反恐战争的全面铺开,巴基斯坦配合美国全力反恐的策略正经受着严峻的考验,国内社会动荡、经济下滑、政治不稳、反美浪潮高涨的状况渐趋严重化。随着2014年美国从阿富汗撤军的日益临近,阿富汗安全恶化的状况有逐渐外溢的可能,这将给本已混乱的巴基斯坦安全形势增添未知的变数。在地区层面上,这种状况更突出了阿富汗战略地位的重要性,逐渐成为南亚与中东安全复合体的一个连接带,印巴对阿富汗的争夺也成为两国关系中的一个新的竞争因素。在南亚安全复合体的内部,印度的战略关切更加趋向于同区外大国开展大国外交,印巴的相互安全化在其战略重要性的位置已渐趋退却。而在美巴反恐关系中的问题、矛盾逐渐暴露之际,两国正在对关系进行全面的评估。在这种情境下,印巴关系却逐级趋缓,并再次进行着多个领域合作的尝试。在全球层面,美国对南亚的战略利益倾向于维持南亚的稳定,而又保持着同印巴双方比较微妙的关系,使二者都会形成对美国的倚重和某种依赖。中国从稳定周边出发,会对南亚印巴间的和解持欢迎的态度。而俄罗斯虽形成与印度稳定而亲密的军事供应及政治合作关系,但同时具有对巴基斯坦的利益需要,对南亚的战略天平不会太多地倾斜。无论是从全球、地区间还是地区的层次上看,南亚安全复合体都会保持着一定的延续性,内部发生变革的可能性不大。尽管存在巴基斯坦塔利班化的担忧,但巴基斯坦政府内部本身也在调整,以稳定国内局势。从南亚安全复合体的内核结构——印巴关系上进行研判,可以看出两国在现有状况下进行的关系恢复及合作的展开,正是处于延续性基础上的调整和演变。

第四节 印巴两国的战略选择和利益诉求

一 冷战后印度的国家战略

印度的大国追求在其独立之前就已表露无遗，尼赫鲁在《印度的发现》中说："印度以它现在的地位是不能在世界上扮演二等角色的。要么做一个有声有色的大国，要么销声匿迹，中间地位毫无吸引力。"① 这段文字成为印度大国战略追求的经典陈述，而相对于美国、苏联这类世界性强国大战略的明确性，印度因其国力所限，对整体世界的认知及战略追求缺乏明确及一贯性。其国际战略的勾勒及确定是在逐渐增强的国力及变幻的国际环境中逐渐成型的。而时至今日，印度仍没有清晰、明确表述的大战略，因而对印度的战略追求的描绘也只能在其官方表述及外交推行中逐渐得以认知。

（一）印度的不结盟外交及冷战后的调整

独立之初，印度以其不结盟外交而闻名于世。尼赫鲁担任过渡政府副总统发表施政演说时说，我们将尽可能地远离不同集团相互对立的强权政治，不与任何一方结盟，因为这种对立的集团过去曾引起世界大战，甚至今天仍可能给世界造成巨大灾难。尼赫鲁通过多种形式强调印度将奉行不结盟的外交政策。在尼赫鲁看来，不结盟首先意味着不与大国集团结盟，不卷入冷战，避免参加集团、军事同盟，避免承担义务。其次，不结盟意味着在外交上执行独立的外交政策，依据印度自身的立场判断国际事务，而其实质是根据国家利益作出判断。② 尼赫鲁因其自身的经历，深知独立的可贵。在其执政时多次强调，印度应以自由国家而非别的国家的卫星国的身份参与国际事务，而不结盟是在两极对立的环境下维护国家利益同时坚持自己外交原则的一种较为有益的选择。印度不顾美国的反对及时承认中国、拒绝参加旧金山会议、谴责英法入侵埃及，都反映

---

① ［印］尼赫鲁：《印度的发现》，齐文译，世界知识出版社1956年版，第712页。
② K. Subramanyam, *Defending India*, Macmilan Press LTD., 1999, p. 23.

了印度执行的是独立外交政策。但尼赫鲁的不结盟也被认为是实用主义色彩较浓的一种中立，与瑞士不同，印度的中立不受法律条文的制约、形势变化和时间推移的影响。在不同时期会选择不同的关注重点，但利益需要，就有可能放弃中立。比如，中印边界争端之后，印度向美国求援。后来，在两极对峙日趋紧张之时，印度选择与苏联维持较为亲密的关系，二者虽非结盟，实质上已是对不结盟原则的一种背离。

对印度而言，苏联解体意味着军事装备供应来源被切断，经济合作项目以及经济援助也因俄罗斯的自顾无暇而难以开展。印度重工业和国防工业的骨干企业也因此受到冲击。1991年的海湾战争向世界展示了美国的军事实力，也掀起了军事采购及军备发展的热潮。世界范围内民族主义的崛起，地区热点及冲突的频发，尤其是阿富汗地区在苏联撤军后引发的局势恶化、内战加剧造成了克什米尔地区更为动荡。近邻中国的经济快速发展并带动国力日益提升。种种因素都使得印度认为冷战后的国际环境更为复杂，挑战更趋多样化。在这种环境下的印度外交战略必须对地区、周边环境做出反应，同时对其大国外交进行必要的调整。

（二）印度的地区外交战略

在地区战略上，印度因袭英国殖民思维，把南亚次大陆作为自己的势力范围。南亚地理环境的独特性对于塑造印度的地区乃至国家战略有着重要的影响。因喜马拉雅山的阻隔，传统上印度的军力难以走出次大陆。而同时，其西北边界又面临着易受侵袭的脆弱性，致使印度的陆地发展空间相对有限，伸展的最大半径只能限于次大陆的范围。由于处于印度洋的中心位置，印度洋又是世界重要的物资通道，同时兼具军事战略价值，背山面海的地理空间催生了印度海上称雄的战略观念。受传统思维的影响，即便在印巴分立的现实下，在尼赫鲁乃至以后的很多政党看来，巴基斯坦、孟加拉国应与印度是一个整体。印度"大国"概念的潜在含义应是：包括巴基斯坦、孟加拉国、中国西藏乃至印度洋沿岸诸国都被纳入一个印控的"联邦"。在此思维的支配下，印度自独立后一直在周边推行较为强势的外交政策，以避免区外强国对地区事务的干涉，加强对本地区国家的控制。其声称：印度不会干涉这一地区任何国家的内部事务，除非被要求这么做，也不容忍外来大国有这种干涉行为；如果需要外部援助来应付内部危机，应首先从本地区内寻求援助。这种政策表明印度强烈地反对地区外国家对任何南亚国家的内部事务的介入，公开追求其在南亚政治舞台上的支配地位以及合法性，极力维护印度在南亚的地缘政治优势。根据这一原则，印度利用锡金内部政变的机会，与锡金订立安全条约，规定锡金的国防、外交等重大事务由印度主宰，使之实际上沦为印度的保护国，后印度逐渐将其作为一个邦，并入印度版图。对不丹，通过签订友好条约，使其在对外事务上接受印度的指导。对尼泊尔，逐渐加强控制，签订友好条约和商务条约，控制了外交、国防和财政大权。借斯里兰卡和马尔代夫内战之际，直接出兵两国。

在冷战结束后，印度对地区战略作了一定程度的调整，以缓和同南亚国家的紧张关系。这一战略的调整也是印度改变以往外交政策，实行全方位外交的一部分。一方面，印度希望走出南亚狭小的空间，在国际舞台上发挥更大的作用，大国外交成为其外交调整的重点，这就使得稳定与周边国家关系尤其是南亚小国的关系变得非常重要。另一方面，印度经济的发展需要加深与南亚邻国合作的广度和层次。在双边关系紧张、不睦的状态下，经济的合作及拓展难以想象。因而，印度开始注重与邻国的和平相处以稳定地区局势，同时也使得在谋求其他地区利益时不再有后顾之忧。"睦邻政策的重要性不仅仅是给南亚的发展、秩序与和平带来希望，而且也使印度战略性地从这一地区脱身。"[1] 在古杰拉尔（Gujral）任总理及外长时，印度对南亚政策做了正式调整。1997年1月，在科伦坡讲话中，古杰拉尔详细阐述了其外交政策，包含的原则有：其一，印度对孟加拉国、不丹、马尔代夫、尼泊尔、斯里兰卡这些邻国不要求互惠，而是真诚地给予所能给

---

[1] Kanti Bajai, "India-US Foreign Policy Concerns: Cooperation ang Conflict," In Gary K. Bertsch, Seema Gahlaut and Anupam Srivastava (eds.), *Engaging India*, *US Strategic Relations with the World's Largest Democracy*, New York: Routledge, 1999, p. 198.

予的；其二，南亚国家不应以其领土来反对地区内的其他国家；其三，国家间应避免干涉他国内政；其四，南亚国家之间互相尊重主权和领土完整；其五，南亚国家应通过和平谈判解决所有争端。[1] 古杰拉尔认为如果严格执行这些原则，南亚关系将在更加友好合作条件下得以改造，地区会形成密切及相互友好合作的气氛。古杰拉尔主义的推行为印度缓和与区域内其他国家的关系营造了良好的气氛，也使得印度开始重视与邻国发展关系时的行为方式。其后，几届政府相继贯彻了古杰拉尔主义的原则。由于政策的针对性及连续性，古杰拉尔主义取得了一定的成效。经济上，印度加强了同南亚邻国的经济联系，在关税减免、制造业准入、金融等方面的合作为南亚区域合作的进一步加强创造了条件。政治上，与邻国的紧张关系大为缓解。古杰拉尔之后，瓦杰帕伊政府时期对巴基斯坦采取了一些缓和举措，主张优先发展双边经贸、文化、旅游关系，并在实际举措上迈开了新的一步。如巴士之旅，拉合尔宣言、阿格拉峰会，为印巴关系打破僵局、改善关系做了铺垫[2]。

(三) 印度的大国外交战略

冷战后印度的战略更多专注于地区及周边战略，对成为大国的更富有雄心的追求，需要有一以贯之的明确的战略指引。虽然在90年代，印度由于自由化的改革，使经济长期处于高速增长的轨道上，国力的增强自然带来在世界舞台影响力的与日俱增，但其整体国力相比于世界大国仍有相当的差距，这就使得印度在诸多国际事务、问题领域上固然可以依托发展中国家的集体力量或者金砖国家类似的平台发挥影响力，但作为单独的国家行为体对事态发展的最终影响相对有限。受制于在国际体系中的地位，印度没有形成于文字、官方表述的大战略，而其战略取向及利益诉求只能通过外交政策尤其是大国外交才得以窥视。

冷战后印度与美国的关系，是印度外交战略中最重要的组成部

---

[1] IK Gujral, *Continuity and Change: India's Foreign Policy*, New Delhi: Macmillan India Ltd., 2003, pp. 53–54.
[2] 吴永年:《21世纪印度外交新论》，上海译文出版社2004年版，第110—114页。

分。因为苏联在世界舞台上的消失,作为其继承者的俄罗斯虽然逐渐恢复了与印度的传统联系,但由于俄罗斯自身影响力的下降,使印度在国际事务中已失去一个重要的倚重对象。权力的失衡使美国在冷战后初期处理一系列问题时,更加偏重于实力及军事的方式。美国前参谋长联席会议主席克拉克(Vern Clark)曾说,美国的军事力量是一把令人震慑的锤子,而对于锤子来说,什么问题都像是钉子。[1] 考察印度的战略及对美外交的复杂考量,2003 年的伊拉克战争是一个绝佳的案例。在战争伊始,印度对意愿联盟的态度就让美国觉得难以理解,为什么印度的精英——长期拘泥于不结盟思维的知识层,会同意派兵参加一场充满争议的战争?在 2003 年 7 月,印度内阁安全委员会的最初考虑是同意派兵参加,但又认为这样做有违长期奉行的不结盟原则,而最终花了 5 个月的时间,瓦杰帕伊政府推翻了最初的决定,对伊拉克战争的表态不是谴责而是感到遗憾。同时对来自美国的访问者,印度也极尽款待,说明印度对加入联盟一事是经过认真思考的。多数外交政策顾问认为这是印度外交的黄金时刻,加入联盟不仅可为印度的大国战略铺好路,而且印度可以借此进入世界最大的能源市场,借此打破冷战后与华盛顿关系的坚冰。在有关伊拉克战争的辩论中,瓦杰帕伊曾公开表示,印度不会成为即便是世界最强国家的随从。而赞同出兵的外交官及安全委员会成员,尽管对加入联盟的机会感到兴奋,但因为存在印度士兵是否会听从美国军官指挥的疑虑而拖延了时间。同时,印度的精英们又深刻意识到,在发展的道路需要与美国保持密切合作,在解除技术禁运机制及获得合法核国家身份上尤其关键。[2] 因为在伊拉克战争干预的分歧上,印度不想排除物质利益的关切,因而采取了一条所谓的中间道路:既保持说"不"的能力,又强化与小布什政府的关系。印度外交官的担心还来自于对声誉的影响,因美国的干预本身授权不明,合法性受到质疑。明确呼吁使用蓝

---

[1] [美]罗伯特·卡根:《天堂与实力:世界新秩序下的美国与欧洲》,刘坤译,新华出版社 2004 年版,第 112 页。

[2] Rudra Chaudhuri, "India in Transition: Does India Have a Grand Strategy?" http://casi.ssc.upenn.edu/iit/chaudhuri.

/// 第一章 冷战后的南亚安全构造 ///

盔部队对支持干预的国家会造成极坏的影响,印度尤其担心中东国家对印度涉入其中的反应。在一些学者看来,印度在伊拉克战争的做法的确表明了印度对大战略的考虑既不受不结盟清规戒律的束缚,也不受就事论事的模糊规范的局限。相反,它是由一种可确切地称之为战略的东西来决定的,包括在与超级大国打交道时懂得保持均衡和维护名誉的必要性。[1]

冷战后,印度的外交战略在处理与美国关系中经常会表现出对美国的"敏感"和倚重。印度认识到随着美苏争夺南亚的局面不复存在,印度面临着一个极为有利的地区安全环境,同宿敌巴基斯坦的争夺因美国对巴基斯坦政策的重新审视,使得印度的优势日益突出。与美国关系的改善及发展不再面临巴基斯坦的障碍,印度也借此寻找与美国关系的新空间,对美国介入印巴争端,发挥调停或推动作用逐渐默认。同时印度经济的发展也给印美关系注入了新的活力,美国逐渐成为印度最大的资金和技术来源,也是印度最大的出口市场,这给印美关系的拓展提供了坚实的基础。"9·11"事件之后,美国出于反恐的需要,重新提高巴基斯坦在其战略布局中的地位,使印度意欲贬低巴基斯坦的作用争取对巴基斯坦战略优势的希望落空,印巴在争取美国态度转变、政策更大支持的争夺上竞争较为激烈。由于历史传承及文化积淀造成的印度对中国的防范和敌意,随着中国国力的增强,美国逐渐将印度作为遏制中国崛起的一枚棋子,印度也极为迎合美国的观念认知及布局调整,从媒体舆论及外交、军事防务上予以配合。表现为,2002年5月印度对美国国家导弹防御计划的公开支持,2003年对美出兵伊拉克的配合,2005年两国在西孟加拉邦举行了两国历史上最大规模的联合军演,2007年印美在阿拉斯加举行了具有较强针对性的联合军演等。2008年,两国签署了《印美民用核合作协议》(Indo-US Civilian Nuclear Cooperation Agreement),被认为是战略关系深化的重要标志。但印度对美国提出的"中美合作共同促进

---

[1] Rudra Chaudhuri, "India in Transition: Does India Have a Grand Strategy?" http://casi.ssc.upenn.edu/iit/chaudhuri.

南亚地区的和平、稳定、发展"的提法非常不满,两国在克什米尔争端、反恐战略、南亚核军备计划、技术外包、气候变化、移民以及伊朗、阿富汗等重要问题上存在矛盾。[1] 即便存在外交战略的重点为对美倾斜的状况,印度战略思维中固有的独立诉求仍会持续发挥着影响。

在对俄战略上,印度在调整中逐渐寻找两国利益汇合的基础。冷战后,基于国力衰落及影响减弱的事实,俄罗斯在新的国际格局下也需要调整外交战略以开拓新的外交空间,恢复在国际事务中的影响力,对印度这个一度是冷战时期的盟友,自然更为重视。通过恢复并加强与印度的关系,在一些问题领域内获得印度的支持,俄罗斯可以借此缓解国际体系结构性失衡对其重振大国地位的压力。而印度经济的发展需要有广阔的舞台和贸易伙伴,大国的追求需要有不断拓展的大国关系作为其施展影响的渠道,而军备的更新、升级及军事的合作也是增强军力及影响的重要方式,这方面的合作构成冷战后印俄关系发展的重要趋向。俄罗斯一直是印度武器系统的最主要供应国,且对印的武器出口在俄同类军火供应中较为先进,说明了两国伙伴关系的密切程度。1997年的资料显示,约有800个俄罗斯国防生产设施在印度运行[2]。2001年,两国的军事合作议定书涉及金额达100亿美元,主要是俄罗斯提供T90主战坦克以及联合生产苏-30MKI歼击机[3]。2003年,两国则商定由俄罗斯改装航母提供给印度,帮助其装备航母战斗群。"9·11"事件之后,俄印反恐军事合作及联合军演逐渐增强,印度也逐渐进入中亚地区[4]。2002年,印度还在塔吉克斯坦的阿尔霍尔建立了第一个海外空军基地,也被认为是获得了俄罗斯的理解。在战略层面上,两国在冷战后的国际格局中都经历了外交的

---

[1] 张力:《崛起中的印度:自我角色认知与对外战略调整》,载王缉思主编《中国国际战略评论 2011》,世界知识出版社 2011 年版,第 387 页。

[2] Jerome M. Conley, "Indo-Russian Military and Nuclear Cooperation: Implications for U. S. Security Interests," *INSS Occasional Paper* 31, *Proliferation Series*, February 2000.

[3] Konstantin Makiyenko, "Prospects for Russian Presence in South Asian Arms and Military Market," *Yadernyy Kontrol* 38, No. 2, March-April 1998.

[4] 吴永年:《21 世纪印度外交新论》,上海译文出版社 2004 年版,第 191 页。

/// 第一章 冷战后的南亚安全构造 ///

不断调整。俄罗斯在一系列问题上对印度采取相对有利的谨慎立场，这自然有利于拉近两国的关系。如俄罗斯在印度核试验之后，俄罗斯虽未承认印度的核身份，但比较注重与印度举行包括核问题在内的战略对话。由于美国的制裁，印度转而寻求与俄罗斯更为紧密的军事合作及支持。印度通过外交战略的调整，将俄罗斯纳入其大国战略的外交框架中，通过频繁的外交互访，确定能源、科技等领域的合作关系，加上军购的大笔订单，使两国的伙伴关系在政治、战略上都更为密切，印度借此也使自己处于较为有利的国际位置，可以适度利用俄印战略伙伴关系扩展自己的影响，因而在争取成为大国的战略目标上，俄罗斯也是必不可少的一个重要战略伙伴。

在印度的对华战略方面，尽管面临的已是冷战后的国际安全环境，但立国之初尼赫鲁的双轨战略仍有着不可小觑的影响和制约。当印度从50年代的对华友好走向60年代的关系交恶时，尼赫鲁解释了印度与中国关系的基本框架，即印度与中国是对手，但会尽力保持与中国的和平共处关系。虽然这更切合于冷战期间两国的关系特征，但在印度的决策者看来，一个日益强大的中国及其在未来格局中的位置是印度首先必须面对的。中国对印度的看法会发生怎样的变化，在印巴关系紧张、对峙时中国会持怎样的态度，中国在亚洲的地位会对印度造成怎样的影响，都是印度极为关切的问题。在具体关系上，在双方极为关注的边界问题上，自1981年起两国进行了15轮多级别、多机制的谈判。1993年、1996年的两个边界协议在印度国内受到欢迎，印度各派也基本上支持与中国的和解。2003年的北京宣言中，印度承认西藏是中国领土的一部分，同时确认了两国的共同利益大于分歧，两国互不为威胁，从而奠定了两国关系在冷战后的发展基调。在经贸领域，双边贸易额增长迅速，2010年达到600亿美元。开明的利己主义决定了两国应当提升双边关系，这将带来在国际机构和谈判议程中巨大的影响力。中国在基础设施方面的优势使之成为全球制造业基地，印度则有创业的精神、软件业的优势和自由开放的社会。中印两国在经贸领域存在巨大的合作空间。2011年举行了首次中印战略经济对话，增进了双方的政策了解，为双方在尚未特别关注的领域的接触铺平了道路。① 在政治方面，经历了1998年印度核试验带来的两国关系的波折之后，2003年的瓦杰帕伊访华确定了两国关系中的一些重要原则，从而使两国关系进入了一个新的阶段。2008年，曼莫汉·辛格总理访问中国，两国领导人签署了《21世纪共同展望》（A Shared Vision For the 21st Century），确认中印双边关系有着重要的地区及全球影响。② 媒体认为此举表明了两国加速发展关系的共同愿望，对双边关系具有里程碑的意义。在双边、地区及全球层面上，两国在许多领域具有相似的位置、共同的立场，如反恐问题、全球化环境下发达国家与发展中国家的协调、地区稳定、环境保护及非传统安全等，从而成为两国协调关系加深合作的推动。但印度始终存在着对华的安全防范，以及谋求大国地位过程中安全竞争的可能性，使印度对中国影响力的日增深感忧惧。边界问题、核军备竞赛、各自在印度洋海洋安全的寻求以及能源竞争，将有可能成为进一步发展两国关系的阻碍。在观念及操作层面，印度对中国的防范甚至背离、围堵的举措时有发生。印度与美国、日本提升关系，满足了三国"软制衡"与围堵中国的战略需求③。尤其在近年来，中国与日本岛争、与南海周边国家领土纠纷较为激烈时，印度不断加强与相关国家的军事及防务合作，在事态紧张时频发军演，搅局的用心较为明显，也凸显了印度在此问题上的态度，即一面与中国保持密切的合作关系，但时刻不放松对中国的警惕、防范。

（四）印度的东向政策

冷战结束后，印度外交战略出现的一个新的变化是印度逐渐采取东向政策，与亚太地区国家的政治、经济联系都在加强。传统上，印度比较重视发展与来自西面的国家及地区的联系，这主要是基于历史

---

① Atul Singh, "China and India: Relations Between the Two Asian Giants," *Fair Observer*, February 15, 2013.

② "A Shared Vision For the 21st Century of the People's Republic of China and the Republic of India," January 14, 2008, http://www.fmprc.gov.cn, accessed June 15, 2008.

③ David Scott, "Sino-Indian Security Predicaments for the Twenty-First Century," *Asian Security*, Vol. 4, No. 3, 2008.

上的威胁多由西北部进入。伊斯兰教的传播加强了印度北部与西亚之间的文化交流与联系。从人口及资源分布来说,印度的政治、文化中心也多位于北部地区,与西亚国家的联系也较为密切。

东向政策开始于拉奥政府时期,1991年9月,拉奥政府制定了外交政策决议,指出一直以来,印度主要面向西方,加强与西方国家在政治、经济、商业、文化上的联系,而现在是发展与东南亚、远东国家的投资贸易关系、政治对话和文化联系的时候了。[1] 决议尤其重视发展与日本的关系,同时推动与中国的政治对话,加强在国际及地区事务上的相互了解。

印度自1991年开始推行东向政策,最初聚焦于经济领域。在全球化加速及亚洲国家经济活力愈益显现的背景下,东向政策的新效应及上升趋势开始显现。印度政府开始采取明确具体的行动,实施全面合作,从专属经济交流扩展至其外交政策,从东南亚发展到东亚和澳大利亚。尤其是同东盟的合作日见成效,印度加强与东南亚国家多层次的交往,加入东盟条约,同东盟国家建立自由贸易区,参加东亚合作机制和东盟安全论坛等。合作内容也超越了经济范围,向军事、文化合作方面发展[2]。

印度通过与东部邻国的紧密合作,逐渐成为地区战略机制中的重要参与者。印度实行东向政策以来,与东盟国家贸易的增长给人留下深刻印象。90年代初期,印度与东盟国家的贸易额不足整体的10%,至2005年,增长至25%。东亚取代欧盟和北美,成为印度第一大贸易地区。[3] 印度从东亚邻国获得的投资也逐渐增长,2009年8月达到131.5亿美元。新加坡成为最大的投资者,投资额达86.6亿美元,其直接投资份额占印度总计流入资金的8.72%,日本以33.4亿美元次之。印度在东南亚市场的投资额也在逐步增长,2008—2009年对新加坡直接投资额达到142.3亿美元,对澳大利亚

---

[1] BJP: News Reports, "Press statement issued by K. Jana Krishnamurthi," Jan 21, 2001.
[2] "India's 'Look East Policy'," *People's Daily*, April 6, 2012.
[3] "India Looks East: Strategies and Impacts," *Ausaid Working Paper*, September 2006, p. 20.

达到9.62亿美元。① 同时，印度和东亚经济的一体化也在增强。

虽然第一阶段的东向政策基本是经济上的接触，但在安全及战略事务上的合作也不容忽视。印度不仅给东盟国家提供防务设备，而且同意帮助升级和维修像米格战斗机这样较大的武器系统，同时训练飞行员。同越南、老挝、马来西亚、新加坡也签订了类似这种重要的协议，同时与缅甸的军事合作成为两国关系中的重要内容。1995年，两国进行了代号为"金鹰行动"的联合行动，以处理共同边界的种族叛乱。在东向政策的第二阶段，战略接触与防务合作开始加强，政策的界限也超越了东盟及经济的范围，在地区防务合作方面，这些地区和印度也有着新的和广泛的利益。2002年，印度应美国的要求护送其船只经过马六甲海峡以免受海盗的侵袭。印度和其东方邻国通过高层次的政治和军事访问和交流，讨论地区及全球安全问题。在防长及外长级别，双边对话与定期措施已经机制化。印度与这些国家进行海军和其他军种的合作及演习。印度的船只和几乎所有南中国海地区的国家都进行过访问和演习，而只是程度有所差别。印度同时提供防务设备和服务、更新，在东南亚一些国家建立培训设施和军事学院。

印度逐渐进入东南亚地区的军事科技交流与合作生产领域。2008年8月，印度提供设施，帮助老挝建立了一个空军学院。新加坡是印度在该地区最亲密的特殊安全伙伴，印度西孟加拉邦的凯拉昆德空军基地是新加坡2007年10月租借的，租期5年，用于军事训练。越南、马来西亚、印度尼西亚也被认为是与印度有着密切防务合作的国家，印度还向印度尼西亚提议合作建厂生产军事硬件。除东盟外，印度与日本、韩国、澳大利亚联手与美国在2004年协调救援和救灾行动来应对该地区的海啸。② 印度并不掩饰自己在保证亚洲地区安全上扮演重要角色的渴望和能力，在2005年11月28日，外交秘书希亚姆萨兰在德里经济论坛上说，印度和美国共同致力于该地区的更加平

---

① Hemanta Saikia, "Look East Policy: Southeast Asian Economic Integration of India," *Applied Economics Journal*, 12/2010, 17 (2): 1 – 11.

② S. D. Muni, "India's 'Look East' Policy: The Strategic Dimension," *ISAS Working Paper*, No. 121 – 1, February 2011.

衡，相信在共同管理亚洲逐渐显现的安全态势上，需要把越来越多的国家带入共同承认的地区安全模式。2006年6月，国防部长穆吉克（Mujeek）在新加坡的第五届香格里拉对话上称，印度在维护亚洲的长期和平、稳定的力量对比、经济发展上起到至关重要的作用，它跨越陆海空间和东方、西方，给中亚和印度洋地区提供潜在的贸易和能源通道。① 在完成对2001年在安达曼尼克巴岛建立的三种联合司令部的方案升级之后，至2020年将其变成主要的两栖作战中心，印度在东南亚战略平衡的能力会得到极大的增强。

印度东向政策在安全战略上的一个重要举措在近年来主要体现为对中国的战略围堵。除了与新加坡容易密切军事及防务合作，缅甸、越南也成为印度在该地区军事战略的重要筹码。自90年代起，印度一直保持着与缅甸的交往，近年来更寄希望于获得其丰富的油气资源。在印度外长穆克吉2007年1月访问缅甸时，对缅甸方面提出的提供一系列军事装备的要求做出积极回应。印度已经向缅甸提供了包括野战炮、海上侦察机、舰载防空炮和侦察设施等装备。2008年4月，缅甸第二号军事领导人貌埃副上将访问印度，与印度政府签署了一项给缅甸军政府提供额外援助的协议。在支持缅甸基础设施建设方面，印度进行了大量投资，如1.2亿美元的实兑深水港工程建设，同时也便利印度东北地区货物向缅甸的运输。虽然缅甸政府同时保持着与印度、中国的密切接触及友好关系，但印度近年来的举措无疑包含着平衡中国在该地区影响的目的。② 印度与日本、澳大利亚密切的军事合作，也引起一些战略分析家的持续猜测，认为这些国家在形成一种联合战线，即构筑亚洲版北约以牵制中国在地区影响的持续扩大。

即便对印度本身来说，东向政策也是由中国的崛起而驱动的。中国与东盟国家经济合作的加深及接触的增强，是互惠的，印度并非处于可以提供替代选择的位置，东盟国家希望有印度或别的国家的加入

---

① "Text of the speech (3 June 2006)," http：www.iiss.org/conferences/the-shangrila-dialogue/shangrila-dialogue-archive.

② S. D. Muni, "India's 'Look East' Policy: The Strategic Dimension," *ISAS Working Paper*, No. 121-1, February 2011, pp. 22-23.

以平衡中国的影响，而印度对中国在重申在南中国海的利益及作用的扩展心存忧悸。但对印度来说，一方面担心中国在南中国海的深度参与，另一方面担心由其引起的美国的涉入，如果中美战略竞争关系尖锐化，会引起印度保持与双方适度关系的困境，而这将成为目前印度东向政策的关键症结。[1]

二　冷战后巴基斯坦的国家战略

冷战后，国际安全结构急剧变化给巴基斯坦的安全环境带来极大的挑战，两极对抗格局的消失使得在南亚的战略舞台上，巴基斯坦与美国的联盟已失去其最初的意义，因而与之相伴的必然是巴基斯坦战略地位的下降、在印巴对抗中因失去外部支持而处于劣势。相较于印度在较强的实力基础上的大国战略追求、拓展影响力的意图及举措，巴基斯坦在权力结构中的弱势位置使之更倾向于以维护生存空间、保障国家安全为首要任务。因而，对印巴国家战略进行对位分析，可以看出在安全方面巴基斯坦更多地采取一种"紧跟"印度的策略，在整体战略中赋予安全战略以优先的位置和权重。在这种地区安全格局的结构性制约下，考察巴基斯坦的安全战略显得尤为必要。

（一）巴基斯坦面临的安全挑战

与国家安全战略首先聚焦于国家面临的外部威胁不同，巴基斯坦所面临的安全挑战很大一部分来自于国土内部。在巴基斯坦走向独立的过程中，一度以伊斯兰教作为反抗英印殖民统治、争取建立穆斯林国家的旗帜，民族主义的热潮掩盖了多民族、语言、宗教、地区的分化。而在两个民族理论基础上的巴基斯坦的出现并不意味着新国家建立进程的顶点，不同团体间的融合成为国家的现实性难题。[2] 建国之初已然存在的症结与执政过程中的困境，致使巴基斯坦逐渐选择了伊斯兰作为国家的意识形态，将其作为维系国家身份、保持凝聚性的工具。尽管工具的有效性有待验证，但毕竟政府可以借此争取资源的分

---

[1] S. D. Muni, "India's 'Look East' Policy: The Strategic Dimension," p. 24.

[2] Muhammad Islam, "Religion and Political Development in Pakistan," *Journal of South Asia and Middle Eastern Studies*, Vol. XXXVI, No. 2, Winter 2012.

配，以"外在"的威胁增强内在的一致性。这也使得在巴基斯坦的安全战略中伊斯兰成为一个核心内容。①

"9·11"事件之后，由于巴基斯坦反恐政策的调整引起了国内极端组织及恐怖势力的极大反弹，国内安全问题变得日益突出。恐怖主义一直是巴基斯坦国内安全的首要威胁，同时犯罪团伙与毒品、走私集团联手恐怖分子以获取经济上的收益。在国内又存在着多种助推威胁的因素，如部落主义与封建主义、政治上的权宜与短视、虚弱腐败的政府、经济社会条件、不完善的国家数据、外国的侵入。这些因素滋生了巴基斯坦国内的极端主义、宗派主义、次国家意识、武器化、极端组织和城市的犯罪团伙，造成境内暴力及恐怖袭击、暗杀活动的密集呈现。②

在外部安全环境上，脆弱的地缘位置使之易受来自东南与西北的侵袭，历史的经历更强化了巴基斯坦对安全状况的判断。尤其在与印度的实力对比上，无论在总体实力还是经济体量、政治影响乃至军力规模上，巴基斯坦都处于弱势的位置。在巴基斯坦军人政权主政期间，为强化国内认同，扭转对印巴安全态势上的不利局面，逐渐引入并强化了非正规战争的理念。③ 巴借此方式，支持克什米尔内部愿意并入巴基斯坦的武装团体，迫使印度分散部署其常规军力，从而减缓边界地区的压力。同时，为弥补常规军力的劣势，巴基斯坦通过发展核武器开发计划，以核武器系统能力维持对印的威慑；通过发展与区外大国的联盟关系或战略合作关系，巴基斯坦以此改变力量对比的不均衡格局，维持并实现对印的软平衡。④ 冷战后初期，美国日益重视与印度的战略合作，对巴基斯坦的核能力建设多加阻碍、遏止。巴基斯坦力图通过巩固与中国多方位的合作，并努力发展与俄罗斯以及中

---

① 参见沈宏《巴基斯坦的战略选择与战略困境》，《外交评论》2011年第5期。
② Ehsan Mehmood Khan, "Internal Security Strategy for Pakistan," *SAN Analysis*, January 2011, p. 2.
③ Aslam Siddiqi, *Pakistan Seeks Security*, Karachi: Longman Green, 1960, p. 65.
④ Snehalata Panda, "Sino Indian Relations in a New Perspective," *Strategic Analysis*, Vol. 27, No. 1, Jan-Mar 2003.

亚新独立国家的关系，构建多元外交体系以平衡印度的影响。

（二）巴基斯坦的中亚战略

首先，在同中亚国家的关系上，从历史及意识形态的角度，巴基斯坦同伊斯兰国家有着非常密切的感情联系。巴基斯坦与阿富汗的共同边界有2252千米，这对于塑造巴基斯坦对中亚地区的外交政策无疑有着相当的影响，因而冷战后时期中亚国家的纷纷独立得到巴基斯坦的热烈欢迎，巴基斯坦也得以有机会发展与这些国家的密切关系。同时，这一时期美巴关系陷入低落期，美国不断在核问题上对巴基斯坦施压，声称巴基斯坦支持印度境内的自由运动而将巴基斯坦描绘成恐怖主义国家。在1990年10月，布什政府支持普莱斯勒修正案，停止1991年对巴基斯坦5.64亿美元的经济及军事一揽子援助。F-16战机的交付也被搁浅。这无疑使得巴基斯坦更靠近中亚地区，以获得战略回旋余地。1991年7月，巴基斯坦军队参谋长米尔扎·阿斯勒姆·贝格（Mirza Aslam Beg）将军呼吁与新独立的中亚国家进行战略磋商以平衡印度的威胁及美国的单边主义。后来成立了一个小组密切关注中亚国家的发展。在1991年12月，巴基斯坦经济部长萨达尔·艾哈迈德·阿里（Sadar Ahmed Ali）访问中亚，提供给每个中亚国家在1000万—3000万之间的长期贷款，巴基斯坦商人也开始积极参与这些国家的经济发展，巴基斯坦商界帮助哈萨克斯坦1亿美元的融资以避免哈萨克斯坦在国际货币市场上崩溃的风险。次年，巴基斯坦国家银行第一个在乌兹别克斯坦开设分支银行，两国政府间还签署协议修建高速公路、建立卫星线路、生产电信设备。在1995年10月，土库曼斯坦与沙特阿拉伯、美国签署协议，准备铺设石油管线将石油经阿富汗供应巴基斯坦，后由于阿富汗国内安全环境的脆弱以及土库曼斯坦政府缺乏利益驱动，计划一度搁置。① 巴基斯坦转而采取发展铁路和陆路交通的方式，以更为便捷地获取伊朗的油气资源，沟通巴阿、巴伊的多条公路已在建设中。2006年5月，在巴库举行的经济

---

① Roy Sultan Khan Bhatty, "Pakistan's Relations with the Central Asian Republics and the Impact of United States' Policies in Shaping Regional Dynamics," *Journal of South Asia and Middle Eastern Studies* Vol. XXXII, No.1, Fall 2008.

合作组织（ECO）第九届峰会，还提出了连接巴基斯坦西北省省会白沙瓦（Peshawar）与乌兹别克斯坦的铁尔米兹（Termez）以及杰曼（Jerman）与土库曼斯坦的库什卡（Kushka）的交通计划。

从地缘政治环境上看，中亚是巴基斯坦极为重要的战略依托或者说战略缓冲区。作为中亚、南亚、西亚的连接地带，巴基斯坦面临着非常脆弱的地缘安全环境，所处战略位置非常重要却又天生易受攻击，来自西北及东南的威胁及军事压力在历史上就决定了巴基斯坦两面作战的可能性，在与印度的紧张、对峙、冲突不可避免的前提下，与西北的中亚国家保持密切合作的友好关系显得尤为重要。出于这种考虑，巴基斯坦极力支持塔利班政权，在其覆亡之后，不断加强在阿富汗的存在及影响，如援建学校、医院，提供资金支持、兴建基础设施，以争取在可能的印巴冲突中有一个稳固的后方及缓冲。对中亚国家，利用伊斯兰信仰的趋近性，发展与中亚多个国家的密切联系，并运用经济、文化等多种手段加强、深化与中亚国家在多种渠道、多个层面上的关系，以获得极为有利的地缘安全环境。

（三）巴基斯坦的大国战略

冷战后，由于苏联从阿富汗撤军，巴基斯坦在美国战略布局中的地位相对下降，美国采取了印度优先的南亚政策。美国以巴基斯坦发展核武器为由，采取了经济、军事制裁，援助计划也因之取消，本已承诺的军事装备的交付也被停止。巴基斯坦与美国的关系一度趋于紧张、停滞。但美国的印度优先政策并非是印度唯一，巴基斯坦毕竟在几个方面与美国利益攸关：巴基斯坦作为温和的穆斯林国家，有 1.7 亿人口，与美国传统的盟友关系对于美国在穆斯林国家的形象、作用至关重要；尽管美国给巴基斯坦提供一揽子经济援助，巴基斯坦国内仍出现不断增长的反美倾向；巴基斯坦是有核国家，与美国的敌人分享核技术，可能将核能力提供给非国家行为体；巴基斯坦对阿富汗的塔利班提供援助、实行安抚，阻止美国在巴基斯坦目标的实现[①]。因

---

① Richard E. Friedman, "U. S. Complementary Strategy: The Pakistan Opportunity," *An Online National Security Journal Published by the National Security Forum*.

而，对美国来说，在南亚，巴基斯坦有其独特的地缘价值。"9·11"事件之后，巴基斯坦因其所处的位置以及阿巴宗教极端组织间的特殊联系成为美国领导的全球反恐的倚重对象，巴基斯坦在美南亚战略中的弱势位置及模糊地位因此而改变，巴基斯坦作为反恐前沿国家，地位及战略价值凸显。在美国的威压之下，巴基斯坦政府选择了与美国合作，联合反恐。时任总统的穆沙拉夫称将给予毫不吝惜的合作，主要包括情报共享、协助抓捕恐怖分子、提供空中走廊、军事补给通道、切断恐怖主义分子的资金来源等。[①] 在阿富汗战争之后，塔利班及基地组织残余分子分散逃匿，潜伏在巴基斯坦边境省份，美国清剿行动开始逐渐指向巴基斯坦西北边境地区，直接进行地面及空中打击，无人机及捕食者的袭击在2007年造成了数百名平民的伤亡，引发了巴基斯坦国内的示威及抗议。巴基斯坦为了稳定国内日渐增强的反抗声潮，对反恐政策进行了细微的调整。一方面，对西北边境地区恐怖分子加大清剿力度，并极力争取国内民众的谅解及支持；另一方面，对美国侵犯巴基斯坦领土主权、无视其政府权威及尊严的做法予以相应的回击，保持不示弱的立场。这在本·拉登事件之后，巴基斯坦驱逐美国军事顾问、切断北约供给线等事件上得到体现。

在面临国内日益高涨的反对声潮，巴基斯坦在配合美国反恐战争的同时，对恐怖主义的政策及军事行动有着较多自身的考虑，因此也招致美国对其反恐半心半意的指责。在本·拉登被击毙之后，两国关系因一系列事件陷入僵持、低谷，实质上也是两国在反恐合作进程逐渐深入时基于各自利益的权衡而凸显的利益碰撞。在这种情形下，两国都对自己的反恐政策进行了反思和评估，以逐渐寻找利益的契合及关系改善所必需的政策调整。对巴基斯坦来说，因反恐而造成的国内政治裂变、社会动荡、经济增长的乏力，也急需外部的资金、经济支持及军事技术准备的供给，因而调整、改善关系的驱动及迫切性较为突出，而美国随着2014年撤军的日渐临近，也需要阿富汗局势的稳固，来自巴基斯坦的军事配合与支持较为关键，两国利益诉求及互补

---

① 任佳、王崇理：《2002～2003南亚报告》，云南大学出版社2003年版，第152页。

性注定了虽然关系处于僵持与低迷,最终的调整、弥合仍是必不可少的。

在与中国的关系中,巴基斯坦注重巩固、发展多方位的合作关系,夯实中巴关系的基础。在许多涉及中国的重大国内及国际事务中,巴基斯坦给予中国有力的支持,对中国在台湾、涉藏、涉疆等问题上的立场给予充分的理解。当中国提出《反分裂国家法》时,巴基斯坦在全球第一个发表声明支持中国这部针对分裂行为的立法。在中国汶川特大地震期间,巴基斯坦给中国提供了救灾急需的各种物资,显示了巴基斯坦对两国关系的重视。在已有的高层会晤机制和对话机制基础上,两国经贸领域的合作在范围和程度上,都有大幅拓展,这也是两国全面伙伴关系中一度被忽视的一个层面。而经贸合作产生的互利互赢,巩固、强化了已然形成的战略伙伴关系。"9·11"事件后,恐怖主义对两国的安全都造成巨大冲击,两国逐渐形成对地区安全问题的经常性讨论,协调在重大安全问题上的立场。巴基斯坦向美国提供领空及基地设施最初引起中国的担忧,巴基斯坦通过高层访问,清晰阐明其政策立场,绝不会因与美国的合作损害中国的战略利益。[1] 两国逐渐加强了在联合反恐、海上搜救演习、军事技术及维护能源、贸易通道安全方面的合作,在恐怖主义、伊朗核问题等问题上协调立场。但随着中国与印度关系的逐步发展,巴基斯坦对中印关系的重要性程度有所担忧。巴基斯坦境内针对中国公民的袭击事件、维吾尔极端分子在巴基斯坦部落地区的活动以及两国在阿富汗问题上的分歧成为全方位战略伙伴关系的障碍。[2]

在拓展与俄罗斯的关系上,针对冷战后国际安全格局的变化及自身战略地位的转变,巴基斯坦比较重视与俄罗斯发展外交关系。而俄罗斯独立之后一度实行亲西方的外交政策,忽视与南亚国家甚至曾为其亲密伙伴的印度的关系,对巴基斯坦这个传统上曾是其敌对的南亚

---

[1] Fazal-ur-Rahman, "Pakistan's Evolving Relations with China, Russia, and Central Asia," http://www.isn.ethz.ch/isn/Digital-Library/Publications/Detail/.

[2] Claude Rakisits, "Pakistan-China Relations: Bumps on the Road to Shangri-La," *FDI Strategic Analysis Paper*, November 13, 2012.

小国，就更谈不上有多大程度的关注了。在其亲西方的外交政策效果受到质疑之后，俄罗斯转而实行等距离外交政策，对打开巴俄关系的大门提供了一个有利的契机。1992年，俄罗斯副总统访问巴基斯坦时表示，根据相互尊重、友好互利的新原则，在没有意识形态妨碍的情况下发展同穆斯林国家的关系，是俄罗斯的新原则。[①] 两国关系自此有所恢复。但因印度在俄罗斯外长战略中的特殊地位，以及俄巴两国利益汇合基础的相对薄弱，加之巴基斯坦在俄罗斯极为关注和重视的塔利班及恐怖组织的袭扰问题上不支持俄方的立场，自然也不会提供相应的帮助。同时，在军事技术及装备的供应上，美国的制裁及军事禁运使巴基斯坦需要开辟新的武器供应来源，俄罗斯也迫切需要开拓新的市场以满足其经济发展的资金需求，双方有供需及利益契合的交叉点，但因印度的阻挠，军事购销及合作也难有较大的起色。

"9·11"事件之后，巴基斯坦在保持与美国密切的同盟关系的同时，对发展与俄罗斯的关系比较重视。但受制于反恐问题的牵制及对巴基斯坦资源的消耗，两国关系进展不大，承诺的改善双边关系仅属外交措辞，有关经贸、农业、资源领域合作的决定也缺乏具体的可执行的方案。在2011年，本·拉登事件后，巴基斯坦加快了发展对俄关系的步伐。扎尔达里（Asif Ali Zardari）访问俄罗斯期间，双方同意在多个领域加强双边关系，进一步增强经济和政治合作。扎尔达里称此次访问为历史性访问，揭开了巴俄关系新篇章。随着美巴矛盾加深以及美国撤出阿富汗地区的日益临近，凸显了巴俄战略合作的重要意义，也是巴基斯坦拓展外交空间、寻求外交平衡力量的重要举措。2012年9月，巴基斯坦陆军参谋长基亚尼（Ashfaq Pervez Kayani）对莫斯科进行首次正式访问，俄战略研究所库尔托夫认为基亚尼的来访是"标志性"的。在他看来，基亚尼的访问，和巴基斯坦与美国关系冷淡化有关。同时，巴俄逐渐趋近的因素比美巴之间趋近的因素要多，比如，两国都支持由阿富汗人起主要作用的促使阿富汗和平调解的努力，都对地区存在的恐怖主义和麻醉品威胁深感不安，因而希望加强双边和地区

---

① 余华川：《90年代以来俄巴关系的演变》，《俄罗斯研究》2004年第4期。

的经贸联系，希望加强地区协作。例如，双方都希望实现与运输塔吉克斯坦电能到阿富汗与巴基斯坦的"CASA-1000"计划和建设土库曼斯坦—阿富汗—巴基斯坦—印度天然气管道计划相关联的能源计划。巴基斯坦支持关于俄罗斯参加这些计划的建议并且强调必须尽快实行计划。俄罗斯欢迎巴基斯坦参加上合组织的活动。两国都强调继续阿富汗、巴基斯坦、俄罗斯和塔吉克斯坦四方的对话和协作的重要性。这为俄罗斯和巴基斯坦关系的发展开辟了广阔的前景[1]。美巴关系的冷淡客观上为巴基斯坦加快发展与俄罗斯关系提供了契机，而巴俄的共同关切助推了两国关系的发展，两国关系的进展状况及密切程度不仅是美国因素的作用，更取决于未来两国利益汇合的基础是否足够深厚，战略契合的需要是否强烈，这些因素将对关系的发展起到最为关键的作用。

---

[1] "共同利益将俄罗斯与巴基斯坦关系拉近，"《巴基斯坦论坛快报》，转引自 "俄罗斯之声" 中文网站文章，http：//chinese.ruvr.ru/2012_09_03/87064079/。

第二章

印巴安全关系的历史因袭及现实对抗

第一节 影响印巴关系演化的历史因素

一 克什米尔及三次印巴战争

考察冷战时期的印巴关系，可以说对抗、冲突与战争占据了两国关系主要内容。三次印巴战争成为印巴关系中的梦魇，也为以后两国关系的改善蒙上了阴影。战争的主题成为挥之不去、不容回避的历史，却又曲折往复、不断折射两国关系的现实。印巴的冲突、战争总是与克什米尔交织在一起，作为建国理念、文化观念、民族感情、地缘战略等多重因素的凝结，造就了两国关系中最难解决的这一复杂扭结。无论历史的记忆还是未来印巴关系进展的取得，无不取决于在这一问题上两国的博弈以及面向更广阔战略空间的互动。

（一）克什米尔问题概述

通常所说的克什米尔包括克什米尔谷地和查谟地区，位于南亚次大陆西北部，地处印度、巴基斯坦、阿富汗与中国之间。总面积222236平方千米，人口1254万（2011年），战略位置非常重要，居民主要信仰伊斯兰教、印度教及佛教。历史上，该地区居民尽管信仰不同，但享有共同的克什米尔主义（Kashmiriyat）①。可以说穆斯林和印度僧侣亲如兄弟，以近乎完美的共同感情、尊敬和信任追求不同

---

① 即共同的民族国家观念、社会意识、文化价值。

的信念，分享彼此的欢乐和悲伤。对苏菲、圣人、贤人怀着同等的敬意，尊重彼此的传统、仪式和圣地。他们共享的价值植根于共同的种族观及是非观，作为无价的遗产他们引以为豪。[1] 近代随着英国入驻印度以及民族主义的兴起，该地区建立独立国家的欲望开始膨胀，民族之间的分歧被逐渐放大，演变为民族间的裂痕甚至仇视。在印巴分治前，克什米尔是英属印度的一个土邦，1846 年查谟首领从英国人手中买下了克什米尔，克什米尔人口几倍于查谟，绝大多数信仰伊斯兰教。而在 1947 年，规定印巴分治的蒙巴顿方案在该地区的归属上存在着一定的冲突：如按照多数决定原则，该地区应该归入巴基斯坦的疆界，而如果按照土邦的王公决定原则，信仰印度教的土邦王公自然会考虑并入印度。可以说，蒙巴顿方案有关克什米尔归属问题的模糊立场埋下了之后印巴冲突的隐患。克什米尔地区战略位置对两国安全极为重要，同时又是两国立国理念、民族感情与尊严的集中体现。对巴基斯坦而言，意义尤为关键，因克什米尔问题的存在，使之拥有了一种强化身份认同的有效工具，而一旦失去，战略完整性及地缘安全也会受到极大的制约。基于这些因素的考虑，两国在独立之后对克什米尔的归属极为关注，并因此成为两国关系的最大障碍。

（二）1947—1948 年印巴战争

第一次印巴战争开始于 1947 年 10 月，战争的根源在于印巴分治后克什米尔的最终定位。英国人的分治政策中，规定克什米尔的王公土邦可根据地理位置及人口自主决定加入印度还是巴基斯坦。位于印巴之间的这块土地具有重要的战略位置，大部分人口信仰伊斯兰教，锡克及印度教徒构成其他民族中的多数，而统治者则是信仰印度教的王公。印巴都对土邦王公施加影响以期望最终加入自己的国家，巴基斯坦认为已经建立的国家是南亚穆斯林的家园，穆斯林人口占多数的克什米尔理应加入己方；而信仰印度教的土邦王公倾向于加入印度或者摆脱两国成为独立的国家因而显得犹豫难以决断，致使克什米尔政

---

[1] Kaul L K and Teng M K, "Human rights Violations of Kashmiri Hindu's," in Tomas R (ed), *Perspectives on Kashmir: The Roots of Conflict in South Asia* (Boulder: Westview Press, 1992), p.178.

府和巴基斯坦的关系逐渐紧张。

1947年10月初，克什米尔西北部的蓬奇（Poonch）爆发部落叛乱。巴基斯坦军队进入冲突地区支持叛乱力量，旨在获取乌里（Uri）、贾哈尔（Jhangar）等地，并计划夺取克什米尔首府斯利那加（Srinagar）。巴基斯坦部落力量和正规军进展迅速，很快逼近斯利那加近郊。在对方压倒性优势面前，土邦王公选择了向印度求救，印度则以克什米尔同意并入印度为进行援助的条件。随即印度军队以迅疾的速度作出反应，在空军支援下阻止巴基斯坦军队的进攻。由于英国的介入，巴基斯坦军事行动难以进一步推进。对印度来说，尽管形势颇为有利，但出现了后勤补给的困难，印度的士兵也缺少高纬度地区作战的经验以及御寒的准备。

受困于冲突的强度和取胜希望的渺茫，两国在1948年12月31日达成停火协议，并将问题提交给联合国安理会。1949年7月，联合国观察员介入冲突地区，停火协议开始生效，同时规定了克什米尔的归属由公民投票决定。战争中，双方损失1500名士兵。巴基斯坦获得了约2/5的克什米尔土地和1/4的人口，印度则获得了3/5的土地和3/4的人口。克什米尔被分割为印控区和巴控区，克什米尔分隔的现状被长期固定下来。

（三）1965年印巴战争

第二次印巴战争开始于1965年8月5日，据称战争起因于巴基斯坦认为印度军队没有能力也不情愿在克什米尔的快速军事行动中做出针对性的防御，尤其是在1962年中印边界冲突之后。巴基斯坦政府对印度意欲合并克什米尔的努力越来越警觉，而且巴基斯坦一直认为在克什米尔内部对巴基斯坦的统治有广泛的民意支持而对印度的统治心存不满。[1] 在4月库奇莱恩（Rann of Kutch）的一场短暂而尖锐的冲突中取得成功之后，阿尤布·汗（Ayub Khan）受到内阁中鹰派力量的压力，军队开始了对克什米尔停火线附近的渗透。军事行动基

---

[1] "Indo-Pakistan War of 1965," http://www.globalsecurity.org/military/world/war/indo-pak 1965.htm.

于一个错误的假设,即印度的阴谋、破坏可能会引起当地人的抵抗。阿尤布·汗则反对这个想法,他预见到印度会在特定的地点进行跨越边境的报复。布托(Z. A. Bhutto)和一些将军指责阿尤布·汗的怯懦在于急于保护新近获得的财富,他们还夸大了巴基斯坦军队的战斗力,称巴基斯坦士兵对抗印度军队时完全能够以一当四。①

8月5日,26000—33000名巴基斯坦士兵身着克什米尔当地服装穿越实控线向不同地区进发,得到当地人的通报,印军在15日也越过控制线。战争最初局限在克什米尔境内,步兵及装甲部队卷入其中,双方的空军都发挥了重要作用。直到9月初,巴基斯坦进攻阿克纳(Ackhnur)时印度军队开始打击巴基斯坦国内目标,战争逐渐升级,巴基斯坦不得不撤离阿克纳以反击印度军队的进攻。双方最大规模的接触发生在锡亚尔科特(Sialkot),双方部署了400—600辆坦克。战争并非是决定性的,逐渐陷入僵持。9月20日,联合国安理会通过决议,一致要求印巴双方停火。印度方面于21日,巴基斯坦方面于22日先后接受联合国的停火决议。9月23日,印巴两国军队正式停火。1966年1月,双方签署《塔什干宣言》(Tashkent Declaration),同意撤回到战争以前的位置,以和平手段解决彼此间的争端。

(四) 1971年第三次印巴战争

该次战争起止于1971年11月22日至12月17日,与以往两次战争不同,冲突缘于东巴从巴基斯坦的分离。1970年巴基斯坦政府未能满足东巴的自治要求导致了独立主义者进一步的要求。次年3月,巴基斯坦军队展开激烈的行动压制逐渐出现的反抗运动,导致东巴士兵和警察大规模的倒戈。5月,巴基斯坦军队重新集结并重申对东巴大部分地区的统治。军事行动造成成千上万的东巴民众死亡,抵抗者和上千万难民逃到靠近印度的西孟加拉的避难所。在缺乏东巴政治危机的解决方案的情况下,印度领导人制定出一个方案旨在帮助孟加拉人建立独立的国家。

8月,印度与苏联签订了《和平友好合作条约》。条款中暗含有

---

① "The India-Pakistan War of 1965," http://history.state.gov/milestones/1961-1968.

在一方安全受到威胁的情况下（如1965年与巴基斯坦的战争），另一方有帮助的义务。印度开始组织、训练孟加拉的抵抗者并给自由力量提供庇护。由于在东线无法阻止印度的活动，巴基斯坦开始在西线出动空军空袭印度的一些机场。但空袭并未造成实质性的损害，印度空军展开反制并很快取得了空中优势。地面战斗中，印军采用精确定位、缓慢推进的战略。交战中，印度军队破坏了巴基斯坦军队的阵形，空军的迅速行动摧毁了东巴的空中分队，使东巴机场脱离了巴基斯坦委员会的控制。同时，印度海军封锁了东巴海岸，完全切断了东巴与西巴以及外部的任何联系。致使东巴守军投降。西线的行动分为四个部分，从查谟和克什米尔的停火线到古拉吉特（Gujarat）西北向库奇兰恩的沼泽。① 印军的多路进攻逐渐占优势，先后占领了西巴信德省（Sindh）及其他地区3600平方千米的领土。印军在东巴战场取得胜利的情况下，于12月17日宣布，在西巴地区实行"单方面停火"。巴基斯坦接受了印度的停火建议，西巴战场的作战行动至此结束。第三次印巴战争结束后，东巴脱离巴基斯坦，成立了孟加拉共和国。此外，印度还占领了巴控克什米尔地区的320平方千米的土地。1972年7月，印巴签署了《西姆拉协定》（Simla Agreement），双方同意在查谟和克什米尔尊重1971年双方停火后形成的实际控制线。②

二 黄铜钉危机

黄铜钉危机是在两国的核计划紧锣密鼓进行的背景之下爆发的。印度早在1948年就制订了核计划，巴基斯坦虽然也在50年代制订了核计划，但没有落实相应的人力、物力予以支持。70年代，两国都开始致力于核设施的建造，战争的经历加速了两国开发核武器的进程。80年代初，美国国务院发布了一份巴基斯坦发展核武器的报告，称巴基斯坦从中国和欧洲获得核技术，和中国合作生产

---

① "Indo-Pakistani War of 1971," http://www.globalsecurity.org/military/world/war/indo-pak_1971.htm.

② 《印巴历史上的三次战争》，2001年12月，中国网（http://www.china.com.cn/international/zhuanti/ybht/txt/2001-12/30/content_5092377.htm）。

核裂变材料，美国一位参议员还公布了巴基斯坦在俾路支试验场的修建活动。巴基斯坦谋求获得核武器的活动加剧了印度的担心，印度提取、加工武器级钚的活动也开始加速。1983年，印度军方和科学界宣布印度具备生产核武器的能力。由于80年代军方对政治影响的逐渐增强，产生了对巴基斯坦进行预防性战争的郑重考虑。印度在靠近巴基斯坦边界西南地带的拉贾斯坦邦进行了大规模的军事演习，代号为"黄铜钉"。担心演习可能是即刻发生的大规模进攻的准备，巴基斯坦领导人随即作出回应，命令军队处于高度戒备状态，在靠近印度边界的地方举行军事演习。[1] 在事件发生过程中，打击巴基斯坦核设施的计划在1987年1月最高层决策者的会议中也被权衡考虑。会议仅有高级官员及桑达吉（K. Sundarji）将军参加，相关机构并未要求作出分析、加入讨论。印度总理拉吉夫·甘地（Rajiv Gandhi）对巴基斯坦发动战争的可能性较为担心，参加会议的桑达吉将军提出对巴基斯坦南方预备役部队发动先发制人的打击，行动还包括对巴基斯坦核设施的自动打击以驱除巴基斯坦核设施对印度反应的能力。他认为印度城市可以受到很好的保护免受巴基斯坦反制的打击（哪怕是核反制），但在质疑中并没有说出何以得到保护。国防部的一名重要顾问则反驳说，印巴已经打了最近的一场战争，再考虑另一场战争会损失更多，最终他的意见占了上风[2]。

在1986年初，拉吉夫·甘地和新任军队总司令桑达吉将军相互商定开展黄铜钉演习，为印度历史规模最大的一次演习，计划投入10个陆军师包括两个攻击师，总计40万军力。计划分为四个阶段展开：第一阶段为地图上的演示，在德里进行，总理拉吉夫·甘地参加；第二阶段为军事指挥官在沙盘上的演示，在昌迪加尔进行；第三阶段，以黑白标注制定出演习的详细细节；第四阶段即为

---

[1] Scott D. Sagan, "The Perits of Proliferation in South Asia," *Asian Survey*, Vol. 41, No. 6, 2001.

[2] George Perkovich, *India's Nuclear bomb: The Impact on Global Proliferation*, New Deli, Oxford University Press, 2001, pp. 277–288.

众所熟知的黄铜钉演习，军队进行实际动员以完成聚集于拉贾斯坦沙漠的演习。12月，演习达到高潮。印度在毗邻信德省部署的装甲车辆就达10万辆，演习达到了北约在欧洲进行演习的规模等级。巴基斯坦领导人对演习的真实目的感到怀疑，将其看作是印度确定无疑的肢解巴基斯坦的一个计划，齐亚·哈克总统（Zia-ul-Haq）与陆军参谋长命令北方与南方预备役部队部署在紧靠印度边界的地区以随时打击旁遮普和克什米尔的一些区域①。缺乏联系以及信息传递的困难使境况逐渐恶化，在1987年1月18日完全陷入危机的紧张气氛，双方军队都保持高度戒备状态。拉吉夫·甘地在20日决定空运部队到旁遮普，将危机升级为全面战争。② 23日，印度方面要求巴基斯坦军队退回到和平时期的位置，危机的紧张气氛进一步加强。紧接着印度决定封锁旁遮普的边界，将军队部署在巴基斯坦边境的前沿位置，陆军和空军处于全面戒备状态。在信德—旁遮普一线军队以及重装甲的密集程度非常之高，而该地为巴基斯坦的软肋③。印度在边界集结的军队超过20万，部署了大多数进攻部队，包括2个装甲师、1个机械化师、一批步兵师、独立装甲部队、步兵旅，空军所有机场及海军处于激活状态。在东西两线的多兵种、多部门的演习进一步强化了危机的程度，而此时桑达吉将军产生使用战术核导弹的想法使危机呈现出一种核特征，也使情况变得更加恶化④。觉察到事态的不确定性后，巴基斯坦采取了防御性措施，进攻队伍部署至印度边界一带。战争的恐慌造成了查谟及克什米尔民众大量逃散印度内陆省分，媒体及领导人针锋相对的声明也造成了形势的升温，巴基斯坦首先提出倡议与印度协商以缓和紧张的气氛，巴基斯坦总理居内久（Mohammad Khan Junejo）和拉吉夫·甘地通话，两国的军事领导人

---

① "Exercise Brasstacks," http: users senet. com/au~wingman/bras. html.
② Ibid.
③ Shuja Nawaz, *Crossed Swords: Pakistan, Its Army, and the Wars Within*, Oxford, UK: Oxford University Press, 2008, p. 391.
④ Hassan Askari Rizvi, *Pakistan and Gecstragegic Enviroment*, London St. Martin's Press, 1993, pp. 44-47.

也进行了沟通。① 国际社会包括美苏等国介入危机,以缓和两国的紧张局势。

由于两国都没最终决心走向全面的对抗,危机逐渐得到缓解。危机暴露出两国的长期对抗中,如增添了核武器这和可能的因素之后给两国关系造成的某种不确定性,既有避免危机升级的功效,也会在紧张对抗中增加爆发核战的风险。危机暴露出印度军方与文职政府在核武器授权使用上的不协调,也表明了印度与巴基斯坦在刚刚发展核武器之初,对核战略及使用策略上极为生涩、缺乏足够的核信号的释放。这将使得两国的全面对抗有走向失控、爆发核战的极大可能性。黄铜钉危机的爆发,也可视为印巴核学习的一个过程,因而在两国的关系中有着非同寻常的影响和意义。

第二节　以对抗为特征的 90 年代印巴关系

一　印巴关系中的重大事件

90 年代印巴关系中的重大事件主要包括 1990 年的印巴危机、1998 年的印巴核试验、1999 年的卡吉尔冲突,重大事件可以说是印巴关系的缩影和集中展示,足以说明一段时期两国关系的状况及特征。事件的发展在两国决策者及民众的认知、意识中会留下较深的印痕,提供了政策选择时可资借鉴的参照,对未来两国关系的发展产生潜移默化的影响。因而,本书选取了这三个典型事件概括这一时期的印巴关系。

（一）1990 年的印巴危机

危机起源于印度新政府成立之后的一些举措,以维·普·辛格（Vishwanath Pratap Singh）为总理的印度新内阁成立之后,增派 57 个连的准军事部队,镇压克什米尔的分离主义运动。同时下令解散邦政府,由中央直接管辖。辛格的举措导致本已严峻的形势更加趋紧,

---

① Kamal Matinuddin, *The Nuclear of South Asia*, Karachi, Oxford University Press, 2002, pp. 40 – 42.

1990年1月20日，克什米尔首府斯利那加数十万人上街游行，抗议辛格政府的做法，遭到军警的镇压。与民众抗议行动相伴，印控克什米尔的民族解放阵线开始活跃，决心发动游击战争，穆斯林激进派及极端主义者的暴力活动开始上升。巴控克什米尔地区开始了声援活动，活动逐渐从普通民众的游行、示威，到购买武器、训练以及对印控地区的强硬的警告。印巴边防部队加强了对边界地带的管理，双方军队时有交火①。面对国内的批评和指责，印度为缓解压力，逐渐将矛头指向巴基斯坦，认为是巴基斯坦对恐怖活动及颠覆分子的支持加剧了印控地区的紧张状况。

印巴对抗开始加剧，两国首先在言辞上唇枪舌剑，谴责对方的行为。言辞的对抗逐渐转化为战争威胁的警告，双方大幅增加军费开支。印度在拉贾斯坦沙漠进行了马拉松式的军事演习，印军6个装甲师和步兵师，在距巴基斯坦边界地区仅四五十英里的敏感地区进行大规模军事演习。演习原定2月份结束，后持续到5月份仍未有结束的迹象。巴基斯坦在保持边界常规驻军的同时，火速调集援军增派巴控地区，并将巴阿边界的劲旅调往东线。两国军队剑拔弩张，再次上演激烈对峙的一幕。据美国、苏联、联邦德国的卫星数据及监听获取的资料分析，印巴正在进行一场核战的紧张准备。考虑到两国核武器计划的实际展开、技术上的突破，美情报局获取的资料表明，印度在1990年已具备数日内生产25枚核炸弹的能力。通过对巴基斯坦提取高浓缩铀及钚的推算，巴基斯坦大约制造了10枚核弹头。针对印度的军事战略及进攻的可能性，巴基斯坦显然不具备抵御印度进攻的实力，核弹是唯一可以诉诸的选择。在克什米尔暴乱的高峰时期，据称巴基斯坦总理贝·布托（Benazir Bhutto）视察巴控地区声称发动"千年战争"以支持极端分子的行动。在这种情况下，巴基斯坦暗示一旦印度穿过实控线进行军事干预，巴基斯坦将使用核武器。

虽然，两国都做好了军事动员和战争的准备甚至以动用核武器相威胁，但考虑到悬殊的力量对比，巴基斯坦无疑处于较为不利的境

---

① 杜佑康：《在核战争的边缘上徘徊》，《国际展望》1994年第2期。

地。此种情势下，布托开始了中东伊斯兰 8 国之行，谋求各国对巴基斯坦的支持并阻止印度军事攻势的发动，同时美国也开始介入进行外交斡旋。在国际社会的努力和压力下，印巴两国军队从边界回撤，同时进行了外交秘书级别的会谈。6 月底，危机最终得以化解。尽管追溯历史可知，核战的爆发没有可能性，但通过核威慑或说核讹诈加强了领导人对核武器的信念，即核武器可以作为威慑和外交要价的工具[①]。

（二）印巴公开核试验

1998 年 5 月 11 日、13 日，印度在拉贾斯坦沙漠的博克兰地区连续进行了 5 次核试验，试验逃过了美国的长期监测。尽管美国对印度多次公开核试验感到"惊讶"，印度趋向于通过新的核试验走上公开宣称具有核能力的道路，很明显已有多年。[②] 紧随其后，巴基斯坦在 5 月 28 日、5 月 30 日，针锋相对进行了 6 次核试验。两国核试验的具体情况如表 1、表 2 所示。

表 1　　　　　　　　　　　印度核试验

试验代号	装置类型	核装料	当量（印度官方宣布）（千吨）	日期
"和平核爆"	裂变装置	钚	12	1974 - 05 - 18
ShaKTi1	热核装置	钚	43	1998 - 05 - 11
ShaKTi2	裂变装置	钚	15	1998 - 05 - 11
ShaKTi3	低当量装置	钚	0.2	1998 - 05 - 11
ShaKTi4	低当量装置	钚	0.5	1998 - 05 - 13
ShaKTi5	低当量装置	钚	0.3	1998 - 05 - 13

资料来源：Rodnery W. Jones, Mark G. McDonough, *Track Nuclear Proliferation*, Camegie Endowment Book.

[①] "1990 Indo-Pakistan Crisis," http：//www.globalsecurity.org/military/world/war/indo-pak - 1990. htm.

[②] "India's Nuclear Weapons Program Operation Shakti：1998," http：//nuclearweaponarchive.org/India/IndiaShakti. html.

表2　　　　　　　　　　　巴基斯坦核试验

试验序号	装置类型	核装料	当量（官方宣布）	日期
1	裂变装置	铀	12千吨	1998-05-28
2	助爆装置	铀	25千吨	1998-05-28
3	低当量装置	铀	亚千吨	1998-05-28
4	低当量装置	铀	亚千吨	1998-05-28
5	低当量装置	铀	亚千吨	1998-05-28
6	裂变装置	铀	12千吨	1998-05-30

资料来源：Rodnery W. Jones, Mark G. McDonough, *Track Nuclear Proliferation*, Comegie Endowment Book.

在试验的核爆当量上，印巴两国公布的数据与西方根据地震波做出的分析判断有一定的差距。根据美国地震勘测局公布的125个地震勘测站测得的数据，体波震级5.2，面波震级3.6。试验如果在硬岩中进行，为15—30千吨，如果在松软地质中则为30—60千吨，这个数字与印度公布的爆炸当量非常接近。而美国《科学》杂志的一篇文章通过分析网络—平均远震压缩波得出结论：1998年5月11日的试验量为12千吨，置信度为95%，试验爆炸当量为9—16千吨。在巴基斯坦方面，原子能委员会宣称5月28日5次试验产生了5.0震级，相当于爆炸当量为40千吨[①]；澳大利亚科学家估计当量为5—20千吨；《简氏防务周刊》报道5月28日的爆炸当量为7—8千吨，30日爆炸当量为2—3千吨。美国自然资源保护局的罗伯特·诺里斯（Robert S. Norris）分析认为：5月28日65个试验台站平均震级为4.9，相当于6—13千吨，50个试验台站记录到5月30日，平均震级为4.3级，相当于2—8千吨[②]。与苏联、美国进行的热核装置爆炸产生的当量相比，印度氢弹爆炸能量较小，印度方面给出的解释是有意降低了核装置能量的释放，避免给邻近村庄造成损失。而巴基斯坦

[①] "Pakistan Nuclear Weapons," http://www.fas.org/nuke/guide/pakistan/nuke/.
[②] 李志民：《印巴核武器系统能力的分析》，《中国未来与发展能力报告（2002）》，第948页。

核武器设计师卡迪尔·汗（Kadir Khan）说，巴基斯坦进行的5次核试验除一次是加强裂变装置外其余4次为亚千吨级核装置。巴基斯坦的核弹是使用浓缩铀做裂变材料制造的铀弹，技术安全先进，优于印度的钚弹。① 在5月30日，核爆炸产生的当量据称为12千吨。据来源于巴基斯坦的消息，巴基斯坦至少准备了1个核附加装置，初步计划用于30日的核爆，现仍布设于地下准备试爆。②

由于1995年的核试验计划被美国测知其迹象而被迫中止，印度1998年的核试验进行了精心隐蔽、诡秘策划。首先，加强了信息的控制、封锁，仅有总理及国防部长等少数人知悉内情。对试验场地进行了重重伪装，通往试验场的竖井电线、电缆也是在隐秘的情况下进行埋设。试验过程中严禁记录、电话联系，进入场地需不断变换交通工具，驶入线路也极尽迂回曲折之能事。重型设备在黎明前要返回到其最初的放置点，使得图像分析仪得出的结论为这些设备从来没移动过。③ 同时，印度在外交上也展开了一番精心策划的行动，以掩饰其真实的核试验意图。4月4日，瓦杰帕伊会见美驻联合国代表理杰森（Richard Jason）时表示，承诺同意参加5月份在华盛顿举行的武器扩散问题的会谈，造成印度在此时不会具有进行核试验的意图、计划的假象。5月，印度外长在白宫会见美国安全顾问伯杰（Samuel Berge）时，详细描述了巴基斯坦导弹试射的情况，使伯杰对印度的克制、隐忍的态度大加赞赏。同时，针对4月6日巴基斯坦进行的高里（Ghauri）中程导弹试验，印度国防部长很快做出反应，声称印度的大地导弹可以打击巴基斯坦境内任何目标，并恢复烈火导弹的研制和试验，以导弹试射上的针对性做法迷惑美国关注的视线。印度同时在技术条件上进行了精心的安排和准备，最初的试验选在5月11日进行，是因为浓雾天气使美国间谍卫星难以拍摄到清晰的图片，影响其最佳观察能力。另外，沙漠高温限制红外侦察以及印度的技术干扰等，都给核试

---

① 黄钟：《巴基斯坦的核试验及其影响》，《现代兵器》1998年第9期。
② "Pakistan Nuclear Weapons," http：//www.fas.org/nuke/guide/pakistan/nuke/.
③ "India's Nuclear Weapons Program Operation Shakti：1998," http：//nuclearweaponarchive.org/India/IndiaShakti.html.

验的隐秘性提供了最大的保证①。

在印度核试验之后,巴基斯坦紧急召开了内阁防务委员(DCC)会议。会议讨论了记录到的印度核试验的爆炸数据,认为根据地震台只有1次的记录数据表明印度其余2次的试验可能失败了。推测印度的试验可能为高热原子核弹,并就巴基斯坦是否进行核试验进行讨论,认为一旦决定进行巴基斯坦原子能委员会(PEAC)已做好了一切必要准备。5月18日,巴基斯坦政府最终做出了进行核试验的决定,军队各兵种开始为PEAC提供所需要的各种帮助②。鉴于印度实行了5次核试验,而巴基斯坦在罗斯克山及卡哈拉山总计有6个隧道,PEAC会议的参与者讨论决定在这些地方各进行一次设计、型号、范围不同的试验,最终在28日、30日,巴基斯坦进行了6次核试验,成为伊斯兰世界中唯一拥有核武器的国家。

印巴两国选择在1998年进行公开核试验有其内在的背景。1998年3月,印度人民党在大选中获胜,与其他13个党派联合执政,联合政府在议会中的席位勉强超过半数,具有极大的脆弱性和不稳定性,任何一个小党的脱离都足以造成政府危机。借核试验引起的"喧嚣"会在国际层面的结构性压力下自然生成内部的稳固,驱散党派纷争的硝烟,唤起国内民众的支持。况且,人民党本来就具有印度教复兴主义的色彩,属于大印度教主义的政治派别。在开发、推进核武器上一贯持积极的态度,在外交手法上以强硬著称。1996年该党在竞选宣言中就明确表示,继续发展、研制核武器,部署"大地"(Prithvi)及"烈火"(Agni)导弹。准备组建新的核管理机构——国家安全委员会,对印度的核政策予以重新评估。在国际社会的核机制方面,人民党拒不承认核隔离现状,将不会签署《全面禁止核试验条约》以及裂变物质中止条约(FMCT)③。如果说,选择在上任之初进行核试验是稳固政治的需要,更多属于党派政治下形势的驱动,

---

① 王军平、柳缠喜:《印度在核试验前的情报封锁》,《现代军事》1999年第2期。
② 陆宁:《贾盖的巅峰时刻》,《国际展望》2003年第1期。
③ "Opposition Party Backs India Nuclear 'Sword'," *Washington Times*, 8 April, 1996;"India: BJP Declares Readiness to Deploy Nuclear Weapons," *Business Standard*, April 8, 1996.

那么印度的大国情结则是研发核武器的潜在推力。印度从民族长期的历史、文化及国家历程中汲取的"养分"滋长了其大国的渴望，而其领土、资源、人口、经济潜力的积淀使其认为具备发展成长为世界性大国的实力，对尊严、自豪感、国家身份尤为重视、异常敏感。具备拥核国家的身份无疑是位属国际社会少数几个核大国俱乐部的必要条件，也"增添"了印度在走向大国进程中需要借助的名分和手段。从政策选择上来说，印度发展核武器更多是从国家的内在需求进行考虑。无论是常规军力还是正在研发的核武器，巴基斯坦实质上都不构成对印度的威胁。但印度对巴基斯坦借助外来援助加速开发核武器还是非常担心，因而从90年代起便开始加快本国研发、推进核武器的步伐。在核试验之后，面临国际社会的谴责及制裁的压力，印度公然以中国威胁为借口，冒不惜损害两国正常关系的危险。虽然是转移关注度和缓释压力的托词，却也暴露出印度对近在咫尺的大国具有核武器这一事实的耿耿于怀。尤其是两国1962年边境冲突的经历使印度对中国核大国的身份非常在意，对中国的军事发展心存隐忧，更不愿使本国的安全建设长期处于指认中的中国核能力的威胁之下。

多种因素的结合致使印度在1998年5月进行了多次核试验。而对巴基斯坦来说，核试验的驱动因素则相对简单。印巴两国在多年的对峙、冲突中已然形成类似于螺旋式上升的竞争关系，发展核武器的计划也在相互竞争中持续推行。巴基斯坦核武器的研发可以弥补其常规军力的劣势，因而会成为与印度对抗、冲突的必然选择。即便存在着财力、人力、政局等多种不利因素，巴基斯坦依然推进核计划、研发核武器。从前文来看，印度核试验之后，巴基斯坦通过多次高层会议研讨对策，最终决定进行针对性的核试验，说明了巴基斯坦进行核试验更多出于与印度对峙的需要。明知核试验会招致国际社会的压力、指责和可能的制裁，况且美国更在此时规劝巴基斯坦的进一步行动，巴基斯坦仍然选择进行核试验。既是两国对抗性关系的必然反映，国内民族情绪的制约或者说助推也产生了较强的影响。在印度核试验后，巴基斯坦旁遮普省十多个城市爆发大规模群众示威游行，强烈要求政府进行核试验。在28日核试验之后，总理谢里夫在电视讲话中称,核试验是出于国家安全的考虑,政府的决定得到上下一致的支持①。他的讲话也确实指明了巴基斯坦进行核试验的一些影响性因素。

(三)卡吉尔(Kargil)冲突

卡吉尔冲突之前,1999年2月,印度总理瓦杰帕伊从德里(New Delhi)乘公共汽车前往巴基斯坦边境城市拉合尔(Lahore),开创了著名的"巴士外交"。随后,两国政府决定开通新德里至拉合尔的公交车运营。瓦杰帕伊对巴基斯坦进行了为期2天的正式访问,在与巴基斯坦总理谢里夫会谈后,两国签署了《拉合尔宣言》(Lahore Declaration),重申采取措施缓解两国的紧张关系、减少未经授权使用核武器的风险、致力于南亚区域合作联盟,宣言被认为有助于缓解两国的紧张关系。但巴基斯坦国内的宗教激进主义者特别是伊斯兰大会党(JI)批评了拉合尔协定,巴基斯坦军方也不予承认。其后不久,两国冲突再次点燃。冲突发生于1999年5月8日,印度方面侦测到巴基斯坦军队和一些极端分子出现在卡吉尔的山脊上,据称巴基斯坦的行动计划早在1998年的秋天已开始着手。行动的主要目的在于使克什米尔国际化,使之向更有利于巴基斯坦的方向发展。行动计划主要由穆沙拉夫和总参谋长阿齐兹制定,获得了谢里夫原则上的同意,而二者对具体细节并不知情。

1999年春天,巴基斯坦准军事力量开始越过实控线对卡吉尔附近的高地进行秘密渗透。由习惯于高原作战的当地人组成的北方轻步兵营充当主力,经过严格训练的特种部队紧随其后,18个炮兵连负责对这次行动进行支持,大多数经由巴基斯坦领土穿过实控线。② 巴基斯坦士兵渗透进印度一侧后,修建了坚固防御工事,占据了印军放弃的前哨。北方轻步兵营占据的位置包括具有战略性的图图岭—泰格山(Tololing-Tiger Hills),可以控制斯利那加至列城(Leh)的公路。印度军队通常以营为单位沿着实控线168千米的卡吉尔部分进行常规

---

① "World: Monitoring Nawaz Sharif's speech," *BBC News*, May 28, 1998.

② *The Kargil Review Committee Report*, Delhi: Sage Publications, 2000, p. 95.

安全巡逻，在一些孤立的位置也安排了人力巡查，但有大约 80 千米无人巡查的漏洞。印度的巡逻队和前沿基地在整个春天没有侦测到轻步兵营士兵的渗透，至 5 月初，一群牧羊人首先发现了入侵者，巴基斯坦的渗透行动完全暴露。[1] 印军在 5 月底发动了代号"维杰"的行动，在冲突地区部署了 2 个师约 2 万人的陆军，7000 人的准军事部队和空军，以期达到三个连续的目标：遏制已经存在的敌人，防止敌军力量的进一步加强；驱逐敌军；印军能够占据沿实控线一带的关键地形。由于巴基斯坦北方轻步兵营擅长山地作战，在冲突之初占据了相当的优势。巴基斯坦枪手不断袭扰沿着斯利那加—列城公路活动的印度军队，成功粉碎了印军最初发动的进攻。印度军队虽占有兵力上的优势，但低估了对手的顽强程度。况且未作周密的计划，参战士兵装备欠缺，没有做好高纬度作战的准备。

对巴基斯坦军事力量来说，高原的稀薄空气和酷寒气候逐渐侵蚀了长期暴露在高纬度环境下的步兵营的战斗及生存能力。人力不足及直线防御的劣势使巴基斯坦士兵完全暴露在印度密集的炮火之下，步兵营也缺乏足够的物资来构建防御阵地。战术的失误和对环境的不适应逐渐将优势转化到印军一方。[2] 印度军队开始调集威力强劲的大炮，空军着手进行"白海"行动，但由于稀薄空气的限制及足够的飞行跑道的制约，空军的支援效果相对有限。印度的海军也做好准备，以在战事全面升级时封锁巴基斯坦多处港口。巴基斯坦的渗透者、后勤人员、克什米尔境内提供火炮支持的人员，在战事最激烈时达到 5000 人左右。兵力上的劣势，加上武器装备上的悬殊差距，使印度军队在重炮的配合下，逐渐夺回了丢失的山脊。地形条件的恶劣，使得一些战役完全以一种原始的方式进行，双方士兵伤亡惨重。

在战事激烈进行的同时，双方还是保持了一些克制。印度军队在

---

[1] Rahu Bedi, "Pay to Keep the High Ground," *Janes Intelligence Review*, Vol. 11, No. 10, October 1999.

[2] Marcus P. Acosta, "High Altitude Warfear: The Kargil Corflict and The Future," http://www.dtic.mil/dtic/tr/fulltext/u2/a417318.pdf.

可以采用最好的迂回包抄、切断巴基斯坦军事供应的选择时，考虑到进入巴控领土会加剧战争升级的严重性，同时会失去国际社会的声援，最终还是通过正面攻势，在付出更多伤亡的情况下，靠强攻夺回一些高地。在印度开始展开清除行动时，谢里夫与瓦杰帕伊通话，建议双方进行谈判解决事态。空战之后，巴基斯坦做出重要姿态，释放了被俘的印度飞行员。最终，印度有 524 名士兵死亡、1363 人受伤，巴基斯坦有 696 名士兵丧生、近 40 名平民被杀。7 月 4 日，两国在华盛顿签署协议，巴基斯坦同意撤回武装渗透人员，战斗逐渐平息。而印度对盘踞、隐藏的渗透者的清除活动仍持续进行，最终于 7 月 25 日清除了最后一批入侵者，卡吉尔冲突结束。

二　90 年代印巴关系评析

在冷战后两极对抗的格局解体、热点普遍降温的安全环境下，南亚仍然以其地区性的两极对抗的安全格局吸引着国际社会及研究者的关注。整个 90 年代的印巴两国关系仍延续了持续紧张、对峙、冲突的一贯模式，虽然间或出现"巴士外交"及《拉合尔宣言》此类缓和紧张状态的努力，但终属昙花一现，难以改变两国关系的根本特征。而同冷战时期进行纵向相比，唯一有所区别的是印巴间的冲突未至于走上大规模的战争[①]。在对峙与冲突的同时，保留了些许的克制，使危机最终在两国的沟通、国际社会的斡旋等多方努力下以协议的方式得以化解。通过对两国关系的考察，可以看到相比于冷战时期战争期间的信息封闭和隔绝，90 年代之后两国在冲突中逐级采用了电话联系、沟通缓和事态的做法。这在 1990 年的核危机以及卡吉尔冲突中有明显的体现。同时，两国也学会了即便在处于优势的情况下，为避免危机、对抗的进一步升级进行一定程度上的克制，从而为媾和、协商留有一定的余地。两国对抗关系中的这种细微变化的产生，显示了两国高层认识上的某种调整。在 90 年代的国际安全环境

---

① 虽然也存在将卡吉尔冲突称为战争的说法，但最常见的提法仍为冲突，本书没有严格采用国际上战争与冲突的界限区分，而是按常用性进行简单的区别。

中，美国力量的一枝独秀作用日益凸显，1991年的海湾战争更是给各国的军事部门上了印象最为深刻的一课。苏联的解体使俄罗斯的总体实力疲弱，未能在转型期做出恰当、适当的调整，从而在国际社会中影响力相对减弱。在地区性两极对抗的天平上，印巴都失去了重要的外部力量支持，巴基斯坦的战略重要性因苏联从阿富汗的撤军而逐渐下降，印度则失去了苏联在地区及国际等多个层面、场合的支持，军事技术及装备供应也受到严重影响。这些因素无形中削弱了印巴对抗的复杂程度，使两国关系更趋近于直接的"对话"，虽然对话是以两国领导人话语的交锋、武器的碰撞、军队的短兵相接来完成的。多年来的对抗已然使得两国逐渐学会了如何运用多种"武器"有力地维护自己的政治、军事、利益乃至道义上的制高点，危机、冲突中的有效管理也在两国的磨合、互动中渐趋呈现，以避免单纯的军事冲突危害最终利益。

在两国竞相研发核武器的进程中，对抗关系因"核武器"作为一种新的因素的出现，为两国关系增添了一个稳固的砝码。尤其到了80年代中期，两国核武器的发展已到了不得不令人关注的程度，已具备核对抗的现实性。在1986—1987年的黄铜钉危机中，印度已考虑使用战术核武器对巴基斯坦进行打击的可能性，幸好因政界的干预最终未果。而此后在1990年的危机以及卡吉尔冲突中核打击的可能性被反复提出，考虑到使用核武器招致的风险，两国更多的是将核打击作为一种升级威胁程度、加剧事态严重性，从而达到解决目的的一种手段，引发的国际担忧、介入事态、最终达到降级冲突的火药味，逐渐趋向于缓和，通过协商签署协议解决两国的阶段性冲突。但两国也意识到核武器的出现加剧了战争爆发的烈度，尤其是缺乏有效信息传递机制以及军方未经授权的核发射的可能性条件下，风险倍增，因而两国逐渐开始讨论并达成核问题上的某种妥协。如1985年齐亚·哈克和拉吉夫·甘地在新德里会晤签署的协议，规定两国都不得对对方的核设施进行攻击。1993年，双方又交换了各自核设施的数据，使协议真正得以执行。在黄铜钉危机发展到不可收拾之前，两国突然建立起了热线，及时进行了沟通调解，制止了危机的进一步发展，达成了暂停危机的系统计划①。但此后,两国的对抗、冲突中,核风险因素仍持续存在。两国并没有学会在冲突中如何有效避免风险的加剧以及更有效的管理,这就导致了类似的危机仍在重演。

---

① [美]杰弗里·刘易斯:《印度的核武器计划揭秘》,美国科学家联合会报告。

第三章

印巴关系的缓和与波折

第一节 缓和初现与纷争再起

一 阿格拉峰会

经历了90年代的危机、对峙甚而兵戎相见之后,由于面临国际社会的压力以及两国领导人本身具有改善关系的政治意愿,印巴关系开始出现一些缓和迹象。2001年5月25日,印度总理瓦杰帕伊邀请巴基斯坦总统穆沙拉夫赴印会晤,随后穆沙拉夫愉快地接受了邀请。7月14—16日,两国领导人在印度旅游胜地阿格拉(Agra)举行了一对一的高层会晤,会议选在作为知名旅游景点的泰姬陵附近举行,显然是赋予了深层含义及良好的意愿。对话之初,人们也普遍寄希望于峰会能改善两国之间的关系。两国领导人也承诺要灵活、真诚地谈论问题,穆沙拉夫用了谨慎、乐观、灵活、开放的心态来描述他参加峰会的心情,瓦杰帕伊也承诺采取大胆、革新的举措解决两国间的核心问题。①

7月14日,穆沙拉夫到达德里后受到鸣响21响礼炮的隆重欢迎,印度总统纳拉亚南(Kocheril Raman Narayanan)正式欢迎穆氏的访问。穆氏也成为第一个访问圣雄甘地纪念馆的巴基斯坦领导人,在甘地像前敬献了花圈并致敬辞。媒体称访问的第一天是礼节性的而非话题沉重的谈判,显示的迹象是积极的。但即便如此,已有分歧出现。穆沙拉夫安排了一场争议性的与克什米尔分离主义领导人的闭门

---

① "Agra Summit," http://www.allamaiqbal.com/webcont/393/AgraSummit.html.

会晤，印度方面由一个低级官员作为代表反对会晤的进行。而在穆氏到达德里之前的几个小时，印度和巴基斯坦军队越过克什米尔控制线爆发了骚乱，这也是 2001 年两支军队的首次交火。① 这些事件自然给首脑的高层会议蒙上了不祥的阴影。在 15 日的会谈中，双方在 90 分钟的时间里讨论了克什米尔、越境恐怖主义、减少核风险、释放战争囚犯及贸易联系等问题。印度方面的发言人称会谈是积极的、有意义的、建设性的，在会谈之后，媒体称障碍虽仍存在，但有积极的迹象。② 但印巴在报道第一轮峰会的具体内容时却各执一词。印度新闻和广播部长向报界介绍峰会内容时，只提其他方面的内容，只字不提峰会是否讨论了克什米尔问题；巴方则马上对此作出强烈反应，认为第一轮峰会所谈的主要内容不是别的，正是克什米尔问题。③

在阿格拉峰会上，穆沙拉夫表现出异乎寻常的灵活性，寻求对话的渠道本身也是其灵活性的一个反映。巴基斯坦长久以来就致力于使印度认识克什米尔争端是两国的中心议题，但未能取得成功，两国在此关键问题上截然不同的立场也注定了峰会的最终结局。穆沙拉夫强调克什米尔是印巴关系的核心议题，表明关系正常化必然要以克什米尔问题的进展或共识为前提，而印度则毫不退让地宣称克什米尔是其不可分割的领土。两国的分歧、争端逐渐驱散了之前的友好气氛，阿格拉宣言虽然多次易稿，但由于立场难以协调，最终也未能获得双方的认可。那么，阿格拉峰会缘何以不欢而散宣告结束呢？分析认为，双方并未对会谈做好充分的准备。尤其对印度而言，虽然发出对穆沙拉夫的邀请而并不知本国真正的需求，而穆氏的灵活也使其倍感困惑。印度媒体专家认为作为具有威权的可以独断的领导人，穆氏完全可以自主确定步骤而无须磋商。④ 但实质上，当时印度的内政、外

---

① "Agra summit at a glance," http：//news.bbc.co.uk/2/hi/south_asia/1430367.stm.
② "The Agra summit & thereafter," http：//www.hindu.com/2001/07/31/stories/13310611.htm.
③ 赵章云：《阿格拉之路——记印巴阿格拉峰会》, http：//www.people.com.cn/GB/guoji/24/20010717/513666.html。
④ "Aijaz Ahmad, So near, yet so far," http：//www.frontlineonnet.com/fl1815/18150120.html.

交、防务、商务、信息部长都在阿格拉,瓦杰帕伊在峰会的安排上也具有相当程度的决断权。而穆沙拉夫事后认为在克什米尔问题、锡亚琴冰川、爵士湾等问题上两国已经取得较大进展,只是因为印度外交部的安全秘书凯特祖(Vivek Katju)设置障碍致使最终没能达成声明。熟悉阿格拉峰会的人说,会议当时的协议草案提到把克什米尔作为中心议题,但印度坚持的"恐怖主义"问题没有被一同提出。凯特祖认为这将背离印度在克什米尔问题上的立场,等于是纵容了巴基斯坦在煽动恐怖主义上的作用。穆氏则告诉瓦杰帕伊因有人超越2人之上,否决其提议,两人最终会以耻辱的方式离开阿格拉。① 虽然有评论认为,阿格拉峰会的成果首先在于印度总理对巴基斯坦总统的邀请,邀其走和平与和解的坦途,巴基斯坦方面也很快做出了积极回应。双方领导人能够理解对方的立场、关切和驱动,进行的三轮一对一的会谈及1小时的告别也说明双方是诚恳的、坦率的,双方领导人为两国人民追求面向21世纪的和平、繁荣及发展应该被看作是其成就之一。②

阿格拉峰会未能达成协议,足以说明两国关系中的根本障碍及对立,在短时期内难以弥合。而两国显然也未能在此问题上做好相应的准备,以核心问题上对立之后的妥协来换取进一步办商及会谈的可能性。僵化的气氛及过于敏感的反应,既说明了两国信任的严重缺失,也是长期对峙氛围下的印巴关系的必然反映。除了增进相互的了解、缓和一贯的紧张气氛,为未来双方的接触创造可能的机会,阿格拉峰会在改善两国关系上未取得实质性进展,因而在印巴历史上的多次首脑会晤中意义不大。

二 印度议会大厦遇袭事件

2001年"9·11"事件爆发后,印巴两国出于自身的利益权衡,

---

① "Agra Summit Failed Due to Indian Official," *Hindustan Times*, New Delhi, December 4, 2010.

② Jammu and Kashmir Council for Human Rights, *Cumulative Gains & Splinter Negatives*, London, July 2001.

极力配合美国的全球反恐战略。巴基斯坦因其特殊的地缘位置、与阿富汗塔利班政权的特殊联系成为美国反恐战略的重要倚重对象，因而在美国战略布局中一度被忽视的地位得以重新提升。美国因反恐的需要阻止了印度提出的巴基斯坦是支恐国家，应加强打击巴基斯坦境内越境恐怖主义的要求，从而使印度一度备感冷落。印巴关系在美国的反恐优先的战略部署下，陷于僵持。但在2001年12月13日上午11时45分左右，6名持枪歹徒企图闯入戒备森严的印度议会大厦，与守卫士兵发生激烈交火，造成6名警官死亡，14名警官及其他人员受伤，恐怖分子也被击毙。袭击事件发生后，印度各机构立即行动起来，采取紧急措施以应对此次事件。内政部长阿德瓦尼（L. K. Advani）宣布，印度国家政府及各邦行政机构立即进入最高警戒状态。印度警察总监B. P. 奈尔瓦尔（Nair Val）立即下达紧急命令，加强泰米尔纳德邦所有敏感目标的安全保卫以及巡逻工作。印度议会安全保卫机构迅速向外界澄清在恐怖事件中伤亡人员的详细情况，让民众知道印度政要没有受到伤害，以便安抚民心。国防部长费尔南德斯也试图缓和新德里的紧张气氛，称没什么可担忧的，我们正在找出袭击事件的幕后策划者。事件之后的仅仅数小时之内，瓦杰帕伊在电视演讲中称：袭击是对整个民族的警告，我们接受这个挑战，我们将击退他们所有的进攻。过去的20年内，我们一直在与恐怖势力作斗争。现在，这个战争已接近尾声，这场战斗已进入一个决定性阶段。在这个危急时刻，我们整个民族都团结在了一起。[①] 印度人民党（BJP）的克瑞帕拉尼（Srichand Kripalani）在接受路透社的采访时说，政府应该采取美国在阿富汗、以色列在巴勒斯坦的做法，如果证明巴基斯坦参与其中，政府不应该回避对巴基斯坦的攻击。印度外长辛格声称，"技术性的证据"表明，该起事件是某一有巴基斯坦支持背景的武装组织所为。一部长在接受记者采访时也称，现在考虑的不是对巴基斯坦宣不宣战的问题，而是何时宣战的问题。[②] 事件发生

---

① "Crisis India-Pakistan," http：//www.indianet.nl/indpk87.html.

② "In quotes：Indian parliament attack," http：//news.bbc.co.uk/2/hi/south_asia/1708654.stm.

后，巴基斯坦强烈谴责袭击印度议会大厦的恐怖分子，外交部发言人艾哈迈德（Aziz Ahmed）说："巴基斯坦政府惊悉印度议会大厦遭受袭击。我们强烈地、明确地谴责这次事件。"军方发言人库雷希（Rashid Kureishi）也说："对于发生的一切，我们予以谴责。"①

　　印度议会大厦遇袭事件使两国关系再次走上激烈对抗乃至战争的边缘，双方领导人的言辞及举措加剧了紧张、凝滞的气氛。印度内政部长阿德瓦尼虽没有清晰表明印度对事件的回应，但言辞的好战性旨在为军事行动提供理由。事件发生后，阿德瓦尼称将清除恐怖分子及其赞助者，无论他们是谁，藏身于何处。就军事打击巴控克什米尔恐怖分子训练营，统治集团也进行了一场激烈的辩论。印度谴责克什米尔的拉什卡民兵组织（Lashkar-e-Taiba）和穆罕默德圣战组织（Jaish-e-Mohammad）策划这次袭击活动，印度媒体透露正在显示的细节表明，自杀性袭击活动旨在造成比实际活动效果更大的伤害。有证据显示，如果袭击者一旦等到事件策划者的电话，将袭击更为重要的人物，如内阁成员，而幸运的是电话一直没能等到。② 穆沙拉夫谴责袭击事件，但警告印度对巴基斯坦任何鲁莽行动都将导致严重的后果。巴基斯坦否认参与恐怖袭击事件，并暗示印度操纵这一事件以达到政治目的。随后印度正式要求巴基斯坦关闭拉什卡民兵组织和穆罕默德圣战组织的办事处，逮捕其领导人、冻结其资产。阿德瓦尼表示，印度将观察几天，这意味着如果要求没有得到满足将对巴基斯坦采取报复行动。在周二人民党议会集团的会议上，瓦杰帕伊直言不讳：讨论的议题不是是否进行战争，而是在什么情况下进行，印度会以外交作为武器，但其他选择也是开放的。③

　　12月21日，印度召回了驻巴基斯坦高级专员，暂停航空、铁路

---

① "Pakistan Condemens Attack on India Parliament Building," http：//www.kuna.net.kw/ArticlePrintPage.aspx? id = 1214017&language = en.

② "Indian parliament attack 'bungled'," http：//articles.cnn.com/2001 - 12 - 17/world/india.attack.reports, December 17, 2001.

③ Peter Symonds, "Attack on Indian parliament heightens danger of Indo-Pakistan war," 20 December 2001, http：//www.wsws.org/articles/2001/dec2001/ind-d20.shtml.

和巴士交通，禁止所有的飞行，进行大规模的军事动员。到2002年1月初，大约50万人的部队移动到巴基斯坦边境，三个装甲师沿着3000千米的边界布防，海军及空军也处于高度戒备状态。巴基斯坦沿克什米尔实控线密集部署军队，覆盖拉贾斯坦邦、旁遮普邦和古吉拉特邦，规模大约为30万人，成为1971年以来两国间最大的军事动员。直至5月，印度方面包括军队及准军事力量有70万人部署在印巴边界及克什米尔实控线附近。巴基斯坦30万部队中有3/4部署在靠近印度边界的地方，双方都把军队部署在有争议的边界地带并处于高度的戒备状态。一旦爆发战争，印度空军表示要对50—75个激进分子基地和克什米尔的其他目标进行空袭。同时，一些道路、桥梁也在空袭之列，以防止可能的中国援助。印度目标广泛的空袭战略会诱使巴基斯坦将冲突扩展至更广泛的国际边境线。巴基斯坦表示，即使印度的行动仅限于空袭克什米尔边境，巴基斯坦可能不会仅限于这个地区。巴基斯坦可能开放在旁遮普邦或拉贾斯坦邦的前线，本质上意味着巴基斯坦已经做好打一场全面常规战争的准备。

据美国国务卿赖斯（Condoleezza Rice）回忆说，印度当时已经在其西部靠近巴基斯坦边界地带部署了核弹头，并拒绝在美国压力下举行任何与巴基斯坦的会谈。赖斯在回忆录中说，与印度外长贾斯万特·辛格会谈中，后者告诉她，新德里准备至少进行两次群众游行。印度在袭击之后煽动政治是其强制外交的一部分，开始取得了良好的收效但最终失去了效用。① 据分析，印度在袭击事件后有意强化与巴基斯坦的对抗，制造压力，将此作为对袭击事件本身和越界恐怖主义活动的回应。尽管印度在过去与巴基斯坦的军事对抗中一直处于上风，但这种优势并未对反击巴基斯坦在克什米尔的"代理战争"发挥出应有的效力。因此，印度必然希望抓住这次重要时机，借"9·11"之后的国际反恐形势，以高压迫使巴基斯坦停止对反印恐怖活动的支持。同时，这次紧张对峙中核战争的风险远远超过了卡吉尔冲

---

① "When India almost went to war with Pakistan," http://blogs.hindustantimes.com/inside-story/2011/11/02/when-india-went-to-war-with-pakistan-twice/.

突的强度。卡吉尔冲突中，由于担心发生核战争，印度不得不表现出极大的克制，军事行动没有越过实控线印方一侧，也没有故意扩大战争。但在议会大厦袭击事件后，印度却故意要冒与巴基斯坦全面开战的风险，以达到消除越界恐怖主义的政治目的。①

　　印度议会大厦遇袭事件是印巴关系中对峙规模较大、紧张程度较高的一次，紧张气氛似乎预示着战争不可避免。冲突的出现，可以说和美国的反恐战略有着密切的交织和纠葛。对印度来说，因反恐战争造成的巴基斯坦地位的上升是印度一直不想看到的。借此事件一方面可以利用美国的反恐态势加强对巴基斯坦境内越境恐怖主义的打击，弱化巴基斯坦与美国的联系，以减少巴基斯坦的战略回旋余地；另一方面也可以借此止息内部派别争斗、凝聚各阶层力量。而美国出于反恐大局考虑，虽然表示理解印度的立场，要求穆沙拉夫镇压境内的恐怖主义活动，但不愿激化与巴基斯坦的矛盾，称巴基斯坦本身也是恐怖主义的受害者。虽然印度与巴基斯坦都无意走向全面的对抗，都有意利用事件争取有利于自身的最大收益，但事件的结果则是使这种僵持、对峙的状态一直持续，直到2002年10月印巴对峙的紧张局势，在美国及国际社会的极力斡旋下得以缓和，但在克什米尔地区两国军队的交火持续进行，几乎成为一种常态。

第二节　2003年始印巴关系的改善

　　2003年3月20日，美国绕开联合国安理会，对伊拉克实施大规模军事打击。美国提出的先发制人的军事理念给了印度高层打击巴基斯坦的口实。4月4日，印度外长辛哈（Ashwant Sinha）表示，巴基斯坦拥有大规模杀伤性武器并且仍是恐怖分子的活动中心，如果拥有大规模杀伤性武器是打击标准的话，那么印度比美国更有理由这样做。国防部长费尔南德斯（George Fernandez）在拉贾斯坦邦的一次

---

① 张力：《911事件后的印巴关系与南亚地区安全》，《南亚研究季刊》2002年第1期。

集会上讲话，赞同辛哈的立场，再次表示印度对巴基斯坦实施先发制人军事打击的想法。巴基斯坦总理贾迈利（Mir Zafarullah Khan Jamali）针锋相对，称如果印度采取先发制人的打击，巴基斯坦会全力回击，人民及军队将给印度以合适的回应。总统穆沙拉夫的讲话则表明了通过对话，以和平手段解决两国一系列争端的愿望。同时，对印度的冒险行动则全面反击，毫不软弱。针对两国的形势，美国国务卿鲍威尔（Colin Luther Powell）宣称，印巴问题和伊拉克问题没有可比性，在印巴问题上，军事手段不会起到任何作用。①

美国在伊拉克战争进行之际力图避免印巴争端的再次爆发，因而倾向于采取有力的举措促使印巴关系缓和。鲍威尔称印巴问题已成为仅次于伊拉克的重要议程，将寻求手段予以解决。在美国的压力及国内政治情势下，瓦杰帕伊18日发布讲话，称巴基斯坦为兄弟，表示愿意给印巴和谈一次机会，并提出相应的信任措施。巴基斯坦做出积极回应，总理贾迈利提出信任建设的8项建议，表示把两国关系恢复至2001年12月印巴危机开始前的水平，并尽早在《拉合尔宣言》框架内就核安全问题展开对话。自此，两国开始了改善关系的新一轮互动。但印度仍然坚持停止越境恐怖主义活动，在9月的联合国大会称巴基斯坦是支持恐怖主义的国家，巴基斯坦则称印度搞国家恐怖。两国的导弹试射也开始不断进行，直到10月，两国开始提出在克什米尔实现和解的原则及措施，11月实现了在该地区的停火。穆沙拉夫在克什米尔问题上的立场有所松动，不再坚持有关此问题的联合国决议，打算"半路出发"进行解决。瓦杰帕伊则表示参加南盟峰会期间，不排除与巴基斯坦领导人会晤的可能。②

一 印巴缓和的序幕：南盟峰会

2004年1月4日，南盟首脑峰会在伊斯兰堡召开，会议主要内容为加强南亚各国在社会、经济和文化等领域的合作以及联合反恐等

---

① "New Challenges for the Region," http：//www.cpdsindia.org/newchallenges.htm.
② 张四齐：《2003年的南亚》，《国际资料信息》2004年第2期。

议题。会议期间,瓦杰帕伊分别会见了巴基斯坦总统、总理,就两国关系中的很多问题进行了深入讨论。瓦杰帕伊在开幕式上发言说:"我们必须采取大胆的行动,变猜疑为信任,变分歧为协调,变冲突为和平。"巴基斯坦总统穆沙拉夫也在当晚为各国首脑举行的招待宴会上说,"我们必须把互不信任、痛苦和紧张的历史包袱抛在脑后","否则,南盟将永远无法充分挖掘潜力,实现目标"①。在一些关键问题上,双方的立场也逐渐软化,以趋近于目标的达成。比如,在对待克什米尔的立场上,穆沙拉夫在此之前已经表示,放弃在联合国主持下公民投票的方式决定该地的归属,通过两国的商谈打破在此问题上的僵局。印度方面也不再坚持一直固守的立场,同意将克什米尔问题列入双方全面对话的进程。在恐怖主义问题上,印度坚决主张巴基斯坦应加强打击越界恐怖主义,穆沙拉夫也申明了"不允许任何巴控领土被用来支持任何形式的恐怖主义"。他还强调包含所有议题的可持续、建设性的对话会产生积极的结果。印巴双方及克什米尔的领导人对会谈表示欢迎,穆沙拉夫宣称历史已被创造。印度副首相阿德瓦尼说,印巴关系取得了突破。得益于双方具有合作意愿的表态及原有强硬立场的软化,双边首脑会晤在一种较为融洽的氛围中进行,也保证了南盟峰会在一些主要议题上取得丰硕的成果。会议最终通过了《伊斯兰堡宣言》(Islamabad Declaration),签署了《社会宪章》(Social Charter)、《南亚自由贸易区框架协议》(South Asian Free Trade Area Agreement)及《打击恐怖主义附加议定书》(Addition Protocol to the SAARC Region on Suppression of Terrorism)3个协议。

南盟《伊斯兰堡宣言》中,南亚各国领导人一致同意,决定在南亚地区推动自由贸易,大力打击恐怖主义,努力削减贫困,增强科技合作,促进政治合作。同时对建立南亚能源合作机制进行研究,为加强地区运输、转口和通信联系加快采取行动,并强调加强医疗和制药方面合作的重要性②。在《打击恐怖主义附加议定书》中,各国领

---

① 《南盟峰会收获颇丰 印巴对话成亮点》,《中国青年报》2004年1月7日。
② "Islamabad declarations," 12th SAARC Summit, Islamabad Janunary 4–6 2004.

导人坚决支持联合国安理会 1373 号决议，坚定各国合作打击各种形式的恐怖主义的信心，加强合作充分实施成员国会议有关反恐的条款，阻止、压制对恐怖行动的资金支持，对此类活动的资金资助、获取、收集亦为非法。同时对恐怖主义进行明确界定，规定对违反相关条款的处罚以及阻止、消除恐怖主义资金来源的具体措施。①

二 印巴和谈进程及议题

印巴首脑会晤的一个重要成果是双方决定从 2 月开始，进行各个议题的全面会谈，使得两国关系的缓和进程能够一直持续。2 月 16 日，印巴外交官在伊斯兰堡进行了为期 3 天的会谈，开始了全面对话的进程。18 日，印巴发表了联合声明，双方的外交官审查、批准了总理及部长联合会议制定的协议，确定全面对话的议程、时间表及讨论的方式。双方承诺愿以真诚的愿望进行对话，讨论并就双边关系的所有问题达成和解，包括在克什米尔问题上达成令双方满意的目标，重申为人民及未来的繁荣，达到和平、安全、经济发展的共同目标。② 确定的会谈时间表为：2004 年 5—6 月，外交秘书会晤商谈和平、安全问题，包括信任措施的建立及克什米尔问题；7 月，在相互赞同的层次上讨论锡亚琴冰川（Siachen Glacier）、沃勒拦河坝（Wuller Barrage）、锡尔克旦克湾（Sir Creek）、恐怖主义、毒品走私、经济及事务合作、促进在各个领域的友好交流等问题。而在此之前进行如下技术层面的会议：巴基斯坦突击队总干事和印度边界安全部队督察长在 3—4 月进行会晤；5 月下旬进行专家层面的建立核信任措施的会谈；6 月，举行毒品走私及偷渡的委员会会议。在此基础上，8 月两国外交部长将进行会谈，对双方关系的总体进展进行评估。

（一）印巴有关信任建立措施的会谈

6 月 19—20 日，印巴首先进行了加强核信任的谈判，对一些旧

---

① "Addition Protocol to the SAARC Region on Suppression of Terrorism," http: //www.indianembassy.org.cn.

② "Joint Statement of India-Pakistan," *Journal of Peace Studies*, Vol. 11, Issue 1, January-March, 2004.

/// 第三章 印巴关系的缓和与波折 ///

有的核信任措施进行修改并提出新的核互信措施。比如，两国同意在军事领导人之间建立"升级"、"专用"、"安全"的热线，同意在外交秘书间建立更多的热线。因此，将会有3条热线用以处理危机，如果其余2条热线无法建立连接，那么故障可能不会出自于传播的光缆而在于新德里与伊斯兰堡之间的交流方式。双方还就导弹飞行测试前的参数通知及提供更多相关信息达成一致。双方重申对进行核测试的"单方禁令"，表示除非今后发生特殊事件威胁到国家最高利益，否则双方都会停止核试验。而在"核引爆点"假设上没有取得进一步的成就，双方只是呼吁经常举行各级别的会议，就共同关心的问题进行讨论。巴基斯坦分析家一直强调巴基斯坦核武器合法化的需求，通过采取与印度相同的方法，以减轻美国施加的压力。印度外长辛格提出的与中国、巴基斯坦分享的原则引起很多的关注。巴基斯坦专栏作家阿亚兹·阿米尔（Ayaz Amir）在《共和国受到愚弄和恐吓》一文中写道："巴基斯坦当权者尚未意识到这一点，但旧的模式已经改变了。新的敌人、新的安全威胁来自美国和其不负责任的政策而不是印度。印度外交部长纳特瓦尔·辛格（Natwar Singh）在中印巴间分享核原则的提议是激进的，它也给巴基斯坦提供了保护以防美国对巴基斯坦核能力的破坏。"[1] 在会议期间，印巴委员会还讨论完善了拉合尔谅解备忘录，在卡吉尔冲突之前军方拒不认可该协议，时隔4年军方的承认本身就是一个进展。谅解备忘录是在拉合尔协议之后由双方外交秘书签订的，重申两国完善西姆拉协议文本及精神的决心，备忘录超越了现在所讨论的议题，呼吁两国就安全概念及核原则进行双边磋商，在核领域及传统领域发展建立信任措施，避免冲突。

同时，印巴边防军官员19日在边境口岸瓦迦举行会晤并签署了改善印巴边境状况的协议。同意共同打击毒品走私，互换刑满的囚犯和误入国境的对方国民。根据双方商定的时间表，2004年6月27日，外秘级会谈如期举行。会议期间重申核信任措施的建立，规定任

---

[1] Ashutosh Misra, "Indo-Pakistan Talks 2004: Nuclear Confidence Building Measures (NCBMs) and Kashmir," *Strategic Analysis*, Volume 28, Issue 2, April 2004.

何一方今后在试射导弹之前,都必须向对方通报相关内容;重启双方在对方的领事馆;将驻对方高级专员公署(使馆)的人员编制恢复到110人;同意释放闯入对方水域而被扣押的渔民及滞留在对方的平民。

(二)克什米尔问题的初步谈判

两国谈论的一个重要议题是克什米尔问题,双方分别提出了各自的立场及观点,在对待一些条款时产生了较大的分歧。在2004年6月28日的联合声明中,对联合国宪章及西姆拉协定中一个相同的句子的引用发生了争论。1972年的西姆拉协定中同样提到了"双方承诺遵守联合国宪章的原则和目标"。但反对党尤其是印度人民党批评其参照联合国宪章的立场和西姆拉协定中的同一个句子有矛盾,会给第三方插手查谟和克什米尔问题留下空间。有观点认为这种批评和担忧看起来毫无缘由,主要是因为联合声明的用词是从1999年拉合尔谅解备忘录中来的,是和瓦杰帕伊和谢里夫签署的拉合尔协议一脉相承的。在两个句子中提到联合国和西姆拉并不相互冲突,而在一个句子中提及则显得不符合逻辑、不令人信服。另外,依据联合国宪章第6章"和平解决争端"的原则,所达成的有关查谟、克什米尔问题的协议并无约束力。因此,科菲·安南(Kofi Atta Annan)在2001年3月对南亚的访问中说,克什米尔是一个双边问题,印巴需要在双边基础上找到一个解决方案。西姆拉协定为双边接触的模式提供了机制,联合国宪章和西姆拉协定是互补的,而不是相互矛盾的[①]。双方在文本及字句的争执实质上反映了在克什米尔问题上坚持的原则,争执未果也说明在此问题上的初次接触是难以祛除长久困扰两国关系的这一痼疾。但毕竟同意认真对待对方的观点,就这一问题继续进行对话。会议上还决定于通斯利那加到穆扎法拉巴德(Muzaffarabad)、穆那堡(Munabao)到卡拉帕尔(Khokrapar)的巴士路线,在7—8月的晚些时候讨论其他6个议题。

---

① Ashutosh Misra, "Indo-Pakistan Talks 2004: Nuclear Confidence Building Measures (NCBMs) and Kashmir," *Strategic Analysis*, Volume 28, Issue 2, April 2004.

在开通巴士路线问题上,巴基斯坦起初有较大的疑虑,因为巴基斯坦坚持游客应持联合国护照,这点对印度来说显然不可接受。而巴士服务可以使克什米尔两边的人民关系靠得更紧的观念给巴基斯坦留下了较深印象,这个建议就被保留下来,留待下一轮对话中讨论。而巴基斯坦的政党,尤其是持强硬路线的政党,对巴士的开通持批评态度。他们认为,在印控和巴控克什米尔之间开通巴士,除非旅客持联合国护照,否则会影响产生"克什米尔问题的原因"、强化印度控制克什米尔的事实。7月初,一些童子军从巴控克什米尔到克什米尔游览就受到了强硬派的批评,认为来自巴控克什米尔的居民可以持巴基斯坦护照去国外,而不是联合国护照,如此游览克什米尔就会不存在任何困难了。在随后的会谈中,印度提出克什米尔居民应当被允许瞻仰巴控地区的宗教圣地,两边的居民可以经常进行会面接触。两边的居民可以进行林业管理方面的合作,沿实控线建立贸易点。而实际上,沿着实控线边界的栅栏是意图将实控线合法化的一个举措,这种建议自然引起了伊斯兰堡方面的警觉。会谈中两国虽同意采取和平进程提升和平安全的稳定环境,但由于在关键问题上两国坚持原有的立场,会谈不可能取得较大突破。印巴外长都认为,会谈是积极的、富有成果的,两国都体现了向前看的精神,是一个良好的开端。值得一提的是,全面对话覆盖的8项议题是1997年古杰拉尔与谢里夫会谈时商定的,会谈的最后一轮是关于和平与安全、核信任措施的建立、查谟与克什米尔问题,1998年10月在伊斯兰堡举行,紧接着11月的5—13日在新德里进行余下主题的会谈。截至1998年,有关锡亚琴冰川进行了8轮会谈,锡尔克里克湾进行了6轮会谈,沃勒大坝进行了9轮会谈[①]。

(三)锡亚琴冰川问题

2004年8月5—6日,印巴两国分别由国防秘书组成的代表团在新德里会谈,商讨锡亚琴冰川问题。锡亚琴冰川地区面积约100平方

---

① Ashutosh Misra, "Indo-Pakistan Talks 2004: Nuclear Confidence Building Measures (NCBMs) and Kashmir," *Strategic Analysis*, Volume 28, Issue 2, April 2004.

夏里，位于查谟克什米尔北部、毗邻中国。两国最初的定界位于地图坐标的 NJ9842 点上，这也是印巴两国 1949 年的停火线及 1972 年的实控线的终结点。由于该地区通常无人居住，也就不具备军事价值，对该地区进行精确的领土归属划分显得也无必要。① 1982 年印度占领了冰川附近的一块高地，控制线上没有标注该地归属，但国际地图显示属于巴基斯坦控制范围，登山者也必须获得巴基斯坦政府的允许才可以登山。印度军队的占领导致了巴基斯坦军队的回应。为控制该地，从 1984 年开始，两国开始进行一场"低强度"的战争。锡亚琴冰川作为世界上最高的战场，双方死于冻伤及高纬度疾病的人数超过军队对抗的伤亡。后来双方希望通过一个重新部署军队的协议，以解决在此问题上的对抗。但由于 1999 年的卡吉尔冲突，致使问题更为复杂。2004 年的会谈，在热诚、建设性的气氛中真挚、坦率地进行了讨论，以期推动会谈的进程。双方积极评价了 2003 年 11 月 25 日实施的停火线，军事专家进行了会谈商讨脱离军事接触的方式、军队的重新部署。但在此问题上存在的一个障碍是，巴基斯坦对印度军队的部署不愿给予任何形式的正式承认。两国的国防秘书建议继续进行讨论，以达到和平方式解决锡亚琴问题。

（四）水资源问题的会谈

在印巴全面和谈进程中，水资源分配问题取得了一定成果。水资源的分配在印巴之间利益攸关，该问题一直与克什米尔紧紧联系在一起。甚至有观点认为克什米尔问题的关键症结是因为该地的水资源对巴基斯坦具有生命线的意义，因而巴基斯坦在会谈中最为关注的是克什米尔。出于一种不宜公开的考虑，支持克什米尔运动并宣称克什米尔人民是为自身的独立及民众福祉而战比承认克什米尔人是为维护巴基斯坦的生命线做出牺牲这个事实要便利得多②。巴基斯坦一位陆军准将的专题论文中称，印巴多年争端的焦点一直围绕克什米尔，官方

---

① Iffat Malik, *Kashmir: Ethnic Conflict International Dispute*, Oxford University Press, 2002, p. 234.

② Sundeep Waslekar, "The Final Settlement: Restructuring India-Pakistan Relations 2005," *Strategic Foresight Group*, 2005.

坚持说是由分治造成的遗留问题，而从未将冲突与河流联系在一起。他建议河流是解决问题的关键所在，其理论也暗示了克什米尔人民的意愿实则是第二位的。在穆沙拉夫从准将晋升为总参谋长之后，巴基斯坦开始了与印度政府的二轨外交。巴基斯坦建议河流应作为解决印巴冲突包括克什米尔问题的基础，主张将杰纳布河作为边界。在印度议会大厦遇袭导致印巴关系剑拔弩张之时，高层官员举行会议讨论印度一旦将河流作为武器对付巴基斯坦时，巴基斯坦将作何应对。在印度切断两国的铁路、陆路、航空联系后，巴基斯坦最为忧虑的仍是水的问题。甚而发出特别警告，任何有关水问题的冲突都会导致巴基斯坦使用核武器对印度进行第一次打击。对巴基斯坦来说，河流、水资源问题关系到整个克什米尔及巴基斯坦 80% 的土地的灌溉、饮用水源，河流是巴基斯坦名副其实的生命线，尤其是印度河。作为南亚地区最重要的河流，印度河干流上游在流出中国国境后，首先经过印控克什米尔地区，然后进入巴基斯坦，况且印度河西侧的 5 条主要支流——杰赫勒姆河（Jhelum River）、杰纳布河（Chenab River）、拉维河、比亚斯河、萨特莱杰河，除了比亚斯河全部流经印度，其余都是经印度流入巴基斯坦。在两国发生冲突的境况下，如一旦印度以水为武器，控制上游的河流及水位，对巴基斯坦的影响不言而喻。因而，水资源的分配在两国关系中有着非常重要的影响。

2004 年的会谈中，主要涉及沃勒拦河坝及图步尔（Tulbul）导航渠问题。20 年来，印度一直要求在克什米尔的杰赫勒姆河上修建一座大坝，能够将水引入一条导航渠。8 月，印巴双方围绕此问题的讨论虽然是"建设性"的，成果却不明确。单独会谈中取得了一些进展，印度建议在杰纳布河上的巴格里哈尔（Baglihar）建一座大坝及水电站。根据 1960 年的印度河水域条约及双方此次达成的方案，巴基斯坦会得到水的供应，因而两个方案都需要巴基斯坦的同意。

（五）印巴高层会晤及会谈评估

2004 年 9 月 5—6 日，印度外长辛格和巴基斯坦外长卡苏里（Khurshid M. Kasuri）在新德里举行了正式会谈。主要是回顾、评估两国全面对话的进程，就影响两国关系的一系列重要问题进行讨论。

会后两国发表的联合声明中说，两国重申联合国宪章的目标及原则，决心进一步完善西姆拉协定的文本及精神，并对两国关系的进展感到满意。重申双方全面会谈将会通向所有问题的和平解决，在克什米尔问题上，继续进行严肃的、可持续的对话，以找到和平协商的最终解决办法。双方在一些问题上取得一致，主要是设定各种具体领域内会谈的时间表，如 2004 年 10 月印度边界安全部队（BSF）与巴准军事部队 1 年两次的会谈、10—11 月毒品控制机构之间的会谈、印度海岸警卫队与巴基斯坦海上安全力量 11 月的会谈，实施 2004 年 8 月外交秘书间讨论的锡亚琴冰川问题的成果、联合勘测锡尔克里克地区海平面部分的边界柱标、为促进团体旅游在两国间增加旅游签证问题的新会谈等。同时，双方也认识到南亚地区能源的利用、开采的重要性，主管油气的官员将在多方面讨论这一问题。双方还就进一步进行高级别的会谈和官员访问达成一致，并同意 12 月由双方外交秘书讨论两国关系的总体进展，包括和平安全问题中的核信任措施的建立、查谟和克什米尔问题。对其他 6 个议题，设定了工作的时间表[1]。

9 月 24 日，印度总理曼莫汉·辛格与穆沙拉夫在出席联合国大会期间，在纽约进行了会晤，并在一些问题上达成共识。会谈结束后的联合声明中说，印巴两国将继续对话以"恢复常态与合作"，实施建立互信的举措。印巴两国应该"真诚和坚定地探求"通过和平谈判解决克什米尔争端。两国还就印巴间建立天然气管道问题进行磋商。联合声明中说："这项工程将为两国人民的福利和繁荣做出贡献。"两国领导人也公开强调了他们从对话取得的实际结果中的利益，其中最重要的是印巴 10 个月的停火。过去 15 年以来，实控线附近的双方军队经常交火已经司空见惯，有时军队从巴方渗透进印度一侧。停火的达成使控制线附近区域的农业得以恢复，难民向克什米尔其他地方的暂时流动也得以停止。尽管印度仍在沿控制线修建篱笆，

---

[1] "India and Pakistan Joint Statement," 08/09/9 月 2004, *South Asia Strategic Stability Institute Archive.*

巴基斯坦极力反对，但停火的协议仍在执行①。

印巴按照设定的议程进行的会谈涵盖了八个方面的议题，其中对印度最具有重要利益的是越境暴力及恐怖主义，对巴基斯坦而言是克什米尔问题。2004年的6—9月，7个小组的官员进行会谈商讨议程中较少争议的问题，随后外交部长级外交秘书评估总体进展及最难解决的问题。最具有战略意义的一是和平安全，涉及两国信任措施的建立，包括核信任及常规信任措施的建立，双方的热线沟通、核风险的管理、技术参数的告知、核试射的通知、海岸警卫队的交流等。二是克什米尔问题，有关此问题的会谈先是在外交秘书间进行，后来是外交部长级别的，却很少有明确的信息透露出来。两国在开始时采用的方式完全不同，程序上也是如此。巴基斯坦建议首先双方共同承认在此问题上有争议，需要有共同接受的方案。然后评估可能的方案，排除双方不可接受的方案，最终在留下的方案上取得一致。印度认为在不可接受的方案被排除之后，没有中间立场，而宁愿从更宽泛的措施开始，这将有助于建立对和平的支持。在有关克什米尔的其他问题上，如在克什米尔之间开通公交，本来是双方和解姿态的最重要体现，但双方在携带何种证件上态度尖锐对立。印度坚持所有旅游者需要有护照和签证，巴基斯坦偏向于其他形式的证件，以捍卫一贯坚持的"克什米尔不是印度一部分"的立场。其他议程上的问题重要性弱一些，相对容易解决，但巴基斯坦对在克什米尔问题的郑重讨论前取得其他方面的较大进展非常警觉。②

（六）印巴和谈的关键议题：克什米尔

从2003年印巴关系缓和开始，2004年两国开启全面对话的进程，双方组成8个小组围绕多项议程展开讨论，发表了多个有关问题的联合声明。在多项议程中，和克什米尔关联不大的议题没有较大争议，两国基本达成一致。即便细节仍待落实，不会存在较大的分歧和商谈的障碍，而克什米尔及其相关的问题仍是两国关系中亟待解决的

---

① "India-Pakistan Peace talks: Slow Progress," *South Asia Monitor*, No. 75, October 1, 2004, Available at: http: www.csis.org.

② Ibid.

最大难题。

在 2004 年后,印巴会谈的主要议题开始围绕克什米尔来进行。穆沙拉夫在此问题上表现出很大的灵活性,甚至提出放弃联合国主持下的公民投票决定克什米尔归属的最初原则,而前提是印度也应显示出同等的灵活态度。之后,穆氏提出了一些建议方案,首先是四阶段解决克什米尔的方案:解决克什米尔问题;承认该问题存在的争议;开启对话回避双方不可接受的方案;获取双赢的形势。2004 年 10 月,他提出的则是三阶段的方案:首先是克什米尔沿地理及种族界限划分的 7 个地区应得到认可;非军事化;确立其宪法和法律及地位。该方案穆氏在不同场合曾透露过,它和 50 年前被印度拒绝的迪克逊计划①比较接近,该方案把印度一方的查谟—克什米尔—拉达克作为 5 个区域而不是 3 个来对待,这意味着将查谟沿着杰纳布河分割成次区域,方案虽然没有提及河流、水资源问题,但对查谟的划分意义较为明显②。穆氏建议方案可以采用多种形式来完成,包括联合国控制、共管、其他双方赞同的方式。而印度直接反对该建议③。2006 年 6 月,穆沙拉夫提出在克什米尔非军事化及最大化自治的观点,在 10 月接受 NDTV 的采访时对该观点进行了详细的说明:克什米尔将会有同一个边界,人民可以在该区域自由行动;该地区实行自治或有自主权,但不能独立;分阶段从该区域撤军;由印度、巴基斯坦、克什米尔选派代表建立联合监管机制。④

印度对穆沙拉夫的建议、方案未作任何反应,相比巴基斯坦在此问题上的灵活立场,印度态度相对坚决。曼莫汉·辛格在谈到公民投票时说,"公民投票只能在宗教的基础上进行,它只会扰乱一切。自治我们正准备考虑,所有这些事情可以讨论,但独立的克什米尔只会

---

① 澳大利亚法学家欧文·迪克逊在调解印巴在克什米尔问题上的争端时,提出在有限的地区进行公民投票解决归属问题。
② Sundeep Waslekar, "The Final Settlement: Restructuring India-Pakistan Relations 2005," *Strategic Foresight Group*, 2005.
③ Shaheen Akhter, "Role of Leadership in India-Pakistan Peace Process," *Regional Studies*, Vol. xxvi, No.1, Winter 2007 - 2008.
④ Javad Naqvi, "Musharraf's four-stage Kashmir peace plan," *Dwan*, December 6, 2006.

/// 第三章 印巴关系的缓和与波折 ///

成为恐怖主义的温床"①。辛格的表态意味着印度不会接受任何边界的退让及沿宗教线对克什米尔的划分。尽管印度最初对穆沙拉夫的建议反应冷淡,但之后印度逐渐表现出对其中自治观点的兴趣。辛格不赞成边界问题上的退让,但也建议实控线两侧的人民可以自由行动,进行贸易往来。查谟和克什米尔可以通过印巴积极的合作,建立合作、咨询机制以获取最大的收益,解决地区经济发展及社会问题。其表露的意向和巴基斯坦提出的联合监管机制基本吻合,也说明双方在一些问题上的立场逐渐趋同。但建议的提出并不能表明印度准备在这些问题上实施具体的举措,事实上由于国内政治原因,尤其是来自印度军方的强烈反对,印度拒绝了巴方提出的这些建议。2007 年 1 月 9 日,印度军方发言人将联合管理的建议斥为危险的建议,因为它将"冲淡"印度控制查谟克什米尔 2/3 土地的事实。② 辛格在查谟大学特别典礼上表达其希望时说,查谟和克什米尔有一天会成为印巴合作而不是冲突的象征,实控线将成为和平之线。人民、观念、服务及商品可以自由流动,被分割的克什米尔的土地、水资源可以共同用来造福于控制线两侧的居民。在表达美好意愿的同时,他还清晰表明了分隔的不可能及边界分割不可改变,同时指出和平线的实现只有在恐怖主义、暴力永远结束之时才有可能③。

印巴双方在克什米尔问题上的不同倾向及立场反映了二者不同的利益考量。巴基斯坦急于解决克什米尔问题,是因为它和利益攸关的水资源及土地资源等紧密联系在一起,改变克什米尔的现状符合巴基斯坦的利益需求,因而巴基斯坦表现出极大的灵活性以推动印度在此问题上立场的逐渐转化。而对印度来说,通过公民投票的方式决定克什米尔问题的归属,会侵蚀印度已经获得的利益,丧失对部分土地及人口的控制。在此状况下,印度宁愿选择维持现状,也不改变克什米

---

① "Manmohan Singh Opens to Soft borders with Pakistan," *Times of India*, New Delhi, and May 26, 2004.

② Satish Chandra, "A Sellout on Kashmir," *The Asia Age*, New Delhi, January 10, 2007.

③ Shaheen Akhter, *India Pakistan peace Process: challenges and Prospecta*, Biis, Bangladesh, pp. 486 – 487.

尔边界的分隔现实。同时,印度又利用巴基斯坦急于改变现状的态势,将该问题与结束越界恐怖主义结合在一起,以获得对己有利的情势。也以此问题为杠杆,使巴基斯坦无法将迟滞会谈进程的指责加在印度头上。双方官方层面上的这种复杂的权衡及纠葛自然决定了在克什米尔问题上一时难以取得较大的进展。

阻滞、困扰双方在此问题取得进展的因素还在于围绕克什米尔最终地位,不同政治派别有着不同的政治立场。印巴两国政党内部及官僚机构内部的分歧,会对政府的抉择形成制约,使之难以在具体问题上形成相对灵活的方案以利于问题的解决。比如,2006年12月5日,穆沙拉夫表示愿意同印度一道采取退让措施,双方都放弃原有立场,以寻求和平解决克什米尔争端的妥协方案。其声明立即招来反对党的质疑,军方内部也不乏反对的声音。媒体也将其表态解读为巴基斯坦在克什米尔问题上立场的改变并放弃了对克什米尔的领土要求,政府不得不立即予以否认,解释穆沙拉夫声明的本意在于印巴双方的退让,巴基斯坦的立场是基于联合国安理会的有关决议提出的。虽然对于两国来说,都会面临不同政治层面的不同声音甚至激烈的反对、诘难,但毕竟分歧要统一于执政党的最终政治方案上,在这点上印巴各自的态度、立场总要形成一个统一的声音。

在查谟和克什米尔两侧不同的政党及派别,对最终地位的倾向则是多维度的。概括起来,主要分为以下三种思想:主张克什米尔统一、独立成为完全的国家,持此观点的包括克什米尔解放阵线(JKLF)、各党派国家联盟(APNA)、吉尔吉特巴尔蒂斯坦国家联盟(GBNA);巴控克什米尔的执政党,穆斯林大会及其国家政党的当地分支巴基斯坦穆斯林联合会和人民党赞成以自治的形式归属巴基斯坦。印控克什米尔的执政党,人民民主党及州议会主要反对党国家大会党、黑豹党,国家政党的当地分支如国大党、BJP赞成以自治的形式归属印度;巴基斯坦一侧的一些党派如巴伦沃斯坦国家阵线赞成和印度的合并,而印度一侧的政党如胡里亚特(Hurriyat)的部分成员愿意并入巴基斯坦。很多党派对克什米尔的归属及未来缺乏共同性,考虑到各党派的不同立场及其影响局限在地区层次上,在一个政党及集团的基础上提出方案不具有现实性。而在该地区冲突力量使用武力的角逐，造成数以千计的无辜平民的死亡，替代的方案是印度、巴基斯坦分别开启与克什米尔团体的对话进程。

在有关克什米尔归属的几种观点上①，首先是作为整个的州并入印度或巴基斯坦，这种方案完全不具备可行性。加入印度自然会引起很多穆斯林的反对，导致其迁移至巴基斯坦，反之亦然。同时，并入印度一方也会引起吉尔吉特巴尔蒂斯坦（Gilgit Baltistan）的什叶派（Shia）、克什米尔河谷的一些穆斯林（Muslim）、古贾尔人（Gujjars）、拉达克人（Ladakhis）和蓬奇人（Pandits）大规模迁移至印度，易于造成影响整个南亚的人道主义悲剧。考虑到印巴两国的现实及克什米尔地区长期分立的状况，以公民投票的方式解决克什米尔问题已被证明是不人道的、不现实的；而完全独立出去也容易造成混乱，表面上看来，似乎是给予当地人民完全的自由。实际上，由于当地经济以单一的农业、旅游业为主，克什米尔政治上的独立意味着经济上仍然不得不与印度或巴基斯坦构成完全的经济一体化。况且克什米尔闭锁的地理位置决定了其独立后仍然会成为印巴竞相控制的目标，印巴围绕该地的对抗最多是改变了一种形式。冲突的方式或许有所改变，而冲突仍然未得以消除。其次，一些学者提出了将实控线转变为国际边界的设想，该方案反对者较多，实际上也难以实施。克什米尔多数领导人反对对地区的分隔，巴基斯坦领导人认为此举是印度的战略，意在冻结地区现状，损害了巴基斯坦的利益。印度议会宣称，对控制线的另一侧也拥有主权，从而制约了政府在此问题上的选择。对印度民众来说，一旦他们了解吉尔吉特巴尔蒂斯坦民众的困苦及其渴望加入印度的意愿，也会反对该提议。

在多种方案不具可行性的情况下，寻求非常规的方法成为一些学者和实践者热衷的选择。穆沙拉夫在2004年10月提出以类似后南斯拉夫的程式来消解克什米尔的身份，使之分裂为更小的几块。该方案和迪克逊计划如出一辙，建立在该地区已经分割的基础上，将已经存

---

① Op. cit. Sundeep Waslekar, p. 102.

在的分裂现状稳固下来。穆氏提出的分割是按照宗教信仰，把巴基斯坦一边划分为：自由查谟和克什米尔，以逊尼派人口为主；什叶派和伊斯玛仪派（Ismailis）控制的吉尔吉特巴尔蒂斯坦。印度一边划分为：什叶派控制的卡吉尔；逊尼派控制的克什米尔河谷；逊尼派控制的拉吉里（Rajouri）、蓬奇、多达（Doda）地区；印度教徒控制的查谟；佛教徒控制的拉达克。方案的提出是看到南斯拉夫分裂为波斯尼亚—黑塞哥维那、克罗地亚、马其顿、塞尔维亚和黑山、斯洛文尼亚的现实，而没有看到分裂导致的无休止的暴力，该方案自然也不会得到认可。

在解决克什米尔问题的多种方案中，将控制线转变为合作线的建议，有了越来越多的支持者。该方案立足于查谟和克什米尔民众逐渐联合、关系逐渐和睦的基础上。在重建和发展查谟和克什米尔之间的关系上，人们发现并确立了更多的认同领域。比如，旅游业、农业、园艺业、手工工艺品制作等，而这些产业的发展有赖于跨越区域的交通与通信网的建立。在印巴全面对话的进程中已涉及了其中一些领域的合作，采取了一些举措，如斯利那加与穆扎法拉巴德之间公交服务的启动，以促进合作的开展。而更多领域的合作仅仅停留在建议阶段，如铁路、公路网的建立、整体市场发展计划等。在印巴2004年底外交秘书层次的对话中，提出了沿控制线创造家庭交流区的建议，被确定的具体地点是沿着控制线的坦格赫（Tangdhar）、蓬奇、曼得赫（Mendhar）、乌里和沿着国际边界的苏澈特甘（Suchwtgarh）。根据该建议，分离的家庭可以在指定的时间一周会见一两次而无须通行证、签证的烦琐手续。这种家庭交流区的方法同样可以应用于贸易程序的简化，可以通过传统的集市形式，促使控制线两侧贸易、商业的交流，逐渐将家庭交流、贸易促进作为指定地区的永久活动，并逐渐增加合作区域的数量，这将为逐渐将控制线转变为合作线铺平道路。而为达到这种目的，需要联合经济发展协会的建立、不受暴力的侵扰，同时需要相应机构及制度的保障。包括赋予查谟及克什米尔各组或部分自治权，自治的程度和范围由州协调小组确定。该小组主要由州政府、议会反对党、各地区代表以及中央政府、议会推荐代表及反对党组成；建立查谟及克什米尔联合技术发展委员会，促进贸易、投资及商业活动；规定对所有克什米尔人的快速签证程序，可在斯利那加和穆扎法拉巴德建立签证窗口；如遇到暴力活动的持续，关闭边境；达成所有印巴公民自由流动的协议；印巴两国的联合巡逻队阻止边界地区的罪犯流动、毒品交易、恐怖活动。①

三 印巴和谈：评价与总结

有关解决克什米尔的方案代表了学者及实际推行者的良好愿望，在印巴全面对话进程中也包含了相应的建议、方案及现实举措的推行，如双方在诸多议题上信任措施的建立、公交服务的建立以及体育交流的进行。但印巴坚持的原则、关键问题的立场难以在短时间内改变。对两国来说，更长久、更大程度、更广泛视野的大战略的推行不能仅仅局限于克什米尔问题，两国也急于在这个问题上能够取得一些进展，但克什米尔问题与两国关系中的关键领域交织在一起，使得双方都难以做出较大的退让，给予外界的印象也是"两国领导人都有解决问题的冲动而不会出让国家利益"②。如水资源分配问题，印巴两国因经济发展水资源需求量的绝对提高与印度河水资源流量减少的现实之间存在的困境，势必要两国间能达成某种程度的妥协。这种妥协自然会以损害国家利益为代价，这就要体现和折射出领导人的睿智及勇气。再如越境恐怖主义，印度对巴基斯坦越境恐怖主义的指责总会伴随"印度是国家恐怖主义的根源"的回击，双方在这个问题上的深层次根源和立国基础、国内政治体制等紧密相关，问题的解决自然也需长时间的努力。上述问题和克什米尔紧密交织，制约着克什米尔问题的进展，而克什米尔问题的突破也要求在这两个问题上印巴双方的障碍得以消除。双方其他领域的对话、和谈尽管取得一定进展，而在关键问题上的纠缠总会对全面对话进程产生根本的影响。因而，媒体在评价印巴 2003 年以来的和谈成果时总会以"建设性对话"、

---

① Op. cit. Sundeep Waslekar, p. 102.
② J. Sri Raman, "What India, Pakistan Won't Talk," http：//www.countercurrents.org/ipk-sriraman220904.htm.

"以谈判来解决双方所有领域的问题"等具有涵盖性而又含糊的文字进行描述，在具体成就的取得上则闪烁其词。但无论如何，双方已经通过会谈、协商而不是军事动员、战争边缘政策来正视两国关系中的问题，也已经认识到和谈进程不可逆转，需要稳步推进来解决分歧、纠纷。这种认识的建立，本身也可作为两国关系的一个重要进展。而具体成就的取得既需要时间的磨砺，也需要通过在政治、经济等各个领域密切的合作关系，推动两国间形成真正的彼此信任，在合作、友好的关系特征中解决长期困扰双方的问题。

印巴双方关系的缓和开始于2003年春天，改善关系的具体安排在南盟伊斯兰堡首脑峰会之后全面展开，截至2008年上半年，双方全面对话进行了5轮，涉及和谈议题包括经贸交流、核信任及常规信任措施的建立（包括锡亚琴冰川、边界联合巡逻、减少军队部署、锡尔克里克湾勘测定界）、水资源分配、克什米尔问题、人员交流等多项议题。其间虽然经历了2006年7月11日的孟买多起列车爆炸案，但双方的会谈不久得以重新启动。双方的会谈和商讨还包括了反恐、克什米尔两侧交通联系以及打击毒品、走私、具体的贸易合作，就具体问题召开相关会议，达成一些协议。例如：2005年2月，印巴经济合作联委会在印度举行第一次会议；2005年11月，第一个克什米尔控制线地区过境通道得以开放；2007年2月，印巴两国签署了《降低意外使用核武器风险协议》（The Agreement on Reducing the Risk from Accidents Relating to Nuclear Weapons）；2007年3月，印巴联合反恐机制首次会议在巴基斯坦首都伊斯兰堡举行，在联合反恐、交换情报方面达成一致；2008年上半年，两国首次开通跨克什米尔控制线贸易；等等。[①]

第三节 印巴关系改善的动因

对比之前印巴关系改善的举动，2003年开始的这次缓和，体现

---

① Ershadmah, "Pak-India Peace Process: An Appraisal," *Policy Perspectives*, Vol. 4, No. 2, 2008.

出时间持续较长、覆盖议程全面、取得成果较多的特点。因而，对这一轮印巴关系改善的动因，确有探索、研究的必要。很多学者对此问题的研究，主要聚焦于印巴多年来冲突—缓和—冲突的螺旋式模式带来的恶果，对两国经济发展的阻碍以及拓展外交关系的需要。结合印巴改善双边关系的进展，本书将印巴关系的缓和及全面对话的开启归结为以下几点原因。

一 美国作用的发挥

美国作为有着较强实力的大国，在全球众多区域有着广泛的安全利益。南亚对于美国来说，维持区内主要国家印巴之间关系的稳定成为其在南亚的核心利益，在印巴关系稳定、常态化的基础上，其他衍生的利益才能得以实现。因而，美国极为关注印巴事态的发展，不断发挥着自己的影响力，避免两国间的紧张、对峙上升为较大规模的冲突和战争。1990年印巴危机期间，两国在边界地区大规模集结部队，监听资料显示两国有核战的准备及动向。美国密切关注局势的发展，并派出时任中情局副局长的盖茨（Robert M. Gates）率团访问印巴两国，执行盖茨使命。在美国的直接干预下，危机得以化解。针对1998年印巴两国的公开核试验，在规劝无果的状况下，美国直接采取经济、军事制裁的方式，以显示其立场、政策主张。卡吉尔冲突爆发后，副国务卿托马斯·皮克林（Thomas Pickering）受总统之托对巴基斯坦在卡吉尔的行动进行了批评，施压迫其降低冲突的强度。克林顿总统也致信给印巴两国总理，呼吁其采取克制行动，不要越过实控制线。

由于印巴两国危机、对抗频繁上演，加上90年代后两国的常规冲突逐渐增添了核武器这一因素，军事行动的冒险性及风险程度都在加大，两国不断增加在核装备及常规武器上的军备开支，南亚的安全形势变得越来越具有不定性及向失控的方向演化的趋势。而在美国2001年启动全球反恐战略后，南亚安全形势的稳定对其变得更为重要。美国开始不断派遣国务卿、副国务卿及南亚主管官员访问南亚地区，施加影响，力促印巴缓和的实现。根据美国媒体的报道,自"9·11"后至 2004 年 3 月,鲍威尔至少给穆沙拉夫打了 81 次电话,劝说穆与印度缓和关系。[①] 对巴基斯坦来说,来自美国的经济、军事援助对其改变政治、经济、安全境遇起到非常重要的作用,况且借由反恐联盟巩固起来的美巴关系也是制约印度军事态势,保持有利的安全形势的有效工具,因而巴基斯坦逐渐接受了来自美国的推动与施压。对印度来说,"9·11"之前,美国战略天平已逐渐向印度倾斜,美印战略互利的空间也并未因反恐战争而致萎缩,双方在政治、经济、安全、战略等各个领域具备共同的利益,印度的大国战略目标也需要得到美国的因应及支持,美国在南亚的政策目标也与印度有着极大的关联。因而,对美国缓和印巴关系的努力印度也逐渐予以配合。

二 减少核风险的诱因

自 80 年代后期的黄铜钉危机至 2001 年双方因议会大厦遭袭事件引发的关系紧张,印巴之间对抗、冲突的形势逐渐加剧,频度、规模、烈度都在上升,这固然有克什米尔内部政治、军事斗争的影响,但核因素的出现也使得两国的对峙关系中出现了一个极具"诱惑"且充满风险的因素,两国在常规的冲突中都有了核武器因素的依赖,这极易破坏两国在以往的历史上早已形成的危机与对抗中的"稳定均衡"。出于稳定两国关系,避免核风险因素演变为核对抗甚至核战争的考虑,两国也倾向于开始进行缓和关系的努力。

黄铜钉危机中,印度在军方影响日渐增强的情况下,考虑采用常规军力和战术核武器结合的办法打击巴基斯坦的核设施,巴基斯坦也通过不同的渠道清晰地传递了对印使用核武器的核信号。巴基斯坦外长扎因·努拉尼(Zain Noorani)告诉印度高级委员会,如果印度采取任何无助于巴基斯坦主权和领土完整性的行动,伊斯兰堡会考虑使印度遭受不可承受的损失。其打击目标不仅限于北印度,

---

[①] K. Alan Kronstadt, "Pakistan-U. S. Relations," *CRS Report for Congress*.

/// 第三章 印巴关系的缓和与波折 ///

还可能包括其他目标。对于这些信息是否意味着核弹的威胁，努拉尼则回答可能是。① 虽然最终核打击的计划未能成型，却推动了两国加快核武器的研究开发步伐。而在1990年印巴危机期间，是否存在核战器的可能？西蒙·M. 赫什（Seymour M. Hersh）认为巴基斯坦当时公开在边界地带部署了大量主战坦克，而秘密地将其核武库置于戒备状态，赫什说布什政府坚信印巴两国处于核交战的边缘，所面临的形势比起古巴导弹危机来更令人震惊。而总统安全顾问盖茨则告诉赫什："巴基斯坦和印度似乎陷入了无法打破的循环中，我确信，如果一场战争开始了，它将是核战争。"② 针对印度的核武器也置于戒备状态下的说法，司各特·萨根（Scott D. Sagan）承认赫什的观点是"未经证实的"，但在其基础上有助于证明核扩散的危险。③ 那么，为何印巴两国在核武器发展的过程中，会出现不断尝试使用核武器以求赢得军事优势的意图？通常，核武器的拥有者会感到在面临严重危机时，核武器能够提供给其某种程度的保障。在类似于印巴这种对手之间，核武器的拥有可以减轻其安全担忧，但同时安全感却在减小。格伦·斯奈德（GlennH. Snyder）称之为稳定—不稳定的悖论，具体应用到印巴关系的分析，升级克什米尔的冲突和巴基斯坦所持的核武器会限制印度政府作出选择时的自信。况且印度相信尽管对方拥有核武器，打一场有限战争是可行的，并且可以赢得胜利，二者的结合加剧了南亚已经存在的危险情势。④ 虽然获得核能力可以使决策者更为谨慎以避免跨越核门槛，而军力严重不对称的状况，以及对现状的严重不满，可能鼓励国家冒险采取行动，因其假定核武器可以作为避免升级的保险政策。在两国公开进行核试验之后，印巴两国都显露出了把

---

① Mobeen Tariq, "Nuclear Signaling In South Asia-Analysis," *Eurasia Review*, May 2, 2012, http: www. eurasia review. com/02052011.

② Seymour M. Hersh, *On the Nuclear Edge*, New Yorker, March 29, 1993, pp. 56 – 73.

③ Scott D. Sagan, "The Perils of Proliferation: Organization Theory, Deterrence Theory, and the Spread of Nuclear Weapons," *International Security*, Vol. 18, No. 4（Spring 1994）.

④ V. R. Raghavan, "Limited War and Nuclear Escalation in South Asia," *The Nonproliferation Review* 8, No. 3, Fall/Winter 2001.

核武器融合进整体安全战略及计划中的迹象。卡吉尔冲突中，5月末在印度空军加入到冲突中来战斗逐渐升级的情况下，两国都开始考虑核武器所能发挥的作用。美国总统克林顿明确相信并公开宣称冲突期间巴基斯坦已经准备好了核武器在核导弹上的部署，印度记者拉吉·成加帕（Raj Chengappa）也称印度已经激活其核运载工具到第三警戒等级，意味着核导弹与核武器将在短时间内匹配。巴基斯坦外交秘书萨姆萨德·艾哈迈德（Shamshad Ahmad）在5月31日的发言中警告说，升级有限冲突将导致巴基斯坦使用武器库中的任何武器①。通过其他资料及著作得到的可信信息表明，从5月26日至6月30日，两国官员交换了13次核威胁。在因议会大厦事件导致的两国大规模的军事动员和激烈对峙中，两国频繁通过导弹的试射传递核信号，巴基斯坦接连进行射程1500千米的哈夫特-5、300千米的短程哈夫特-3以及哈夫特-2阿卜达里导弹的试射，印度也进行了阿格尼-1的充载飞行测试。②穆沙拉夫在国庆日的讲话中发出警告，印度一旦敢于挑战巴基斯坦，将会得到难忘的教训。③

印巴两国不断传递的核信息加剧了国际社会的忧惧，尤其是两国作为后起核国家，核原则及核战略正处于发展、完善的过程中，长期对峙的紧张情绪极易点燃发动核战争的非理性冲动。穆沙拉夫多次被暗杀的现实以及可汗核网络的披露，使巴基斯坦成为大规模杀伤性武器与恐怖主义的关键链接。核原则的偏好（不拒绝首次核打击）及常规军备的羸弱使得巴基斯坦有强烈的动机部署并使用核武器④，这些因素的结合，使得美国尤其担心巴基斯坦核设施的安全。因而，政府内外的分析家都认为应该提高美国帮助印巴减少核风险的可能性。建议措施包括警戒和守护核设施以及增加"行动允许"环节，以阻

---

① Mobeen Tariq, "Nuclear Signaling In South Asia-Analysis," *Eurasia Review*, May 2011.
② Chris Gagné, "Nuclear Risk Reduction In South Asia: Building on Common Ground," h tp：//www. stimson. org/images/uploads/research-pdfs/NRRMGagne. pdf.
③ Rahul Roy Chaudhury, "Nuclear Doctrine, Declaratory Policy, and Escalation Control," http：//www. stimson. org/images/uploads/research-pdfs/ESCCONTROLCHAPTER5. pdf.
④ "Nuclear Threat Reduction Measures for India and Pakistan," *CRS Report for Congress*.

止未经授权的使用。① 在"9·11"之后,美国尤其担心恐怖主义获取核材料及核设施,对印巴之间因为误判、采取先发制人的打击、突然升级冲突而爆发核战的担忧也在加剧,因而开始利用与印巴两国的关系,逐渐加强推动两国建立核信任措施、降低核风险的力度。1999年,印巴两国已签署了核理解备忘录,2004年两国和谈启动之后在核信任措施方面又进行了多轮谈判,以降低核风险。除了核设施的安全外,保持两国关系的稳定发展,避免经常性的对抗、冲突,成为降低核战爆发可能性的一个基本条件,这既有赖于两国逐渐发展的对核武器及核威慑本质的认识,美国的推动与压力也是不可或缺的重要因素。

三 推动印巴和谈的利益基础

(一)印巴冲突的沉重代价②

自1947年独立建国以来,60多年间两国爆发了三次大规模战争,军事摩擦及激烈的冲突也持续不断,在冷战结束之后,热点地区紧张局势普遍降温的环境下,两国关系仍未能走出冲突—缓和循环交替的怪圈,这既给两国的正常交往制造了障碍,也给本不发达的国民经济带来了沉重的负担。在整个世界的极端贫困人口中,仅印巴两国每日生活费用维持在1美元甚至低于1美元的人口为5.5亿,约占世界极端贫困人口的一半左右。从2000年起,巴基斯坦的国防预算占GDP的3.9%左右,印度约占2.7%,而同时印度用于社会发展的预算不过6%,巴基斯坦则为4%,最终在人类发展指数上分别位列127位、144位。以两国在锡亚琴冰川的对峙为例,可以窥视两国军事冲突付出的沉重代价。本意为玫瑰之地的锡亚琴,虽为冰雪覆盖的

---

① Gottemoeller, Rose, with Longsworth, Rebecca, "Enhancing Nuclear Security in the Counter-terrorism Struggle: India and Pakistan as a New Region for Cooperation," *Carnegie Endowment Non-Proliferation Project Working Paper*, Number 29, August 2002.

② 本章在考察印巴冲突的代价时,主要关注对经济发展造成的阻碍及直接的经济损失。由此对两国社会、政治、外交造成的负面影响以及克什米尔对峙、核对抗等方面的潜在损失,因不具有类似经济损失这种数据的直观性,未列入分析之列。

荒原，却极富战略意义。该地为控制克什米尔的制高点，其东侧可俯瞰印控克什米尔的拉达克地区，南侧是克什米尔谷地和查谟，北方面临喀喇昆仑山，印度河流经其中，西向则是连接中国与巴基斯坦的重要通道。重要的战略价值赋予了该地在印巴两国战略中的位置，从1984年开始，两国围绕此地的对峙及军事部署逐渐加剧。据巴基斯坦防务专家的谨慎评估，为维持3个营的兵力，巴基斯坦每日的开支在1500万卢比，一个月4.5亿一年54亿。印度方面部署7个营兵力每日的花费在5000万卢比，一个月15亿，一年即300亿。人员伤亡上，巴基斯坦军队每3天约有1个士兵阵亡，平均每年有100个士兵阵亡，印度每2天有1个士兵死亡，一年180名左右。根据非官方的统计数字，自1984年至2004年，巴方有2200名士兵死于该地，印度方面有4000名士兵。① 军需供应上，在克什米尔河谷价格不到1卢比的一块面包运到锡亚琴冰川上印度士兵的手中大约价值217美元。

在印巴两国的三次战争及卡吉尔冲突期间，士兵阵亡数字如下（不包括受伤、残疾、失踪）：1947—1948年，印度1104人，巴基斯坦1500人；1965年战争，印度3264人，巴基斯坦3800人；1971年战争，印度3843人，巴基斯坦7900人；1999年的卡吉尔冲突，印度522人，巴基斯坦696人。总计印度阵亡人数为8733人，巴基斯坦为13896人。双方受伤或残疾士兵的数目达到5万人左右，虽然失踪及平民死亡的数字难以获得，但保守估计至少有10万个家庭遭受直接的人员损失。军事开支上，兹以2001—2004年为例。2001—2002年度，印度军费开支为570亿卢比，占GDP的2.7%，占整个预算的15.6%，而巴基斯坦的军费开支为149亿卢比，占GDP的4.1%，占整个预算的23.9%；2002—2003年度，印度为560亿，占GDP的2.5%，占整个预算的13.9%，巴方的数字分别为158亿、3.9%、22.3%；2003—2004年度，数字印度为653亿、2.7%、14.9%，巴基斯坦数字为160亿、3.8%、19.9%。②

---

① "The Conflict at Siachen," http://www.cobrapost.com/documents/Siachen0.htm.

② Sobia Nisar, "Cost of Conflict between India and Pakistan 2004," http://www.strategicforesight.com/cost_conflict/pg20_21.html.

同时，受制于两国政治关系的不睦，作为南亚地区较大的国家，两国间的贸易规模较小，排在前十位的贸易伙伴中，都看不到对方国家的影子，这对双边经济的发展以及南亚地区经济的整体推进及经济贸易的融合极为不利。印巴贸易主要通过三种渠道进行：官方贸易、非法贸易（主要是走私）、通过第三国的非正式贸易。其中，官方贸易受困于关税壁垒及两国关系现状所占规模较小，两国间的非正式贸易却凸显了双边贸易繁荣的潜力。印度的轮胎、纺织机械、茶、咖啡、化学和药物受到巴基斯坦人的欢迎，然而他们却不得不支付过高价格，因为这些商品的交易不是通过直接的方式进行。印度和巴基斯坦的工商业联合会成立于1999年3月，却由于两国间的冲突关系而未能得到进一步的推动。[1] 2000—2001年度和2001—2003年度，印巴之间正式贸易额为2亿—2.5亿美元，第三国贸易额为10亿美元，非法贸易（走私）造成的损失为10亿—20亿美元，由此造成的政府关税损失，以20%计，为1亿—2亿美元。在有利的贸易环境下潜在贸易额将达到30亿—40亿美元，在南亚自由贸易区的交易额将达到50亿美元。[2]

从上文数据也可透视出印巴间的对抗、冲突、战争给两国造成的巨大影响，两国贸易的空间被极大地压缩。如两国关系走出冲突—缓和的不断循环，朝正常化的方向发展，将对提升两国贸易额、改善财政收支状况、增加用以社会经济发展的投入产生积极的促进作用。而随着两国贸易的增长，经济融合的加强，也同样会对两国的对抗、冲突形成一定的制约，这种良性的发展自然是为具备理性及战略眼光的领导人所乐见的。

（二）南亚范围内区域经济合作进一步增强的需求

冷战后，世界经济发展的一个突出特征是区域经济一体化的迅猛发展，它与经济全球化的浪潮并行不悖，成为世界及地区经济发展的

---

[1] India and Pakistan, "Economic Cost of Conflict," http：//www.financialexpress.com/news/india-and-pakistan-economic-costs-of-conflict/94392/.
[2] Sobia Nisar, "Cost of Conflict between India and Pakistan 2004," http：//www.strategicforesight.com/cost_conflict/pg20_21.html.

强劲推动力。在经济发展层面，欲提升本国的经济实力，通过地区经济联系、加速区域经济的融合无疑是一种较为可行且便利、快捷的方式。对印巴来说，推动经济的发展，借助早已建立的南亚区域合作联盟的力量，就必然要改变两国间对抗、冲突的关系模式，从而打开制约经济合作关系展开的政治僵局。因而，从这点上说，印巴关系的改善，也有推动自由贸易进程的考虑。

南亚区域合作联盟（SAARC）成立于1985年，成员最初为南亚七国（2011年阿富汗加入）。该组织的主要宗旨是加速经济发展，促进集体自力更生，推动成员国在经济、社会、文化和科技方面的协作。联盟的主要机构有：首脑会议；由外长组成的部长理事会；各国外交秘书组成的常务理事会。常设秘书处位于加德满都，联盟成立以后，主要致力于加强各国在农业、乡村发展、电讯、气象、科技与体育、邮政、交通、卫生与人口、文化与艺术等领域的合作关系。联盟成立的时间较早，但在推动南亚各国经济的融合及贸易一体化方面，进展甚微。1990年，南盟第五届首脑会议期间，通过了《马累宣言》（Male Declaration），提出了成立南亚自由贸易区（SAFTA）的倡议。1995年，《南亚特惠贸易安排协定》（SAPTA）正式生效，开始了区域经济合作的尝试。1997年第九届首脑会议期间，提出南亚自由贸易区必须在2001年底建成，并通过谈判达成共同降低2239种商品关税的协议，但减让商品多为贸易量较小的商品，大宗商品尚未被列入减让清单。到2002年，成员国之间降低了约3000种小宗商品的进口关税，有利于区内贸易的发展，但受各国本身利益的考虑的限制，更大范围、大宗商品的关税减让方面举措及力度不大，自由贸易区仍停留在概念上。至最初约定的建成时间2001年，自贸区的相关条约草案都尚未落实。[1]

南亚作为世界上最贫困的地区之一，按联合国2010年多维贫困指数，全球17亿多贫困人口中，南亚占一半以上。但从80年代起，

---

[1] Nilanjan Banik, "How Promising is SAFTA?," *Asia-Pacific Trade and Investment Review*, Vol. 2, No. 2, December 2006.

南亚各国的 GDP 保持着年均 6% 的较高增速，对南亚各国的经济合作是较为有力的推动因素。而南亚区域合作的进展步履蹒跚，真正阻碍区域经济合作开展的是区内两个最大国家——印度与巴基斯坦之间关系的紧张与冲突。动荡的地区形势造成两国的猜忌与对立，经济合作的空间很难有较大的拓展，首脑峰会时常也会因两国关系的冲突而延期甚至取消。印巴长期对立的关系迟滞了南亚自由贸易区推进的进度，使两国无暇把主要关注点放在经济的发展与合作关系的建立上。实际上，南亚众多问题包括贫困、发展、核竞赛等都会随着经济一体化程度的推进及经济融合程度的提高得到缓解，所有问题的症结都归因于一点：印巴对峙及冲突。

按照相关经济理论，自由贸易区的可行性标准主要为：地理上的毗邻，交通、运输的成本将大大降低，同时本地产品适应性也优于远方的商品；贸易区建立前的较高关税，关税上些微比例的减让都会获得巨大的收益；较高的区内贸易水平，每个国家都会认识到交易发生时利益的增长，即便是较小规模的贸易，国家间贸易协议的签订都会产生丰硕的成果；贸易的互补性，一国的产品或供给能满足另一国的需求，则贸易的潜在收益是巨大的；为使双方都可获益，则贸易结构的差异性是必需的，否则产品相似或比较优势相似的国家获益较少；较低的政治紧张度，政治关系的和睦有利于谈判的顺利和协议的完善，政治问题的存在会阻碍贸易协议的一些方面；商品市场准入程序的简化，生产者有可能利用协议的便利做出产品分流的决定；如果由协议产生的市场是易于理解、沟通的，商品越能快速到达目的地，收益越大；较低的非关税壁垒，减少关税并不能导致较大的经济收益除非资本和商品的流动是不受限制的[①]。对比以上标准，可以发现南亚在自由贸易区的前两个标准上是完全符合的，在其他五个标准上，虽在目前未能满足，但具备一定的潜力和可能性。比如，南亚国家之间的商品交易具备一定的互补性，国家间未记录的贸易规模显示出的互

---

① Bhattacharyya and Katti (1996) State that allowing that free movement of goods can attract foreign direct investment, which will increase welfare gains independent of FTA.

补和交换要优于现有数据展示出的,随着科技效能及资源分配的提高,贸易的增长将产生额外的比较优势及多样化的可能性;而如果国家间贸易规模扩大,就会产生更为一体化的市场及更多的消费者群体,由此形成各国在某类商品上的优势,大规模地生产出现规模效应,所有国家的消费者都可以及时享受到规模化带来的廉价商品的好处;目前,南亚各国在其贸易额较大的商品上征收较高关税,而一旦一种商品在区域范围削减关税会在更大的区域贸易层面上得到较高的收益。各国权衡利弊得失,会在一些关键的市场领域减少关税,那么贸易规模的提高会足以满足自由贸易区所要求的区内较高贸易量的标准。除了经济方面的一些标准,更多的是各国间的政治意愿阻碍了相互之间的信任,致使南盟成员国之间在诸如关税及非关税壁垒上进行了多轮谈判,以至于一些成员之间更倾向于达成双边协议,以便于贸易的开展,但可以肯定的是贸易促进举措会逐渐增加,资本及商品流动的限制会减少,使整个地区达到非关税壁垒的最低要求。同时,自由贸易区也将会深化地区的一体化以及相互激励,解决成员国之间的政治冲突。①

正是在南亚自由贸易区一定程度上具备建立的可行性,而各国间过于注重个体利益的权衡影响了其真正的实施,尤其是印巴作为区域内两个重要的大国,关系状况及态度、策略对区域经济合作至关重要。从2003年4月开始,印巴关系出现改善的势头,两国都分别作出了改善关系的姿态,提出了对策、建议,对话进程在各个方面全面展开,这自然有利于缓和长期笼罩在紧张与对峙氛围中的两国关系,推动两国在各个领域内通过和谈、磋商现实性地解决制约两国关系的多种问题,也为2004年召开的南盟首脑峰会营造了一个良好的氛围。2004年1月3日,南盟首脑峰会在伊斯兰堡开幕,印度总理瓦杰帕伊在会上表示,必须采取大胆的行动,变猜疑为信任,变分歧为协调,变冲突为和平。穆沙拉夫总统则强调两国必须把互不信任、痛苦

---

① Elizabeth Krueger, Rossana Pinto, Valarie Thomas, "Impact of the South Asia Free Trade Agreement," *Policy Analysis Workshop Public Affairs* 869, Spring 2004.

和紧张的历史包袱抛在脑后。会议开幕当天,印巴两国总理首先进行了双边会晤,使两国关系在已经有所恢复的基础上缓和的势头与倾向更为明朗,这也有利于南盟峰会上相关协议的达成。会议的一个重要成果是签订了《南亚自由贸易协定框架条约》,条约规定了南盟从2006年起致力于自由贸易区的建立,计划用5—10年时间把30%的关税降为5%左右,各国并商讨了建立经济联盟的可能性,希望南盟的未来是成为与欧盟类似的组织。[1]

(三) 反恐问题上对立的立场有所松动

印巴关系改善及全面对话进程的开启在一定程度上也得益于两国在反恐问题上彼此对立的立场有所松动,对两国关系的改善起到推进作用。在印巴长期的紧张对峙中,恐怖主义是困扰两国关系而又难以回避的问题。印度一直指责巴基斯坦政府、三军情报局(ISI)对恐怖主义活动的纵容和支持,认为越界恐怖主义是造成印度与巴基斯坦改善关系的障碍,巴基斯坦必须停止针对印度的恐怖活动。有学者研究报告称,印度自独立以来一直是越界恐怖主义的受害者,巴基斯坦使用非国家行为体发动代理人战争的偏好可追溯到1947年国家的建立时期,巴基斯坦不仅对这些行动推波助澜,尤为值得注意的是,在与印度的关系中,这些工具居于支配地位并具有接近排他性的位置[2]。在因克什米尔问题而起的第一次印巴战争之后,巴基斯坦为扭转在军事上的劣势,尝试训练和装备非正规的部落人员代替正规部队进行经常性袭击,争取该地区发生有利于自身的领土现状的改变,而后逐渐将越界恐怖主义活动作为一种有效的工具加以使用。尤其是在1988年之后,随着苏联从阿富汗撤军,原来针对苏军入侵阿富汗的众多恐怖组织的活动指向及能量释放纷纷转向克什米尔地区,造成该地区恐怖组织数量的增加及恐怖主义活动的加剧。据悉,印度方面在克什米尔地区部署有40万军队,超过整个巴基斯坦军队的2/3,巴基斯坦政府因而支持这些次国家力量,把它作为一种廉价而有效的方

---

[1] Agreement on South Asian Free Trade Area (SAFTA).

[2] Vandana Asthana, "Cross-Border Terrorism in India: Counter terrorism Strategies and Challenges," *ACDIS Occasional Paper*.

式，以束缚住印度军队，并使得常规军力及核力量平衡的重要性相对较低了。

巴基斯坦政府方面，一直否认印度的指责，并认为印度是造成国家恐怖主义的根源。两国围绕恐怖主义的相互指责时常发生，恐怖主义事件经常成为两国对抗、冲突的诱因。在两国关系改善的多次努力中，也每每因恐怖主义滋扰而被迫中断，2001年的议会大厦事件即为明显的一例。而在2001年"9·11"事件之后，随着巴基斯坦加入以美国为首的反恐联盟，两国在此问题上的尖锐立场有了转机。因美国向塔利班的开战，巴基斯坦成为反恐前沿国家，在美国全球反恐中的战略价值异常重要。在反恐战事启动不久，美国就向巴基斯坦发出类似最后通牒式的告诫，"要么是我们的朋友，要么是我们的敌人"，如做错选择，将把巴基斯坦炸回石器时代。在此情势下，巴基斯坦加入了以美国为首的反恐联盟，提供包括情报、后勤、行动等各方面的支持与合作。随着美国在阿富汗战事的逐渐结束，恐怖主义及极端组织逐渐收缩潜藏于巴基斯坦西部部落地区，面临美国的压力，巴基斯坦针对恐怖组织的军事行动力度逐渐加大，这也造成了恐怖主义活动的泛滥，以至于出现反恐越反越恐的说法。巴基斯坦从恐怖主义活动的同情者与支持者逐渐成为受害者。据统计，巴基斯坦境内发生的与恐怖主义有关的重大暴力事件，2011年10月之后为4起，死伤41人；2002年，为24起，死伤207人；2003年11起，死伤208人[①]。针对政府要员的袭击较为频繁，包括穆沙拉夫总统、阿齐兹总理本人都曾遭受自杀式炸弹袭击，多位随从丧生。巴基斯坦境内恐怖主义活动的泛滥，与政府对待恐怖组织态度的转变以及密切配合美国的反恐需求有关。此举激起极端分子、恐怖组织的不满，导致恐怖活动升级。由此造成了巴基斯坦政府不得不把主要的资源与关注放在国内，倾注于如何清剿恐怖主义、极端势力上。如果持续长久保持与印度对峙的规模、强度，会使巴基斯坦脆弱的政治局势、

---

① "Major incidents of Terrorism-related violence in Pakistan, 1988 – 2004," http://www.satp.org/satporgtp/countries/pakistan/database/majorinc2004.htm.

动荡的社会形势以及经济发展状况更加恶化,甚至正常的国内治理都将难以为继。

既是从国内实际状况出发,也是保持与美国反恐战略契合的需要,巴基斯坦对待恐怖主义的态度发生了真实可见的转变,在2001年议会大厦遇袭事件之后,巴基斯坦迅速做出了反应,以缓和与印度的关系。时任美国总统的小布什赞赏说:"我对穆沙拉夫宣布抓捕50名极端分子和恐怖分子感到高兴,我希望印度方面也应注意到,巴基斯坦总统作出积极有力的回应将这些危害者绳之以法。"[1] 这同以往巴基斯坦在面临此类事件时的推诿与极力辩解形成强烈的反差,也说明了政府在对待恐怖主义上态度的转变,对改善与印度关系的相对重视。虽然这种重视与美国的战略需求有关,巴基斯坦此举也更多着眼于美国因素的考虑,但毕竟起到了放低姿态以缓和事态的作用。2002年1月12日,穆沙拉夫向国民发表演讲,称将对伊斯兰极端组织采取严厉行动,任何个人、团体和组织不允许以克什米尔的名义进行恐怖活动。穆氏的演讲被认为是过去支持克什米尔伊斯兰极端组织政策的急剧转变,也标志着国家与伊斯兰极端组织的非神圣联盟关系的终结。[2] 穆沙拉夫任职期间,巴基斯坦在反恐上比较重视与美国的配合及各种情报、后勤、资源的提供,"9·11"之后不久,巴基斯坦就调集1.5万人的部队部署在巴阿边境地区配合美军围剿基地组织的活动。此后,多次增派兵力,搜剿基地组织成员。2003年3月,巴基斯坦三军情报局与美中情局联合行动抓获了"基地"三号人物哈立德·谢赫·穆罕默德(Khaled Sheikh Mohamed)。据称,他是"9·11"事件的主要策划者。2003年10月,巴基斯坦政府军开始对南瓦济里斯坦地区发动多次清剿活动,活动一直持续至2004年底。巴基斯坦多种反恐举措还包括,在国内打击宗教极端主义的恐怖活动,如

---

[1] John F. Burns, "Pakistan Moves Against Groups Named by India," *New York Times*, December 29, 2001, sec. A.

[2] Naeem Ahamed, "Rise of Terrorism in Pakistan: Reasons, Implications and Countering Strategies," *Journal of South Asia and Middle Eastern Studies*, Vol. XXXIII, No. 4, Summer 2010, p. 23.

坚决取缔"正义之军"、"加法里运动"等宗教极端组织，整顿国内宗教学校，清理、驱逐涉嫌进行恐怖活动的外籍员工和学生。2001—2002年间，整顿宗教学校达6500多所[①]。针对巴基斯坦开展的清剿恐怖组织的活动，有不同的评价认为巴基斯坦政府更多的是从国内安全角度进行考虑，对恐怖组织并非一概进行围剿，而是有所区别、有所调整。在事关克什米尔地区的越界恐怖主义时，巴基斯坦往往不会展开军事行动，印度也对此多次予以指责。[②] 但巴基斯坦政府把边境50万印度的驻军看作是需加防范的现实威胁，因此同样在此地区保持了强大的兵力部署。这也说明了印巴在走向缓和，在反恐问题上的分歧缩小的同时，现实性的利益考虑仍置于两国关系的首位。

南盟首脑峰会之后，两国在反恐领域里的合作开始逐渐拥有现实的安排与举措。2009年9月，在出席不结盟国家领导人峰会期间，印度总理辛格与瓦杰帕伊举行会晤。两国领导人认为和平进程必须维持，其成功对双方都是非常重要的。两国决定建立联合反恐机制，因恐怖主义作为两国共同的敌人，唯有共同应对，才有利于双边关系的缓和与恢复。媒体评论认为，在两个积怨甚深的国家间进行反恐的合作，昭示了全球反恐的出路。2007年3月，在快车惨案的背景下，两国召开了联合反恐机制的第一次会议，界定了联合反恐的框架，同意情报交流以"帮助调查双边与恐怖主义有关的行动，阻止暴力及恐怖活动"。会议称，虽然情报共享建立在每季度交流的基础上，但需要提供的优先级的信息必须立刻传递给双边反恐机制。联合反恐机制在10月召开了第二次会议，然而会议前双方贸易代表控诉对方在自己的边界内进行破坏活动。印度指责ISI对多起爆炸案的支持，并对巴基斯坦核弹有可能落入极端分子之手感到担忧，会议虽然充斥着双方指责的声音，但还是达成了一些具体的反恐协议。2008年6月28日，两国召开了第三届反恐机制会议，会议前发生了印度驻喀布

---

① 任佳、王崇理：《2002~2003南亚报告》，云南大学出版社2003年版，第154页。
② 刘红良：《崩而不溃的非传统联盟》，《南亚研究》2012年第4期。

尔大使馆被炸案。双方在会议上交换了有关恐怖袭击事件的信息，评价了前期会议上情报交流的步骤，重申了情报交流以阻止恐怖与极端活动发生的必要性[①]。

四 其他因素

印巴两国关系的改善（尤其是结合南亚这个特殊区域），更多出于行为体自身的利益权衡，外力作用的发挥虽然较为关键，但要通过内在因素的调整、配合才能取得相应的成效。而在两个行为体之间，虽然力量较强的一方会拥有较大的主动权，处于相对有利的博弈地位，但印巴长期对峙的历史，并不能排除巴基斯坦作为弱势一方在改善两国关系上具有的地位及特殊作用。通过分析可以看出，巴基斯坦对改善关系的愿望也极为强烈。愿意通过一些灵活的方式甚或是让步来推动问题的解决。

同时，在考察印巴关系缓和的动因上，也不应忽略印度作为双方博弈中实力较强的一方的特殊考虑。印度作为一个有着悠久的历史和文化因袭的国度，大国情结自独立之初就较为浓厚。尤其在90年代随着经济的发展，印度国民生产总值的增长率保持在较高的水平，2004年的外汇储备突破1000亿美元，已高居世界第六位。经济发展的迅猛势头更刺激了印度的大国雄心，而印巴关系的长期对峙使印度的影响局限于南亚一隅，地区争端消耗了印度大量的经济资源。如不走出印巴对抗的泥潭，大国梦想将遥遥无期。在这点上，美国南亚问题专家斯蒂芬·科亨有着极为中肯的认识：只有认识到与巴基斯坦的冲突是自己作为大国全面崛起的一个重要障碍，印巴达成一致的前景才可能乐观。只有卸下克什米尔这块套在脖子上的枷锁，印度才可能迎来安定的国内政治秩序，更加广泛的地区经济合作，成为周边地区事务中的一个重要角色，甚至谋得安理会常任理事国席位。否则，它

---

① Shabana Fayyaz, "Indo-Pak Joint Anti-Terrorism Mechanism," *IPCS Issue Brief* 126, September 2009.

将不得不容忍随时用多种方式威胁和削弱自己的巴基斯坦。① 除了印度大国战略的需要，瓦杰帕伊政府强硬外交路线面临的困境和国内批评声音的加大，也使印度不得不检视自己外交政策的得失，尤其是在面临大选、民众的声音变得至为关键的时刻。

第四节　孟买恐怖袭击事件及两国和谈的恢复

一　孟买恐怖袭击事件：过程及影响

随着两国和平进程的推进，印巴之间在一些具体问题上的分歧逐渐缩小，在多个议题上达成了相关协议。在外界对印巴和平前景普遍看好之时，恐怖事件的再次发生使双方的前期成果遭受侵蚀、和谈进程被打乱并趋于停顿。2008年11月26日，印度金融中心孟买遭遇连环恐怖袭击，造成166人死亡，327人受伤，另有22名警察殉职。袭击在16处不同地点几乎同时发生，涉及的袭击目标大多是孟买的标志性建筑和旅游胜地。恐怖分子使用AK-47步枪、手榴弹射杀无辜人群，抢占警车，袭击酒店、医院，劫持人质。后印度保安部队击毙了9名袭击者，疑犯之一穆罕默德·阿吉马·卡萨布（Mohammad Ajmal Amir Kasab）被抓。专家称连环爆炸、武装袭击、人质劫持等手段在此次袭击中同时出现，对不同目标接连攻击的规模和复杂程度都是罕见的。袭击事件显然经过精心策划，且以外国人为主要攻击目标，说明了此次恐怖袭击与以往宗教冲突的性质不同，背景较为复杂。

事件立即引发了印度的强烈反响，总理曼莫汉·辛格立即主持召开反恐特别会议。在其发表的全国电视讲话中指出，恐怖袭击者来自国外势力。计划周详、组织严密，选择孟买豪华酒店作为目标，并特别针对西方人士，其目的是在印度国内制造恐慌，破坏金融中心孟

---

① ［美］斯蒂芬·科亨：《大象和孔雀——解读印度大战略》，刘满贵等译，新华出版社2002年版，第328页。

买。但他表示，绝不向恐怖分子屈服，施暴者必将付出代价。根据印度情报机构搜集的证据，袭击者从巴基斯坦的卡拉奇开始藏匿于船舶经由海路抵达孟买，进行了这次袭击事件。而据被俘的恐怖分子卡萨布交代，他曾在巴基斯坦穆斯林极端派别"虔诚军"组织中接受训练。印度据此认为，"虔诚军"是袭击事件的罪魁祸首。在次年1月6日，辛格总理在一次公开声明中谴责巴基斯坦几个官方机构对"虔诚军"进行的孟买恐怖袭击计划及执行上的支持，称印度方面有充分的直接证据显示巴基斯坦政府机构对恐怖活动的支持。2月12日，巴基斯坦官员承认袭击的一些计划是在巴基斯坦境内制订的，内政部长（Rehman Malik）还指出一些非政府实体对袭击提供的后勤支持。而美国非盈利性公司ProPublica对袭击事件中虔诚军和巴基斯坦情报部门的联系也进行了大量的调查。[1]

孟买恐怖袭击使两国本来进行的全面对话完全中断，使两国再次笼罩于紧张的气氛中，来之不易的缓和进程也被搁置，据美国参议院麦克凯恩（John McCain）说，印度即将对巴基斯坦发动某种攻击，如空袭可疑的激进分子营地。巴基斯坦方面则建议印度解除空袭的动员，把地面军队撤回至和平线附近以营造友好的气氛。显然巴基斯坦不愿因孟买恐怖袭击事件使两国关系再次走上军事对峙及战争的边缘，因而急切地向印度及世界显示自己有能力也渴望实施成功的反恐行动。"印度的悲愤给巴军队敲响了最响亮的警钟：同一个时间内只能进行一场战争。巴基斯坦警告华盛顿，复仇的印度将迫使伊斯兰堡对目前在西北部边境协助美国反恐的10万军队做重新部署。"[2]

此次事件对两国关系造成的影响不同于以往之处在于，事件发生后，两国在谴责、强硬之余，并没有放弃接触的时机，并进行了一定程度、级别上的交流，以利于事态的缓和、解决。在恐怖袭击事件发生后，两国立即启动了反恐联合机制。印度全国各主要政党在新德里

---

[1] Braden Goyette, "Guide to the Latest on Pakistan's Terror Ties," *ProPublica*, Sept 29, 2011.

[2] Noor ul haq and Nargis Zahra, "Pakistan-India Peace Process (2008 – 2009)," *IPRI Factfile*.

召开的一次会议，在决定加大反恐力度的同时，除人民党以外的多数党派领导人认为，此次孟买恐怖袭击不能归咎于巴方，印度更不应该因此而采取措施导致两国紧张关系升温，而是应该继续推进与巴基斯坦的和解进程。12月1日，印度外长慕吉克说，已将20名嫌疑人名单交给巴基斯坦驻印度高级专员，其中包括据称策划了孟买袭击案的"虔诚军"头目和涉嫌策划1993年孟买连环爆炸案的达乌德·伊卜拉欣（Dawood Ibrahim）。并要求巴基斯坦采取强硬措施逮捕和移交那些触犯印度法律、现居住在巴基斯坦的人。印度总理辛格在27日向全国发表的电视讲话中表示，孟买遭遇的恐怖袭击很可能是由总部位于某邻国的一个组织策划的。

巴方对爆炸案多次予以强烈谴责，并愿同印方开展反恐怖合作，但坚决否认卷入此事。12月2日，巴基斯坦外长库雷西说，巴方已向印度建议成立联合委员会，调查孟买恐怖袭击事件。他已会见了联合国安理会常任理事国、欧盟成员国以及其他国家的30多名驻巴基斯坦使节，介绍巴方对孟买惨案的立场。巴方建议联合委员会由印巴国家安全顾问共同担任主席，委员会应尽早运行以交换情报，讨论双方进一步合作的事项。7日，巴基斯坦武装部队采取突击行动，攻占了一个位于巴基斯坦一方的克什米尔区首府穆扎法拉巴德郊区的一个恐怖分子训练营，该训练营隶属于"虔诚军"。在2009年2月巴基斯坦GEO电视台报道中说，巴基斯坦已完成了对印度孟买恐怖袭击事件的调查，将向防务协调委员会呈送调查报告。巴基斯坦总理吉拉尼（Yousuf Raza Gillani）称，巴基斯坦政府将在报告提交后完成其对印度方面的答复。同时吉拉尼表示，巴基斯坦会获得国际社会的支持，其外交活动极为有效，完全可以挫败印度试图孤立巴基斯坦的企图。[①] 据2010年12月18日《巴黎明报》的一则消息称，巴基斯坦最高委员会的一名官员说孟买袭击案之后，印度国内媒体强烈要求对据称是巴基斯坦境内的恐怖分子训练营地进行报复性打击，该官员声

---

① 《巴基斯坦调查报告称孟买恐怖袭击是在欧洲策划》，2009年2月，凤凰网（http: //news.ifeng.com/world/200902/0209_ 16_ 1002023.shtm）。

/// 第三章 印巴关系的缓和与波折 ///

称印度政府在袭击案之后的举措是负责任的、成熟的①。

印巴双方一方面对恐怖袭击案展开调查,另一方面都不放弃宣传攻势,为本国争取舆论的同情以及国际社会的支持,这尤以印度表现得更为明显。连环袭击事件发生次日,印度总理辛格发表讲话向邻国提出严正警告。他表示,孟买连环袭击可能由总部设在邻国的恐怖组织策划。《印度时报》2008年12月3日报道说,政府商讨了对巴基斯坦政策,决意强化对巴基斯坦立场,宣称不排除采取军事行动应对巴方的恐怖威胁,并且表示要派兵进入克什米尔巴控区摧毁"虔诚军"的训练营。巴基斯坦总统扎尔达里则坚决否认巴基斯坦卷入孟买恐怖袭击事件。他说孟买恐怖袭击是由活动于整个印巴地区且"不属于任何国家的组织"实施的。在2010年,巴基斯坦总统扎尔达里对美国参议员约翰·克里(John Forbes Kerry)表示,他坚信印度政府卷入了2008年的孟买袭击案,虽然他同意和印度政府进行对话是解决问题的唯一出路。② 而据《印度时报》的消息,孟买最高法院对孟买袭击案嫌疑人的审理中,巴基斯坦出生的加拿大人拉纳(Tahawwur Hussain Rana)及同伙赫得利(David Hedley)承认在巴基斯坦政府及情报机构ISI的命令下,给恐怖分子提供物质支持,印度外交部长克里希纳表示这不会改变印度政府的立场,与巴基斯坦的和谈将会继续。③ 在2011年4月14日,印度则表示不会稀释对孟买袭击案的立场,对此案负有责任的人都会很快被审判,即将与巴基斯坦的对话则会寻求强调国家对恐怖主义有关问题的关切。④

---

① "Pakistani official praised Indian response on Mumbai attacks," December 18, 2010, http://www.dawn.com/2010/12/18/pakistani-official-praised-indian-response-on-mumbai-attacks-wikileaks.html.

② Jawed Naqvi, "India helped Mumbai attacks," http://www.dawn.com/2011/03/22/india-helped-mumbai-attacks.html.

③ "Talks with Pakistan to continue despite 26/11 revelations: Krishna," Apr. 13, 2011, 07.16PM IST, IANS, http://economictimes.indiatimes.com/news/politics/nation/talks-with-pakistan-to-continue-despite-26/11-revelations-krishna/articleshow/7972300.cms.

④ "No dilution of India's position on 26/11 attack: MEA," Apr 14, 2011, 12.20PM IST, PTI, http://economictimes.indiatimes.com/news/politics/nation/no-dilution-of-indias-position-on-26/11-attack-mea/articleshow/7978920.cms.

印巴围绕孟买恐怖袭击案展开的调查及合作说明了反恐及和缓的关系仍是两国的共同追求,孟买袭击案暴露出的恐怖主义的跨国性以及密切联动的特点决定了合作是应对恐怖主义泛滥的必要之举。然而,合作所能取得的成就毕竟要取决于印巴间整体利益的博弈,尤其是国内政治现实及斗争态势也发挥了不可低估的制约作用。两国既认识到合作反恐是改善两国安全环境的主要渠道,又不愿放弃对对方的攻讦以加强自身在道义上的优势,尤其是两国深谙媒体在动员国内支持、掩盖自身政策失误方面起到的独特作用,每逢因恐怖袭击事件袭扰两国脆弱的和平进程之时,对对方的指责已成为两国自然的选择。这也反映了两国之间战略互信的缺失,必将对双方反恐事业的顺利推行、合作深化以及双方缓和关系的整体推进构成制约的瓶颈。

二 孟买恐怖袭击事件后两国的对话进程

（一）停滞、犹疑的接触与对话

孟买连环恐怖袭击事件使两国的对话进程完全中断,各种级别的接触也限于停滞。2009年6月17日,印度总理辛格、巴基斯坦总统扎尔达里出席上海合作组织领导人峰会期间,两人进行了会谈,双方同意两国外交秘书将在方便的时间进行会谈,讨论应对极端主义与恐怖主义的步骤,在这次讨论的基础上,双方领导人将在7月埃及举行的不结盟国家领导人会议的间隙进行另一次商谈。这次会谈,打破了两国持续8个月的僵局,使两国关系有了新的转机。7月16日,辛格与吉拉尼在埃及的沙姆沙伊赫（Sharm-el-Sheikh）进行了会谈,会谈主要回顾了双边关系并给两国关系的进展绘制路线,指出恐怖主义是两国共同的威胁,表达了合作打击恐怖主义、战斗到底的决心。辛格重申将孟买恐怖袭击案的凶手绳之以法,吉拉尼保证这方面在权力范围内尽其所能。他说,巴基斯坦已经提供了一个对孟买袭击调查的更新档案,并寻找另外的证据。辛格总理说,这份档案已被评估。两国领导人一致同意,两国在面临任何可能的恐怖主义威胁时将共享实时、可靠和可执行的信息。

/// 第三章 印巴关系的缓和与波折 ///

两国领导人也认识到对话是唯一之举,恐怖主义问题不能同前面对话联系在一起,二者不能等同。两国领导人一致认为,真正的挑战是发展和消除贫困。双方领导人都决心消除这些阻碍国家实现其潜能的因素。两国同意努力创建一个相互信任和信心的气氛。两国外交秘书应该按需要经常会见并将会见情况报告给两国外长,在即将到来的联合国大会期间,两国外长也将举行会谈①。

在经历长时间的僵持之后,两国关系开始走出低谷并进行重新会谈的尝试,这无疑有利于事态的逐步好转。但在两国领导人的会谈中,对双方关系中的其他问题提及较少,仍局限于恐怖主义及孟买连环袭击事件。这既说明了两国和谈进程的脆弱性,易于受到类似恐怖袭击这种突发事件的干扰,也说明了恐怖袭击问题已成为制约两国关系的瓶颈。而对印度来说,利用此类事件力压巴基斯坦政府,使其加大打击恐怖主义的力度或促使其作出一定的让步,以期将这类悲剧性事件的负面效应减弱,从而使己方获得相对的收益,也是其迟迟不愿开启和谈进程的考虑之一。对整体关系恢复来说,毕竟两国关系没有再次走向对抗,已经同意进行接触,愿意通过会谈解决两国关系中的问题,这对两国关系的发展、改善会起到良好的促进作用。

而随着时间的推移,两国关系并未有根本性的好转。虽然两国在商谈中多次提及反恐问题,但两国间已经存在的反恐机制并不能发挥有效的作用,以消除两国境内外恐怖主义对和平与稳定的袭扰。孟买恐怖袭击事件发生之后的一年里,两国关系仍在相互指责和猜忌中徘徊前行,巴基斯坦在一些论坛里暗示印度对俾路支斯坦干涉的可能性,并公开表示印度参与了从部落地区兴起的恐怖主义浪潮。巴基斯坦外交部长沙阿·迈赫穆德·库雷希在一次接受德新社采访时说,巴基斯坦有确凿的证据证明印度参与了干涉俾路支省和联邦管辖的部落地区(FATA)的活动,库雷希呼吁印度克制这些不端行为。除非印度消除这些内心里对巴基斯坦的仇恨,否则南亚长久的和平、安全仍是难以

---

① "Text of India-Pakistan Joint Statement," *Times of India* (New Delhi), July 16, 2009.

捉摸的。① 而印度方面虽然进行了大选，国会大部分没有变动，和平进程仍然停滞，疑犯审判方面的进展程序也未让印度满意。印度国内一派支持与巴基斯坦民选政府的对话，因其也是恐怖主义的受害者。另一派则认为与巴基斯坦的对话完全是徒劳无功的，因为巴基斯坦安全机构和民选政府立场完全不同。孟买袭击事件之后巴基斯坦做出派ISI局长赴印度进行联合调查的决定，但很快撤回了这个决定，巴基斯坦媒体对处置哈菲兹·赛义德（Hafez Saeed）的反应，都让印度得出结论：民选政府无力做出外交安全决策②。

在非官方层面，2009年12月在联合国监督下印巴两国的前外交秘书及专家在曼谷进行了有关解决冲突、建立和平的二轨对话。在锡亚琴问题上，印度专家建议可以通过国家的科技手段和非军事协议，附加标注地图和卫星图片，实现所要求的实际地面位置线的验证。印度呼吁将整个冰川地区建成覆盖NJ9842、KK、K2三点的国际科学公园及和平区，并集中进行气候研究，使双方能够应付气候变化带来的影响。巴方则强调了军事存在与冰川以前所未有的速度收缩的关系，建议冰川地区应成为和平公园。印度认为冰川地区并没有政治、战略、经济上的重要性，通过两国军事行动理事会（DGMO）和外交官代表制订的计划，非军事地图在两个夏天就可以绘制出来。巴基斯坦也强调在该地没有特别的利益。会议还讨论了信任措施的建立、越界活动影响、分享印度河水资源及在阿富汗形成共同的战略、扩展贸易、极端主义与恐怖主义的挑战。③ 因讨论是在非官方层面进行，未获得政府的承认，其影响及作用也就相对有限。之后两国关系中，更多的主题仍然是围绕孟买恐怖袭击案及恐怖主义展开的，官员之间充满火药味的威胁、对抗性言论时常出现，两国关系也难有真正的进展。

---

① "Qureshi accuses India of aiding insurgents," http://archives.dawn.com/archives/25808.
② "Pakistan-India: A Year Since Mumbai Attack," *News International* (Rawalpindi), November 22, 2009.
③ "Khaleeq Kiani, Track-II Forum Floats Idea of Siachen 'Peace Park'," *Dawn* (Islamabad), December 3, 2009.

/// 第三章　印巴关系的缓和与波折 ///

直至 2010 年 2 月 25 日，印巴两国外交秘书级的会谈才正式开始。会谈在新德里举行，印度外交秘书尼鲁帕玛·拉奥（Nirupama Rao）和巴基斯坦外交秘书萨尔曼·巴希尔（Salman Bashir）出席会议，时间持续约 3 个小时。印度最为关注的仍是恐怖主义问题，拉奥不断重申反恐议题，要求巴基斯坦加大打击恐怖组织力度，提供更多可能袭击印度的极端分子的信息，协助印方抓捕藏身于巴基斯坦的恐怖分子。而巴希尔回应就孟买袭击而言，巴基斯坦已经做了应当和可能做的一切。巴基斯坦对此次会议的期望是把会谈议题拓展至更广范围，包括克什米尔问题和两国水源争端等。巴希尔说，双方应当就"上述所有议题"展开"富有意义且均等"的对话，以解决两国关系的所有分歧。但拉奥以孟买袭击使印方对巴方"信任缺失"为由回绝。她说："恢复（全面对话）时机还不成熟，因为我们需要先创造信任氛围。"虽然有评论说，会谈使双方重建信任，但两国因议题重点的平行造成的明显分歧致使会谈难以取得实质性成果，仅仅表明了两国对话进程重新开始，对下一步会谈的进行，也未规定具体时间，从而使双方自 2008 年孟买恐怖袭击案后的首次对话仅具有象征性意义。①

4 月 29 日，南盟领导人第 16 届峰会在不丹首都廷布举行，会议期间，印度总理曼莫汉·辛格与巴基斯坦总理吉拉尼举行会晤，决定无条件重开对话，以使两国关系正常化。巴基斯坦外长库雷希介绍说，两国接下来要进行外交部长级以及外交秘书间的对话，在谈判桌上将商讨所有问题。印度外交秘书拉奥则将这次会谈定义为"友好的"，同时解释了为什么两个核邻国之间缺乏互信。除了上述两次会晤，双方在 2010 年的接触还包括 6 月印度外交秘书访问伊斯兰堡，7 月印度外交部长的访问，以及两国间的电话联系。但除了同意进行会晤和接触，两国间关系没有任何突破，印度仍然坚持首先满足打击与孟买恐怖袭击有关的恐怖主义的要求，这也使得两国间的关系没有大的进展。直至 2011 年 3 月底，双方才为重新会谈创造了条件。

---

① Mian Ridge, "Terrorism lingers over India-Pakistan peace talks," *Correspondent*, February 25, 2010.

（二）实质性会谈的重启

表 3　　　　　　　　印巴 2011 年外交往来及大事记

时间	内容
1 月	印度外交部长邀请巴基斯坦外交部长在 2011 年初去新德里重开对话。1 月 6 日，印度外长电话联系巴基斯坦外长。
2 月	2 月 6 日，两国外交秘书在廷布南盟峰会期间会晤，强调建设性对话的需要以专注于两国所有突出的问题。
3 月	1. 重启对话程序：印巴两国内务秘书 3 月 26—28 日在新德里举行了一次会议。同意建立一条"反恐热线"，以保证在可能的恐怖袭击时能及时进行联系。 2. 接受印度总理的邀请，巴基斯坦总理率代表团在 3 月 30 日赴摩哈里（Mohali）观看板球世界杯半决赛，双方首相一起观看了板球比赛，出席了国会领导人举办的晚宴。此举被认为是自孟买袭击案之后，两国关系的重大突破和最积极的进展。
4 月	1. 印巴司法委员会关于囚犯问题第四届会议于 4 月 18—23 日在卡拉奇举行； 2. 印巴商务秘书会议 4 月 27—28 日在伊斯兰堡举行，以发展两国商务及经济合作，同意恢复孟买袭击事件前的所有工作组以便利贸易往来。
5 月	1. 5 月 3 日，印巴铁路官员在瓦嘎（Wagah）零点处进行会晤，以发展铁路旅游设施，决定在两国间增加更多的商品货运列车； 2. 印度水资源秘书率领的代表团与巴基斯坦水力、电力秘书于 5 月 12—13 日在伊斯兰堡会晤，讨论沃勒拦河坝及图尔布尔方案； 3. 5 月 20—21 日，巴基斯坦国防部长及候补秘书率团与印度就希尔·克里克边界问题对话，5 月 20—21 日在伊斯兰堡举行，印度代表团测绘局长率领，会谈仍未取得明确结果； 4. 5 月 30—31 日，两国国防秘书在新德里举行会议，讨论从锡亚琴冰川撤军的建议，有关锡亚琴冰川已进行了 12 轮讨论，结果仍不明朗。
6 月	1. 签证问题联合工作小组会议于 6 月 2—3 日在拉瓦尔品第进行； 2. 印度外交秘书 23—24 日访问伊斯兰堡进行对话，会晤表明印巴需要作出更积极的努力，以消除观点分歧、在有争议的领域产生双方均接受的方案。
7 月	1. 印巴内务部长共同从德里赴廷布参加第四届南盟内政部长会议，讨论双方感兴趣的问题，会议期间也将进行双边会晤； 2. 巴基斯坦准军事组织官员与印度边界安全部队季度协调会议在瓦嘎举行，此次是讨论边界管理问题的例行会议； 3. 7 月 13 日，孟买再次发生连环爆炸事件，印巴谴责此次恐怖事件，外交上相对克制、理性； 4. 印巴外交秘书在新德里会晤，最终敲定 7 月 26 日外长会谈的议程； 5. 7 月 27 日，印巴外长在新德里会晤，双方同意就克什米尔问题进行细微但有重大意义的让步，以缓解该地区的紧张局势，并表示两个有核国家将紧密联系在一起。会上取得的成果还包括：克什米尔控制线双边贸易由每周 2 天增加到 4 天，把人员交往由贸易扩大至旅游和宗教朝觐领域，推动控制线两侧的巴士服务常态化。

续表

时间	内容
8月	8月4日，巴基斯坦外长拉巴妮·哈尔访问印度，印巴双方承诺继续对话，加强反恐合作。
9月	9月28日，印度商业与工业部长与巴基斯坦商务部长会谈，会后发表的联合声明同意推动两国经贸关系正常化，努力实现三年内双边贸易额由目前的27亿美元增加到60亿美元。
10月	印巴电力专家小组于10月在新德里召开首次会议，并商定2012年3月份在拉合尔再次召开会议，最终确定电力贸易模式。
11月	巴基斯坦内阁11月同意给予印度贸易最惠国待遇，使得双方在贸易正常化问题上迈进一步。
12月	印巴12月27日在伊斯兰堡举行了会谈以推动两国军事互信。双方同意延长《降低核事故风险协议》和《弹道导弹试验提前通报协议》的有效期限。巴方提议双方将部署在克什米尔控制线两侧的大炮和迫击炮后退30千米，以推进控制线两侧非军事化，避免擦枪走火。

资料来源：Hasan-Askari Riziv, "Pakistan-India Relations: Old Frolem, New Initiatives," *PILDAT Report*, pp. 10 – 11. 本书进行了整理、加工。

印巴两国在2011年进行了多轮外交会谈，全面对话也得以恢复。在有关经贸合作问题上，显示了一些新的亮点。2011年9月，印度商业与工业部长和巴基斯坦商务部长在新德里会谈，同意将双边贸易额在三年内提升1倍，在2006年签署的南亚自由贸易协定框架内合作建立互惠贸易关系；尤其是11月2日，吉拉尼内阁决定按照世贸组织规则给予巴基斯坦最惠国待遇，除了具有打开贸易潜力的作用，其显示的政治意愿有利于推动印度提升两国关系的信心。同时，政治意愿及外交推动也有助于推动巴基斯坦政府的民主过渡，使得反对派难以撼动两国关系正常化的进程。考虑到政府民主过渡的起步及军事机构的阻碍，巴基斯坦政治领导人尚不能在和安全、领土有关的问题尤其是克什米尔问题上采取主动。然而，他们愿意以深化与印度的经济合作为优先议题，而不是去解决棘手的争端，这就使得对话比以往更广泛、更具建设性[①]。

---

① "Pakistans Relations with India beyond Kashmir," *Asia Report N°224*, International Crisis Group, May 3, 2012.

除了在经济贸易领域里的一些实质性合作举措的启动，外界普遍认为在很多问题上印巴取得的进展不大，究其原因主要在于"两国每一次对话被打断之后，和谈重回原点"。重新恢复的对话不可能立刻解决长期困扰两国关系的复杂症结，虽然印度方面表示"愿意以友好对话、有意识的协商解决所有问题，包括查谟与克什米尔"①，巴基斯坦也认识到克什米尔优先的策略给两国关系正常化带来的阻碍。但问题的解决不可能一蹴而就，尤其在诸多敏感领域，外交秘书及事务性官员级别的接触仅能达成一定的谅解，具体协议的达成及问题的解决需要更高级别官员尤其是首相的授权，这也会妨碍双方在各问题领域上取得进展。同时，国内政治、双方民众的态度及认知、媒体的推波助澜以及印巴双方在具体问题上重点的交叉也迟滞了会谈的过程及成果的进一步取得。但毕竟在 2011 年双方各级别、各领域的会谈已全面展开，在一些问题的考验上也显示了足够的信任及冷静，展示了两国和谈重新启动后两国的坚定信心，这些都对和谈的推进、成果的取得起到了积极作用。

（三）2012 年的印巴对话

2012 年，印巴之间的全面对话进程仍在继续，双方的接触、对话主要有：其一，2 月 13 日，由印度 150 名商界领袖组成的代表团在商务部长阿南德·夏尔马（Anand Sharma）率领下访问巴基斯坦，此为印度商务代表团的首次访问，对两个国家来说都具有历史性意义，既象征着商界对全面关系正常化的明确支持，也对以商业、贸易方式加深两国经贸联系、夯实两国关系的基础具有实质性作用。访问取得的成果包括三个贸易协议：关税合作协议，旨在消除各自港口不必要的障碍；相互承认协议，通过接受国际实验室认可的证明来评价产品和服务；调整贸易申诉协议，旨在制定法律以避免贸易相关领域的分歧②。印度代表同时向巴基斯坦保证消除非关税壁垒使贸易畅

---

① "India will resume talks with open mind, says Manmohan," by Shujaat Bukhari, *The Hindu*, March 4, 2001.

② "Pece & Progress of Pakistan-India Resumed Dialogue February-July 2012," *PILDAT Report*.

通，巴基斯坦内阁推迟了具有争议的否定清单（即不准进口商品清单），理由是在最终形成前须征询各利益攸关方意见①。会谈还涉及促进银行部门的服务以及两国商业团体的签证问题。2 月 21 日，由 14 名成员组成的印度议会代表团访问巴基斯坦，受到巴方热烈欢迎。印度人民院荣誉发言人梅拉库马尔（MeiraKumar）在接受巴基斯坦电视台采访时指出，战争不能解决任何问题，两国应避免暴力方式，通过对话解决两国关系中的问题②。吉拉尼重申了和平的需求，认为两国应克服分歧，聚焦于饥饿、疾病、贫穷等问题的解决。印度代表团还和巴印议会友好组织（PFG）进行了历史上的首次双边会晤，双方强调印巴关系的逐渐深化不仅仅是在经济、政治领域，两国也共享相同的传统、历史及社会纽带③。

其二，3 月 5 日，在一次会议上，印度高级专员萨巴瓦尔（Sharat Sabharwal）传达了辛格对吉拉尼在增进两国关系上起到的积极作用的感谢，吉拉尼同样表达了对辛格的良好祝愿④。3 月 12 日，印度总统普拉蒂巴·帕蒂尔（Pratibha Patil）在议会联席会议上讲话时表示，印度愿与巴基斯坦通过实质性对话解决所有悬而未决的问题。期待在已经取得的进展基础上继续前行，并会密切关注巴基斯坦在其领土上对恐怖组织及其基础设施采取的行动。3 月 15—17 日，巴基斯坦司法委员会访问印度，调查孟买恐怖袭击案。委员会记录了首席调查官拉梅什·马哈尔（Ramesh Mahale）以及两位医生对 8 名指认为袭击者的尸体解剖的陈述，马哈尔简要介绍了抓捕卡萨布的细节。委员会还和一位法官进行了会谈，却未能获准直接接近卡萨布。⑤ 3 月

---

① Pece & Progress of Pakistan-India Resumed Dialogue February-July 2012," *PILDAT Repor*.

② "India delegation visit: Gilani reaffirms commitment to peace with New Delhi," *The expressTriibune*, February 23, 2012.

③ "Pakistani parilimentary delegation, visit indian Speaker stress doodwill," *Top Asia News Today*, Thursday, February 23, 2012.

④ Sidra Tariq, "The India-Pakistan Peace Process: March-April 2012," *IRS Regional Brief* March-April 2012, No. 29, p. 3.

⑤ "Pakistan commission concludes Mumbai investigations," *Dawn*, March 19, 2012.

27 日，印巴两国首相在首尔核安全峰会间歇进行了会晤，双方领导人表达了强化对话进程、进一步接触的渴望。会上，辛格向吉拉尼表示印度愿意向巴基斯坦提供 5000 兆瓦的电力以满足其能源需求。辛格同时对巴基斯坦宣布的贸易让步表示感谢。27—28 日，两国代表团在新德里会晤，就图尔布尔导航渠和沃勒拦河坝方案进行对话，双方阐述了对方案的各自立场，重申遵守 1960 年《印度河水域条约》。强调在水域条约框架内尽早、友好地解决该问题。为显示诚意，印度同意提供另外的技术数据，巴基斯坦将在下一轮会谈前检查数据，更新观点。①

其三，4 月 8 日，巴基斯坦总统扎尔达里以私人身份访问印度，并同印度总理举行会谈，访问虽然以朝圣阿杰米尔（Ajmer）的苏菲神殿为名，却有 40 人的代表团随行，实为印巴在已经升温的两国关系上保持双边关系进一步发展的需要。两国领导人讨论了包括克什米尔及恐怖主义的所有问题，表示愿意寻求实际、务实的方法解决双边关系的一些问题。虽然不是作为支配性的议题，辛格仍首先提出了对据称是孟买袭击案幕后策划者的赛义德的审判。② 次日吉拉尼表达了在扎尔达里总统访问之后，印巴关系将会提升的希望，并将组成新的小组谈论解决双边悬而未决的问题，其中包括克什米尔。他说："如果曼莫汉·辛格接受扎尔达里总统的邀请访问巴基斯坦，这将有助于加强两国关系和带来地区稳定……我和辛格总理正致力于实现地区的稳定。在此之前我们会见过多次，我们决心采取所有可能的步骤实现和平与稳定。"③ 4 月 13 日，印巴商务部长、外交官、旁遮普首席部长等众多政要出席了设在达瑞（Attari）的联合检查点的庆典仪式。达瑞检查点的设置可以减少货物及人流的通关时间，为人员交流、贸易扩展铺平道路。它也提供了雇佣及商业机会，从而有利于地区的发

---

① "India-Pak Joint Statement on Tulbul Navigation/Wullar Barrage Project," *Ministry External of Affairs*, India, March 28, 2012, http://www.mea.gov.in/mystart.php?id=53051.

② Sandeep Dikshit, "Manmohan brings up Saeed issue 'upfront' with Zardari," *The Hindu*, April 9, 2012.

③ Zulqernain Tahir, "New Team to Hold Talk with India: PM," *Dawn*, April 9, 2012.

展。同时也是印度渴望与邻国发展建设性的、互惠关系的象征。同一天，印巴商务部长及官员举行双边会议，两国对已经启动的贸易（包括商品、服务、投资）完全正常化的过渡进程表示满意。同时，从印度进口的商品清单大幅度提高。3月20日，巴基斯坦公布的否定清单商品有1209种，为达到巴基斯坦议会承诺的到12月完全停止否定清单的决定，两国需要进一步加强协商。在达瑞联合检查点的基础上，两国同意采取进一步行动通过新的联合检查点促进贸易的更大发展。①

其四，5月24日，印巴第二轮内政秘书级会谈在伊斯兰堡进行，为期2天。会谈主要涉及反恐合作、打击贩卖人口、毒品走私、假币、网络犯罪及囚犯相关问题。印度方面以内政秘书拉杰·库马尔·辛格为首，巴方则是内政秘书阿克巴尔。两国同意采取自由签证政策，以放宽对跨越边境的移动的限制。印度方面指责巴基斯坦在将孟买恐怖袭击事件罪犯绳之以法方面做得不够，库马尔·辛格甚至悬赏100万美元捉拿哈夫兹·赛义德。巴基斯坦则希望印度停止涉入俾路支斯坦的动荡形势，尽快调查友谊快车爆炸案。会议发表的联合声明中对第一轮会谈中的决议交换了观点，声明恐怖主义对和平、安全、两国关系正常化造成持续的威胁，重申两国在打击恐怖主义的坚定信念及真实承诺。联合声明中几处涉及孟买恐怖袭击案的调查，并就两国内政秘书间建立热线联系的技术参数问题进行了意见交换，在打击走私、贩卖人口、假币方面签署了相关协议，在释放囚犯及渔民上落实2011年3月两国内政秘书对话时达成的相互理解。② 5月29日，两国石油部资深官员就从印度进口石油以缓解巴基斯坦面临的能源严重短缺问题展开对话，印度称有盈余的试验及相关产品愿意出口给邻国。巴基斯坦石油及自然资源部官员表示有资金储备的情况下，将从印度购买石油，进一步的细节如价格、数量将于7月在新德里举行下

---

① "Pece & Progress of Pakistan-India Resumed Dialogue February-July 2012," *PILDAT Report*, p. 23.
② "Pace And Progress of Pakistan-India Resumed Dialogue February-July 2012," Pildat Report, p. 11.

一轮会谈中商定。①

其五，印巴两国国防秘书级别的会谈于 6 月 11—12 日在拉瓦尔品第国防部举行。此前的 4 月 7 日，锡亚琴冰川地区经历了 1 次破坏性的雪崩，夺去了 129 名巴基斯坦士兵和 11 名平民的生命，这次事件使得在锡亚琴地区实行非军事化显得异常迫切。印度方面希望巴基斯坦军队承认穿越萨尔托（Saltoro）山脊和锡亚琴冰川的实际地面位置线（AGPL）的有效性，巴基斯坦军队实际控制了萨尔托山脊大多数具有支配意义的哨所。而巴方则坚决主张维持西姆拉协议中规定的 1972 年前的军队控制位置。会议因双方的分歧未能取得进展，正如印度国防秘书在会前对新闻媒体的发言中所说的，在这个对印度安全至关重要的问题没有期望达成任何决定性的方案。这也说明了在涉及两国安全及具有战略意义的问题上，很难在短时间内取得一定的进展及成效。18—19 日，两国举行有关锡尔克里克湾的会谈，谈判集中于锡尔克里克取得陆地边界以及两国国际海洋疆界的定界问题。两国重申通过可持续的、结果导向的对话寻找友好、可行的解决方案的渴望，决定在适当的时机进行下一轮对话。②

其六，7 月 4—5 日，两国外交秘书级对话，议题包括和平与安全（包括 CBMs）、查谟与克什米尔以及促进友好交流。会议以广泛的方式讨论和平与安全问题，双方都强调了通过建设性对话促进进一步的信任和相互理解的需求。会议评估了正在实施的核与非传统安全信任措施建立，决定召开单独的专家级别的会议讨论完善与加强已经存在的信任措施，在两国间采取另外的双方都接受的步骤建立更进一步的信任与信心。两国重申坚定承诺有效打击和消除恐怖主义，就查谟与克什米尔问题广泛交流观点，同意以有目的、向前看的方式进行讨论，消除分歧、建立共性、找到和平的解决办法。双方还认识到加强跨越实控线的信任措施在简化安排、便利实

---

① "Pace And Progress Of Pakistan-India Resumed Dialogue February-July 2012," Pildat Report, February -July 2012, p. 16.

② "Press Information Bureau," Government of India, July 5, 2012, http：//pib. nic. in/newsite. erslease. aspx？relid＝85192.

控线两侧的旅游和贸易方面的必要性，并强调加强媒体和体育交流的必要性。①7月11—14日，两国重开海洋安全的对话，双方同意确保海洋安全，建立释放穷困渔民机制，这些渔民因缺乏清晰的领海观念而被抓进邻国监狱。作为两国关系发展的重要事件，重新开始板球交往也成为两国政府的讨论主题，7月16日印度板球控制委员会宣布邀请巴基斯坦参加为期3天的国际板球系列赛以及在年底到2013年初的系列比赛。巴基斯坦板球委员会迅速做出了热情回应，巴方表示：这个决定意义重大，数以万计的板球迷的热情可以得到满足了。②7月18日，印巴专家组石油及石化贸易的第二轮会谈在德里举行，双方同意制定两国银行间往来的信用额度，以便有效实施两国间的贸易财政协议，该事项由两国中央银行、财政部及相关机构实行。两国还注意到进行直接的信使服务的必要性，可以减少在卸货港清理商品的时间，从而提高效率。7月19日，印巴穿越实控线信任措施建立联合工作组会议在伊斯兰堡举行，会议主要为履行7月4—5日两国外交秘书对话达成的决议而进行，会议评估了联合工作组在建立跨境信任措施上的进展，讨论了强化和畅通正在进行的穿越实控线的贸易和旅行安排，同时商讨了其他形式的穿越实控线的信任措施的建立。③

其七，8月1日，印度商务部的一名发言人说，印度政府评估了政策，决定允许巴基斯坦的私人及公司到印度投资。巴基斯坦外交部发言人阿赫迈迪·汗（Moazzam Ahmed Khan）接受法新社采访时说，该决定必将给投资者及企业家带来利益，给两国人民带来收益。信德省投资委员会主席祖拜尔（Zubair Motiwala）认为"对于南亚地区更好的经济前景来说，这将是一个巨大的进步，两国的商人可以自由投

---

① "Press Information Bureau," *Government of India*, July 5, 2012.
② "pakistan to tour India in December for limited-overs series," *Dawn*, July 16, 2012.
③ "Pakistan India Working Group meeting on Cross-Loc CMBs," *Ministry of Foreign Affairs*, *Government of Pakistan*, July 19, 2012, http://www.mofa.gov.pak/mfa/pages/article.asp?id=12528&type=1.

资于彼此的国家",并称该决定是在正确的时间做的正确的决定。[①]但同时,阿赫迈迪·汗表示巴基斯坦更感兴趣的是,印度何时取消对巴基斯坦投资的禁令。8月中旬,印度东北部的阿萨姆邦波洛族与穆斯林爆发了种族冲突,造成大规模流血事件。后南部地区传言称穆斯林将对原籍为东北邦的人进行报复,导致近4000名东北邦人火速从南部地区逃离。19日,印度内政部长信德与巴基斯坦内政部长马利克进行了对话交流,信德直接说明网络上流传的合成图片和虚假流言都来自于巴基斯坦境内,要求巴方立即采取强硬措施,巴基斯坦对此坚决否认,表示印方的指责毫无根据。20日,印度外交部、内政部、电信部以及所涉技术委员会召开了部长级联合会议,搜集整理相关证据,表示将于外长克里希纳印巴外长会谈时正式提交给巴方。事件最终得以平息,但给正处于全面和谈进程中的两国关系制造了一些不和谐的因素,也暴露了印度对巴基斯坦的不信任,一旦事情有变,总会自然地寻找对方作为事情的起因。

其八,9月7日,印巴两国外交秘书进行会谈,除了全面讨论两国关系,评价迄今为止两国关系的进展,也为8日举行的外长会谈进行先期安排,会谈被认为是积极的、坦诚的。次日,印度外长克里希纳和巴基斯坦外长哈尔首先进行了单独会谈,会谈主题涉及和平、安全和信任建立措施,克什米尔,锡亚琴冰川,锡尔克里克湾,签证制度及经济合作等,两人还共同主持了同一天在伊斯兰堡召开的印巴联合委员会。两国间还通过并签署了新的开放性签证制度协议,新制度将进一步放宽限制并简化受签程序,以促进和强化两国的民间交往及商贸往来。对商人的签证限制也被放宽,他们可以获得一年内多次入境的签证并免除警方报告单,此外被允许访问的城市数量也有所增加。新的签证制度中还引入了团体旅游签证的新形式,10—50人的游客可以获得有效期为30天的团体旅游签证。两国外长会谈中重申:恪守承诺,致力于和平解决两国间一切悬而未决的问题,并建立相互信任的双边关系。双方在互利合作、增进民间交往及增加双边贸易等

---

① India formally allows foreign investment from Pakistan, *Reuters*, August 1, 2012.

方面达成共识。① 与以往访问不同的是，印度外长最后一天的行程安排在拉合尔，在那里会见了主要反对党穆斯林联盟的领导人及商业团体。

其九，11月14日，扎尔达里在会见来访的印度比哈尔邦首席部长尼蒂什·库马尔（Nitish Kumar）时说，巴基斯坦希望和印度发展友好、合作和良好的睦邻关系，两国之间有着巨大的机遇，提高双边合作，将实现互利双赢，而两国议会之间的交流对深化两国人民之间的直接交流大有裨益，同时巴基斯坦总统敦促进一步深化合作领域，使两国的教育、卫生等领域都能得到共同发展。他表示两个国家可以考虑在省级议会建立友好团体，正像国家议会之间类似的组织，这将导致政策制定者之间更大的理解。对正在进行的对话进程，巴基斯坦总统表示满意，并说巴基斯坦的主流政党存在一个普遍的共识，希望维持与印度的良好关系，"为了地区的持久和平，我们希望和平解决所有悬而未决的争端"②。

其十，巴基斯坦内政部长马利克14日到达印度进行为期三天的访问，两国修改签证的协议开始签字生效。两国还进行反恐、边境管理、反伪钞以及安全侦查机构之间的合作。访问期间，马利克和印度总理辛格进行了会晤，辛格赞扬了巴基斯坦对孟买恐怖袭击分子准备审理的行动，马利克说将派遣一个司法委员会到印度处置袭击事件，并尽早在巴基斯坦开展审理工作。印度方面则对审理进程缓慢表示严重关切。而新签证协议，简化了程序，便利了两国人员的往来，尤其有利于民间商务交流。同时，该协议规定了从2013年1月、3月起，分别放宽从阿塔里/瓦嘎陆路口岸进出人员的停留期限和团队旅游签证有效期限。17日，印度内政部长信德称，巴基斯坦一直在逮捕孟买恐怖袭击案主谋哈夫兹·赛义德上误导印度。信德说，所有提供给印度的逮捕赛义德的文件副本和判断显示他和孟买袭击案无关。"马利克先生不断告诉我们他逮捕了赛义德三次，都因为缺乏证据将其释放，我们已习惯于理解赛义德因涉嫌袭击案而被捕。"信德明确表

---

① 张兆元编译：《印度外长克里希纳访问巴基斯坦》，四川大学巴基斯坦研究中心资料。

② "Pakistan wants good neighbourly ties with india: zardari," *Dawn*, November 14, 2012.

示，在印度人心目中，将袭击事件罪犯绳之以法是关键的问题，印度已提供足够的证据，而巴基斯坦迟迟不采取行动。而马利克在访问期间则表示，印度提供的信息不足，如果叫证据的话，根本无法接受法庭的检验，而释放的原因就是指控的证据不足。①

综观2012年印巴关系的发展，呈现出极为鲜明的特征，即双方在全面和谈，涉及双边关系所有议题的同时，有意淡化了对克什米尔问题的处理。实际上，从孟买恐怖袭击案之后，两国在尝试接触、恢复和谈时已将焦点逐渐集中于提升两国的贸易联系，总体上抛开更为棘手的极端主义与极具争议的克什米尔问题，尤其是在克什米尔问题上，虽然列入各种级别会谈的议题，却极少成为会谈的重点，使之在这个问题上鲜有进展。究其原因，是两国在多年的交往及多轮会谈的拉锯及较量中，认识到这一问题的复杂性和敏感性，想要短时间内取得进展不具备现实可能性，过多集中于该问题的争执，既不利于两国关系的恢复和进一步发展，也遮蔽了发展两国其他领域关系的广阔空间。因而，在2012年的印巴关系中，贸易关系的提升成为最大的亮点。据美国《外交政策》杂志盘点的2012年最易被人忽略的十件大事中，印巴经贸联系的加强位列第一。在巴基斯坦承诺给予印度最惠国贸易待遇之后，两国经贸领域的合作较前已有较大突破，在逐渐的接触和商谈中，巴基斯坦取消了数百种对印度商品的进口禁令，印度则承诺逐渐降低巴基斯坦商品的关税。双方还同意开放边境检查点，印度放松了对巴基斯坦游客的签证要求。据估计，这些措施将使两国的双边贸易额在未来两年内增加至80亿美元。②

但同时也应看到，印巴经贸联系的加强只是相对于之前两国经济合作空间相对狭小。如在关税及非关税壁垒上，巴基斯坦承诺给予印度最惠国待遇也未带来两国关税的互惠减让，在2012年的1月1日，印度从巴基斯坦进口商品的关税将从峰值的11%降至8%，计划到

---

① "Pakistan misled India on Hafiz Saeed's arrest: Shinde," *IANS*, New Delhi, December 17, 2012.

② "Pakistans Relations with India beyond Kashmir," *Asia Report* N°224, 3, May 20.

2013年降低至5%。① 同时，巴基斯坦的主要抱怨是多种非关税壁垒的存在，如严格的产品质量标准、繁杂的报关程序，使巴基斯坦产品在印度市场难以具有竞争力。投资上，印度放宽了对巴基斯坦商人及公司投资的限制，却并未允许印度商人进入巴基斯坦投资市场。

在经贸领域的联系、合作亟待加强的同时，两国关系中仍有一些潜藏的矛盾需要应对。如恐怖主义袭击事件仍成为制约两国关系的一大障碍，双方围绕孟买恐怖袭击事件的争执、交锋，时常出现，给逐渐走上正常化渠道的印巴关系蒙上一层阴影。在两国各种会谈中，围绕孟买恐怖事件的嫌犯及元凶的审理及证据确凿性的争论都会成为影响、制约两国关系的一个隐患，在此事件上也暴露出两国关系虽然在淡化极端主义及恐怖主义的滋扰，但却无法根本回避这种因素在两国关系中产生的负面效应。而且虽然两国在会谈及交往过程中会有意识、极力营造友好的气氛，却难以掩饰两国关系中根深蒂固的猜忌、不信任，这在2012年8月印度阿萨姆邦民众大规模逃离事件中得到充分的反映。

孟买恐怖袭击事件之后的印巴关系，缓和的进程在逐渐恢复，全面对话再次开启，在经贸领域也取得了较大的进展。但制约两国关系的最关键问题难以取得突破，这将会给两国关系带来极大的隐忧。虽然也有乐观的看法认为，印巴可以效法欧盟的实践，集中于经贸合作的积极推进。在各领域的合作深化、经济融合的趋势不可逆转之时，推动两国关系中其他方面的解决。但在经济合作的前景尚难显露端倪的时刻，预测其对于两国关系的推展性作用未免失之周详。况且，经济关系的推进总要借助于两国政治上的互信及相互协调、配合的举措。印巴在政治互信极为缺失的状况下，经济合作的调整策略往往相对僵化，在出现矛盾、纠纷时缺少相应的解决机制。两国更多地从自身利益权衡，在具体的关税调整、投资限制等问题上纠结不断，这相对制约了其经贸合作的空间及所能取得的成就。

---

① "India to cut tariff lines by 20 per cent under SAARC pact," *Hindu*, September 8, 2011.

第四章

层次分析法与印巴关系的影响因素

第一节 层次分析法：内涵及应用

层次分析法作为国际关系研究领域的一种重要方法，对国际关系理论的发展及研究方法的拓展具有巨大的推动作用。它使得研究者能更加清晰、明确地设定研究的各个层次，探究各层次因素对于事件发展起到的不同作用，从而建立起总体的分析研究框架，更为深入、详细地阐释具体研究领域里的具体问题，对各层次因素在整体分析中的层次、影响程度等可以获得细致入微的认识。因而，考察层次分析法的内涵及具体应用在理论探讨中极具参考价值。

层次分析法的产生和国际关系理论的发展不可分割。在 50 年代，国际关系理论领域出现了行为主义科学的转向。行为科学的倡导者认为传统的国际关系研究依靠的是个人的领悟和直观的经验，从而使其不具有类似于自然科学研究具备的严谨性、实证性，因而制约了社会科学的发展。如能借助于更多的数据、模型建立起科学、规范的分析模式，必然会推动国际关系学科朝向更具有可检验的实证方向发展。而在其中，区分不同的变量，在变量间建立可以假设、可供验证的关系至关重要[1]。在这方面，莫顿·卡普兰和肯尼斯·沃尔兹首先做出

---

[1] Miles Kahler, "Inventing International Relations," in Michael W. Doyle & G. John Ikenberry, (eds.), *New Thinking in International Relations Theory*, Colorado: Westview Press, 1997, pp. 20 – 53.

第四章 层次分析法与印巴关系的影响因素

了尝试,也逐渐推进了层次分析意识的加强。卡普兰在《国际政治的系统和过程》中提出了著名的国际系统的六模式,从而首创了系统分析的研究方法。根据国际关系的历史实践及权力的分配、联盟的组合,卡普兰提出了6种系统模型,每一种都研究了其基本特征、组合方式及演变规律。卡普兰被称为系统分析的首创者,其系统研究的着眼点是集中于国家之间的互动对整个系统的影响,因而对后来的层次分析法有颇多启迪。沃尔兹的《人、国家与战争》则被认为是开创了层次分析的先河。在分析战争起源问题时,沃尔兹从三个意象(即三个层次)入手,分析其不同的解释力[1]。沃尔兹后来详细说明了何为意象,意象一词意味着头脑中形成的一幅图画,人们是通过哪种既定的方式来观察世界的。意象的恰当性在于人们无论如何努力,都无法直接"看到"国际政治,因而有必要发展一种理论,描绘出一个相关的活动领域。同时为了解释国际政治后果,必须将一些要素滤除,以便集中关注最基本的要素。沃尔兹认为意象一词也更为优雅、精准,如果从分析层次的角度来思考问题,容易被人误解为对某一层次的选择不过是貌似切合主题、更符合个人想象的问题[2]。在解读一些国际政治问题时,既需要分析性的思维方式,也需要系统的分析方法,以求对国际政治形成更为广泛的理解。

根据沃尔兹的解释,第一种意象,战争的最重要根源在于人的本性和人类行为。自私、被误导的侵略性冲动和愚蠢都将导致战争的发生,而其他因素则是次要的,并且必须根据上述要素来加以诠释。第二种意象,战争的爆发来自于国家结构的缺陷或者说内部弊端。第三种意象,战争的爆发根源于国际无政府状态及国际结构的缺陷。三种意象对战争的爆发具有各不相同的解释力,不能忽略或偏废,因而要改变战争频发的现象,就需要在不同层面做相应的努力以改变、消除某些现象的重复出现。沃尔兹三种意象的理论尽管不是以层次分析的"面目"出现,实质上却是层次分析较为完整的分析,也是比较成熟

---

[1] 沃尔兹最初使用分析层次(levels of analsis),后来修改为意象(image)。
[2] [美]肯尼斯·沃尔兹:《人、国家与战争》,信强译,上海世纪出版集团2012年版,序言。

的应用，对之后国际关系理论的发展贡献显著。

如果说沃尔兹更多的是从实际应用角度涉及层次分析法，那么戴维·辛格（David Singer）则是将其作为一种分析方法详细加以阐释。在其发表的《国际关系中的层次分析问题》（The Level-of-Analysis Problem in International Relations）一文中，辛格主要从描述、解释、预测功能上，对"体系层次理论"和"国家层次理论"进行了比较、区分和评价，认为体系层次是全面的、最具综合性的层次，使研究者能够从宏观上把握国际关系运行的规律。而国家层次则着眼于围观层次，主要集中分析国家政策及行为细节，辛格最后得出结论：这两种层次既具有自己的优势也存在某种缺陷，研究者的使用取决于自己的研究需要；两个层次的理论不能混淆，对层次的使用要保持一致性，不能在同一个研究项目中跳转入另一个层次[①]。辛格的研究将层次分析法作为一种国际关系研究的方法正式提出，对该分析模式的丰富和发展及整个国际关系理论的发展都起到巨大的推动作用。但辛格在文中没有清晰阐明层次分析法的内涵、实质，因而也造成对此问题的长期争论。按中国学者吴征宇的分析，层次分析法有两层含义：（1）不同的层次代表了不同的"解释来源"（自变量）所处的位置，即卡普兰所说的系统决定论和沃尔兹的三个意象理论，在这种含义上，层次的正确意义在于：各层次的因素作为自变量，主要研究其对其他因素的推动及决定意义。（2）不同的层次代表了不同的"研究对象"（因变量）所处的位置，戴维·辛格提出的"民族国家"和"国际体系"两个层次指涉的就是这种因变量意义上的层次。前者指那些以单个国家的行为方式为研究对象的理论，也就是沃尔兹所说的"对外政策理论"，后者指以体系层次上的国家行为方式为研究对象的理论，也就是沃尔兹所说的"国际政治理论"。这种含义，层次仅代表了研究对象的区分，实质上不具有通常所说的层次区分的内涵。由于学者们在使用层次这个概念上的含混性，造成了对层次问题及层次划

---

① J. David Singer, "The Level-of-Analysis Problem in International Relations," *World Politics*, 14 (1).

第四章　层次分析法与印巴关系的影响因素

分上的混淆及争论。

层次分析法的目的在于研究过程中变量的区分与辨别，并在变量间建立起可供验证的假设，在这种关系中，层次因素是自变量，具有驱动、决定性的意义，所要解释的事件、个案成为结果，属于因变量。事件的产生、发展或变异是某个层次或者多个层次综合作用的结果。层次分析法的现实意义还在于廓清国际关系领域的不同分层，而这些分层对具体国家行为、战略的影响具有不同的作用和意义，在整体解释框架中所处的位置、分量自然有所区别。对分析者来说，层次分析问题的关键在于如何辨别和区分那些不同"解释来源"所处的、不同类型的位置，即如何划分不同的层次。不同的分析层次实际是代表那些不同的"解释来源"（自变量）所处的、不同类型的位置。由于任何体系本质上都是指由一组相互间存在密切联系和互动的单元所构成的有机整体，因此任何体系理论上都应当包含三个不同的层次，即体系层次、互动层次、单元层次。到目前为止，在这三个层次上被国际关系学界普遍认可的、可以充当"解释来源"的独立变量分别是体系的"结构"、互动的"过程"和单元的"属性"。①

三个层次的划分是关于层次分析的最基本应用，然而在实践中，学者们往往根据研究的需要及具体问题的特殊性，对基本的层次分类做一定程度的增减，以进一步完善层次分析法的应用。辛格实际上采用的是两个层次的分析方法。罗伯特·杰维斯（Robert Jervis）在《国际政治中的知觉和错误知觉》中提出四个层次的假说：一是决策层次，二是政府机构层次，三是国家性质与国内政治运作层次，四是国际环境层次②。詹姆斯·罗斯诺（James Rosenau）提出了五个分析层次：个人、角色、政府、社会和国际系统，实际上是在沃尔兹三个层次的基础上，对国家层次的变量做了进一步细分，将具体领导者的个性与职务赋予的角色要求及政府禀赋等元素区分开来，辨清其不同的作用。布鲁斯·拉西特（Bruce Lassiter）和哈维·斯塔尔（Harvey Stall）在《世界政治》中提出

---

① 吴征宇：《关于层次分析的若干问题》，《欧洲》2001年第6期。
② [美] 罗伯特·杰维斯：《国际政治中的知觉和错误知觉》，秦亚青译，世界知识出版社2003年版，前言。

六个层次：世界系统、国际关系、国内社会、国家政府、决策者角色和决策者个人。世界系统主要是指国际系统结构和进程、世界科学发展水平，是整个国际关系发生的背景环境；国际关系指国家之间的互动关系；国内社会指决策者所处的国内社会环境，如社会的富裕程度、利益集团的行为特征、社会成员的素质等；国家政府指决策者所在政府的性质和结构，如国家政治制度和政府机构的安排等；决策者角色指决策者的职务，赋予其在推动国际关系中的作用；决策者个人则是决策者的性格、价值观念等个人因素，考察其对决策制定的影响。本书根据层次分析法的基本分层，结合印巴关系的现实展开，根据其"解释来源"的不同分层，将制约印巴关系的多种因素划分为四个层次，分别是：国内层次，主要选取印巴两国的政治体制、主要政党、政策倾向以及伊斯兰教在两国不同的地位及作用进行分析；双边层次，主要以克什米尔问题、核威慑及核战略、恐怖主义、水资源为分析对象；地区层次，主要以阿富汗及中亚因素为考察对象；国际体系层次，集中分析整体国际体系结构及进程对印巴关系的影响。虽然沃尔兹认为结构层次的因素是最为重要的，结构作为约束性条件，是单元必须面对的压力，但在国际体系整体结构不变的状态下，单元的属性及单元的互动作用日益凸显。因而，本书进行的层次分析是从国内层次（单元）开始的，且每个层次选取了最基本的、对两国关系影响至为关键的因素进行对位分析，以明晰制约印巴关系进一步展开的不同层次的变量及其在整个制约因素中的位置。

第二节　国内层次：政治生态及伊斯兰教

国内层次，即沃尔兹描述的单元层次，意指国家行为体，体系由单元组成，单元的排列方式形成为国际体系的结构，单元具有功能相似性的特征，而区别是能力分派的差异，由此决定了不同能力地位的国家具有不同的追求，"大国为自身及他国的行动搭建了舞台"。[1] 在沃尔兹看

---

[1] ［美］肯尼斯·沃尔兹：《人、国家与战争》，信强译，上海世纪出版集团2012年版，第78页。

来，单元属性的相似性决定了可以忽略单元的内部组成及特性，结构才是最具有决定性特征的。实际上，国际关系研究者越来越发现，不理解国家的内部构成及诸多特征，就无法对国际关系的运行做出精确、深刻的解读。有鉴于此，本章对影响印巴关系的因素的分析首先从国内层次入手，分析两国的政治体制、政党对国家政策输出尤其是对外政策的影响以及伊斯兰教对于两国不同的意义。

一 印度的政治体制、主要政党及政策倾向

在英国入侵印度在印度建立殖民统治期间，逐渐确立起了具有印度特色的资产阶级议会民主制度。民主制度作为西方政治制度的基本组成，具有鲜明的西方政治文化印记，它在印度的确立过程中不免会引起与已有的封建制度的冲撞、矛盾及对立。最终西方资本主义制度得以确立，与之相适应的法律、政党、行政、选举等各项制度也逐渐从无到有，不断趋于完善。1950年1月24日，通过制宪会议第12次会议的签字，独立后第一部宪法诞生，在26日印度宪法正式生效。印度宪法产生后，其演变的一大特征是不断以修正案的形式调和议会与最高法院的分歧，反映现代社会的改变进程以及利益集团的压力，因而对印度的政治—社会体系有着重要的影响。[1] 根据宪法的规定，印度为"主权民主共和国"，既说明国家的性质，也赋予主权在印度人心目中的位置。在国家结构上，实行联邦制，主要源于印度多语言、多民族、多宗教及多人种的客观事实。为避免地方的离心倾向，给予适当的自主权力。印度的联邦国家机构由行政、立法、司法三部分组成。行政上，总统形式上掌握最高权力，也是对外关系的最高代表。部长会议协助总统并向总统建议行使职权，部长会议以总理为首。总理由人民院多数党议会党团的领袖担任，为政府首脑，领导部长会议、控制内阁，部长则由总理提名任命。内阁是权力的真正核心，由总理及内阁部长组成。内阁中为审查和处理一些重大问题，设

---

[1] "Indian Political System," http://www.competitionmaster.com/ArticleDetail.aspx?ID = 0d45c6ef – a89c – 4f46 – b715 – 024d895818.

有各种常务委员会，如外交委员会、国防委员会、科学技术委员会等。议会拥有制定法律、财政权、行政监督权、修改宪法权及弹劾总统的权力。在军事系统中，印度采用西方文官治军的原则，军队不介入党派斗争，进一步削弱军人的权力、加强对文官的控制。国防部仅是执行机构，全部由文官组成。军官、士兵必须绝对服从中央政府，不得参与议会党团的政治斗争[1]。

印度的民主制度脱胎于英国以内阁制体现的多数民主，多数民主下的行政权及立法权都被选举中获胜的政党通过内阁控制，其他政党被排斥在政权之外。这种选举制度被称为选举产生的独裁政府。印度内阁通过议会与政府的连带关系控制着人民院，而人民院拥有较高的实际权力。联邦院的财政权、监督权很难实际行使，立法职能也相对有限，在实践中，宪法赋予的制约人民院及代表各邦利益的职权很少能够实现。这种权力格局使得内阁成为联邦权力的中心，而在印度多年来的民主政治的实践中，往往都是具有印度教属性的政党最初赢得大选，掌握内阁。这使得在联邦层面的权力分享上，印度属于典型的多数民主。同时，印度作为联邦制，邦政府、地方政府及村级行政机构在纵向政府间权力结构中占有很大比重，地区选民可以通过投票，影响地区议席的分布及权力结构。[2] 这样，这种混合制民主可以最大限度满足社会各集团的利益需要，保证国家的稳定与统一。

印度的民主制度较为成熟，运作相对完善。印度在独立之后的60多年间，成功地坚持了民主制度，进行过15次周期性选举，其中所有的政治官职实行开放竞争。民众在表达政治异见及抗议活动上拥有很大的政治空间，民主政府的政治制度化程度较高。经济上，经济发展战略及实施政策经过充分讨论，并在实行过程中经常进行调整；政治上，民众通过组织化过程表达政治意愿，政党必须接受民众监督和选择。虽然印度是多民族国家，有着严格的等级制社会结构，但印度过去60多年来的民主实践被认为是成功的[3]。究其原因：一是来

---

[1] 雷启淮主编：《当代印度》，四川人民出版社1999年版，第138—148页。
[2] 程同顺、高飞：《印度的混合式民主》，《学习论坛》2011年第10期。
[3] 王红生：《论印度的民主》，社会科学文献出版社2011年版，第2页。

自于印度在追求独立进程中，受西方价值观影响的知识精英的逐渐成长；二是独立后，印度精英阶层对民主的信念和始终坚持的实践保证了民主的持续推行。恰如鲁道夫所说的，民主是在实践演练中学会的，印度实践表明，实行民主的先决条件事实上不是民主的基础。当他们经过一系列的选举和社会试验后，已经积累起丰厚的民主价值观，在这些基础上才支撑起印度民主制度[1]。

在政党组成上，印度党派众多。1952年第一次大选时，大小政党多达192个。2004年，第14届大选时，全国政党总数达到750个。其中大多数政党是地方政党，活动范围及影响力相当有限。印度的政党中，有些是靠领袖的个人魅力支配整个政党，如圣雄甘地（Mahatma Gandhi）领导下的国大党。英迪拉·甘地（Indira Gandhi）时重复了同样的故事，她领导下的政党有时也被称为国大党（英迪拉派）。有些政党则是依靠其意识形态或者其领袖在公众面前赢得的尊重。[2] 从独立之初到1967年，国大党具有绝对的支配地位。之后，随着党内的分裂及其他党派尤其是人民党渐趋兴起，国大党逐渐式微，各党派的竞争、分化、组合的态势比较明显。目前，印度主要的全国性政党有：（1）印度国民大会党（The India National Congress），简称国大党。成立于1885年12月，是印度民族运动的领导者。独立后初期，在印度长期执政，60—70年代发生了内部的分裂，致使国大党在印度政坛的优势地位被侵蚀、削弱。2004年在议会选举中再次获得执政地位。国大党的主要政策主张是，建立以议会民主制为基础的社会主义类型的社会，坚持民族主义、议会民主、社会主义和世俗主义。在对外关系上，以互不干涉、和平共处和不结盟为其对外关系的指导原则，国内政策上强调团结、统一、教派和睦。（2）印度人民党（The Bharatiya Janata Party），1980年4月从原人民党（印度）分立，前身是1951年成立的印度人民同盟，成员还包括部分社会党人和国大党（组织派），支持者主要以城市的工商业者为主。人

---

[1] Atul Kohli, *India's Democracy*, Princeton University Press, 1990, p. 10.
[2] "Political Parties in India," http：//www.cipra.in/paper/polparties.html.

民党的政治纲领是民族主义、民主、积极的非教派主义和甘地的政治经济权力分散原则为基础的社会主义。印度人民党教派主义色彩浓厚，与印度教各教派组织关系密切。利用印度教与伊斯兰教的教派矛盾，宣扬印度教文化的复兴，把印度教文化等同于印度整个民族的文化，认为可以带来整个民族的复兴。在发展过程中，该党顺应民心提出变革口号，也借此淡化其激进色彩，赢得一些非印度教徒的拥护[1]。在 1996 年选举中，印度人民党跃升为人民院第一大党，并获总统邀请成立政府。1999 年选举中以全国民主联盟（National Democratic Alliance，NDA）成员的身份参选，联盟取得多数党地位。瓦杰帕伊作为该联盟中最大党的领袖，再度当选总理。(3) 人民党（The Janata Party），1977 年成立。在当年 3 月的人民院大选中获胜，德赛（MoRarji Ranchhodji Desai）出任总理。人民党的政治纲领是，以甘地主义为理论基础，建立一个民主、世俗和社会主义国家。对外政策上，主张真正的不结盟，同一切国家保持友好关系。由于其成员来自不同的党派，政治纲领的不同与阶级基础的差异，造成内部的矛盾及分裂。1989 年 10 月，联合人民阵线和民众党组成新人民党，在 11 月的选举中获取 116 个议席。全国阵线组成内阁后，维普·辛格出任总理，但不久因印度人民党不再支持，内阁倒台。1998 年之后，以该党为主的全国阵线逐渐分裂，各党派各自参加竞选，导致人民党力量削弱。人民党经历了严重分裂后，选民比例大幅度下降并迅速沦为议会中的小党。

简要分析印度主要政党的政策主张及执政历程可以看出，印度政党制度从建国初期国大党的一党独大过渡到"政党结构中稳定的两极的存在"。[2] 印度人民党与国大党在人民院的议席基本维持在半数以上，政府的组成也就往往以其中一党为主联合其他政党组成盟友，共同组阁。现有的印度政党格局下，许多全国性的政党与小党在选举前就联合推出选区候选人方面达成协议，该候选人属于一个政党，并

---

[1] 雷启淮主编：《当代印度》，四川人民出版社 1999 年版，第 162 页。
[2] 陈金英：《两大党制：印度多党制分析》，《国际论坛》2008 年第 1 期。

得到其他政党的支持。通过这样的方式，阻止其他党派提名不同的候选人，以防止选票的分散，导致在选举中输给竞争对手。① 在1999年的大选中，印度人民党为首的全国民主联盟获得356席，人民党占181席。但在随后的2004年的大选中，国大党重新夺回优势地位。2009年的大选中，国大党再次获胜。但无论是国大党还是以其为首的联合进步联盟总席位，都未能超过成立新政府必要的272席过半数席位，因此联合进步联盟势必要再与其他小党谈判组成执政联盟，建立联合政府。多党联盟的政治生态使得政府的执政基础往往并不牢靠，这就使许多政治决策带有增强凝聚性的"工具性"意味。如1998年印度公开进行核试验，尽管有印度的核国家身份的考量及印度人民党一贯的核政策的因素，但核试验时机的选择却极具现实意义。尽管印度人民党在上院拥有最大的席位，但不占绝对多数，只能由18个党派组成联合政府。在政府组成的数日内，联盟的裂痕就非常明显。寻求某种方式结束分歧、维持权力，避免1996年政府仅维持13天的尴尬局面再次出现，就成为印度人民党亟须解决的任务。在此情境下，印度人民党开始实施沙克提计划（Operation Shakti）。该策略收到了明显的效果，核试验获得了87%的公众的支持，也稳固了政府的执政地位。②

但在两大党制下多党竞争的政治格局中，来自在野党的反对、质疑也会对政府的政策形成掣肘。索尼娅·甘地（Sonia Gandhi）就指责瓦杰帕伊政府"有计划、有步骤地采取行动，试图从政治上利用核试验"③。在1999年卡吉尔冲突期间，她多次称现政府不能使政局稳定，是政府的软弱和不稳定，造成了渗透者的进入。反对派团体对国防部长费尔南德斯也做出了批评，认为其对渗透行动反应不力，并要求解除其职务。④ 这种状况造成了内阁在政策执行上的相对谨慎，

---

① "Political Parties in India," http：//www.cipra.in/paper/polparties.html.
② Sharma, Kalpana, "The Hindu Bomb," *Bulletin of the Atomic Scientists*, Jul/Aug 1998, Vol. 54, Issue 4, p. 30.
③ 《参考消息》 1998年5月19日。
④ 宋海啸：《印度对外政策决策模式》，《南亚研究》2011年第2期。

回旋余地相对较小。这在国内经济社会政策的推行上已然如此。在极为敏感、易于触动民众神经的对巴关系上更容易"牵一发而动全身"。比如，2009年7月16日印巴两国总理在沙姆沙伊赫同意采取明确的步骤以提升两国关系，由于国内的反对，印度总理未能履行承诺。2011年两国全面和谈重新启动，由于国内一些派别对巴基斯坦的意图存在较大的疑虑，导致辛格政府的政治支持相对有限，认为其没有将恐怖主义威胁问题放在优先位置。这种状况的存在会对改善、提升印巴关系形成极有力的制约。

二 巴基斯坦的政治体制、主要政党及政策倾向

巴基斯坦独立后，在1956年制定了第一部共和制、议会制宪法，于3月23日正式实施。强调巴基斯坦是伊斯兰国家，穆斯林应遵循伊斯兰教义原则。在国家机构的组成上，总统是国家元首，由联邦及两省立法机构全部成员组成的选举团选举产生。总理是全国行政首脑，由议会的两院联席会议选举，总统任命。其间经历了任命权的变更，从总统直接任命总理，到1997年又废除了总统直接任免的条款，总理职权得以增强。总理的主要职能是领导内阁、主管全国日常事务、向总统提供建议。内阁必须按国会的决定行事，由总理及各部部长组成。联邦政府中还设有一些地位比较重要的独立机构，如首席检察官、联邦公共服务委员会、伊斯兰意识形态委员会、联邦土地委员会等。立法机构上，采用两院制，由参议院（上院）和巴基斯坦国民议会（下院）组成。下院是重要的立法实体，由217名议员组成，对行政机构予以监督。上院还有选举、罢免总统，制定税收政策，审批提案及年度财务计划的权力。上院设87个议席，参议院有权通过法案、提出财政议案以外的法案、有权质疑内阁，是巴基斯坦政治生活连续性的象征。司法系统，联邦中央设最高法院，在四省各设高等法院，另由其他法院行使民事和刑事裁判权。值得一提的是，在巴基斯坦的政治体制中，军队发挥着重要作用。由于巴基斯坦建国过程中，开国领袖真纳的早逝，继任者里阿夸特·阿里·汗（Liacquart Ali Khan）的遇刺，使国家的政局稳定和社会的稳固、统一失去重要

/// 第四章 层次分析法与印巴关系的影响因素 ///

依靠，导致了政局的不稳、政府更迭频繁，在掌控全国局势上，文官政府相对羸弱，给军事干政提供了可乘之机。历史上，阿尤布·汗、叶海亚·汗、齐亚·哈克执政期间，三次进行军法统治，1999年穆沙拉夫也是通过军事政变控制了政权。军队干涉内阁、军人施压政府的现象已成为常态。总统、总理、军队被称为政权结构中的"三驾马车"，军队扮演着仲裁者的角色。总统对总理的罢免总要征得军队的承认和支持。军队中很多将军即便退役离开军队，也往往选择投身政治，成为国家政治的一大特色。而政治危机面前，军队也会成为一支重要的依靠力量[①]。

　　巴基斯坦政党较多，1997年参加全国大选的主要政党有13个，2008年的统计数字显示，政党数目在200个左右。主要政党为：（1）巴基斯坦穆斯林联盟（谢里夫派），前身为1906年成立的全印穆斯林联盟，国家独立后，改称巴基斯坦穆斯林联盟，至60年代一直是人数最多、影响最大的党派。1962年，分裂为巴基斯坦穆斯林联盟大会派和理事会派，前者主张各省平等，恢复1956年宪法，实行国会体制改革，信奉伊斯兰教。后者在1964年成为执政党，主张贯彻1962年宪法，实行总统制和间接选举，鼓励发展私营企业。1972年10月，巴基斯坦穆斯林联盟实现统一，1992年、1997年两次获胜执政，主要权力基础在旁遮普省。（2）巴基斯坦穆斯林联盟（领袖派），简称穆盟（领袖派），成立于2001年3月25日。该党从穆盟（谢里夫派）中分裂出来后，吸引了穆盟（谢里夫派）的诸多著名政治人物加盟，成为巴基斯坦政坛上一支重要的政治力量。在2002年的国民议会选举中，穆盟（领袖派）赢得了46%的议席，成为国民议会第一大党，并于同年11月与一些小党组成执政联盟。（3）巴基斯坦人民党，成立于1967年11月，主要支持者在信德省和旁遮普省。1971—1977年，人民党获得执政权，全国范围内实行土地改革，并将银行、保险及其他基础工业实行国有化。人民党的主要政策主张是议会民主、自由平等和经济私有化。1988年及1993年，两度执

---

① 杨翠柏、李德昌：《当代巴基斯坦》，四川人民出版社1999年版，第143—147页。

政。贝·布托曾为该党主席，在 2007 年 10 月，贝·布托流亡国外 8 年后首次回到巴基斯坦。但在 12 月 27 日，贝·布托遇袭身亡后，其子比拉瓦尔·扎尔达里（Bilawal Zardari）和其丈夫阿西夫·阿里扎尔达里分别出任人民党主席和联合主席。2008 年 9 月，扎尔达里竞选担任巴基斯坦总统。

巴基斯坦在独立后 60 多年来，政局一直相对动荡，未能确立稳定、有效的政治体制。政治基础难以稳固的形势给本已强大的军事机构以可乘之机，在巴基斯坦历史上，阿尤布·汗于 1958 年、叶海亚·汗于 1969 年、齐亚·哈克于 1979 年先后实行军法统治。1997 年谢里夫出任总理，但很快因卡吉尔冲突酿成的文职政府与军事系统的矛盾，导致陆军总参谋长穆沙拉夫发动政变，谢里夫被迫下台。穆沙拉夫于 2001 年出任总统。2008 年，穆沙拉夫下台，人民党吉拉尼政府开始执政。巴基斯坦的政局转换中，文职政府和军人政权的交替执政是突出的特征，每隔 10 年，就出现一次。且文官政府时期，往往政府更替频繁、政局不稳，给军人干政提供了机会。这既是巴基斯坦民主力量培育不足的反映，也说明了其国内政治、经济局势的复杂性，致使民主势力难以充分掌控局势，反而是在军人统治期间，借助军法的铁腕，政局才相对稳定。这种现象也说明了军事力量在巴基斯坦政治生活中的能量及特殊性。在人民党 2008 年上台执政后，多次出现军方欲发动政变的传闻，尤其是 2011 年 11 月的"备忘录事件"，显示了文官政府与军方矛盾的根深蒂固及对权力的角逐。2012 年 1 月，吉拉尼指责军方试图政变，军方则严词反驳，还对守卫首都的主要力量做出调整，任命新的 111 旅旅长[①]。

在以往文官政府和印度的和谈进程中，军方力量往往以反对者的面孔出现。比如，在克什米尔问题上，军方利用此问题在国家政治生活中扮演着重要的角色并以此分享国家资源，支持针对印度的圣战者组织。贝布托第一次执政时期（1989—1990），政府采取措施与印度实现关系正常化，包括中止对印度旁遮普、信德叛乱者的支持，在安

---

① 杜冰：《巴基斯坦的困境及前景》，《现代国际关系》2012 年第 3 期。

第四章 层次分析法与印巴关系的影响因素

全问题上建立信任措施，与拉吉夫·甘地政府签署一份交换及阻止相互攻击核设施清单。而军方，推行一项平行政策，支持以巴基斯坦为基地针对克什米尔的激进分子在查谟与克什米尔进行叛乱[1]，指责政府是在和印度进行安全冒险。在军方干预下，贝·布托被总统免职。1990年，贝·布托政府和谢里夫政府执政的间歇期，政府开始与印度就安全问题进行建设性接触。但是因军方不愿放弃在总体对印政策及克什米尔具体政策上的重要影响力，这种接触的努力被搁浅。谢里夫在第二任期间在对印度关系上采取了一些重要的措施，和瓦杰帕伊签署《拉合尔宣言》，同意强化努力以解决所有问题，如克什米尔、克制对相互之间内部事务的干涉、重申对恐怖主义的谴责。而同样，谢里夫的努力因军方在卡吉尔的冒险被破坏，穆沙拉夫在1999年10月发动政变，导致谢里夫政府垮台[2]。

即便在穆沙拉夫执政期间，军方在克什米尔上仍保持强硬的姿态。军方政策是受体制偏好及过去经验的支配，由于历史上的几次战争以及印度对克什米尔的控制，印度的威胁是被用来作为控制资源和国内政治干预的理由[3]。而由于军方的盘算及领土主张阻碍了加强两国经济联系获得潜在经济收益的机会，在2004年双方的和谈进程中，并未谈及两国的贸易问题。在孟买恐怖袭击之后，两国重开谈判的情况下，2010年2月，军队主要领导人吉亚尼在一次谈话中强调军事安全态势仍然以印度为中心直到克什米尔及水资源争端得到解决。在给予印度最惠国待遇问题上，军方持反对立场，尽管有分析认为军方拥有的企业如水泥及农产品行业可以从进入印度市场获益。在一次外交部和资深军事领导人及情报官员的会谈中，外长哈尔坚持在印巴关系中，军方是重大的利益攸关者，支持最惠国待遇的决定。而据报道军方高级领导人对政府的决定持保留态度。面对军方的压力，军方宣称内阁给予印度最惠国待遇仅仅是原则上的，只是在形势有利、符合

---

[1] Crisis Group Report, "Kashmir: The View From Islamabad," Op. cit., p. 18.
[2] Crisis Group Report, "Pakistan's Relations with India: Beyond Kashmir?" *Asia Peport* N224, May 3, 2012.
[3] Crisis Group Report, "Kashmir: The View From Islamabad," Op. cit., p. 20.

国家利益的情况下才会延长。① 可以说，巴基斯坦独有的军方力量对民主政治体制的干预，既有在体制动荡之时保证社会稳定的功效，也会对政治生活的民主化，对体制的正常运行产生干扰。出于自身利益的考虑，为获得更多资源分配上的倾斜，保证在对内及外交政策上的影响及控制力，军方对印巴关系的改善会施加压力，对两国关系的好转产生极大的阻碍，这是在考察印巴关系改善的各种影响因素时必须予以注意的一个因素。

三 伊斯兰教在印巴两国的作用及差异

伊斯兰教在巴基斯坦具有实质意义上国家意识形态的地位，据英国文化协会2009年的报告，有超过75%的巴基斯坦人首先将自己看作是穆斯林，其次才是巴基斯坦公民。2011年5月，吉拉尼研究基金会的调查表明，67%的巴基斯坦人赞同国家的伊斯兰化。② 虽然巴基斯坦的建国，主要是由赞同世俗主义的西方化了的精英领导的，但在国家发展过程中，伊斯兰逐渐占据了政治、社会、文化中的最重要位置。在英属印度的独立运动中，全印穆斯林联盟尽力争取成立一个独立的穆斯林国家，当时的许多领导人包括真纳，秉承的是自由思想，穆斯林宗教领袖则反对巴基斯坦独立运动。而在巴基斯坦建国后，反对独立运动的宗教集团改变了其最初的立场，开始呼吁国家的伊斯兰化并将伊斯兰教义写进未来的宪法。自由主义者和伊斯兰主义者的争斗由此开始。③ 1949年，议会通过了目标决议（Objectives Resolution），其中的两个条款增强了宗教活动集团不断的影响力。首先是肯定人民主权的神圣，作为神圣的信任，由此限制议会的范围和解释责任；其次，国家的义务在于使穆斯林有秩序地生活，伊斯兰的

---

① Baqir Sajjad Syed, "Foreign Office clears confusion: MFNstatus decision to come later," *Dawn*, November 4, 2011.

② Gilani Research Foundation, "Religion and Governance: Islamization of Society," Full report available at http://www.gallup.com.pk/Polls/31-05-11.pdf.

③ Jayshree Bajoria, "Islam and Politics in Pakistan," http://www.cfr.org/pakistan/islam-politics-pakistan/p24728.

教义、要求和古兰经以及先知的训导保持一致。决议有效地把国家和伊斯兰身份结合在一起，作为宪法制定的指导性原则，有利于伊斯兰化的政策最终成为宪法中的硬性约束。其中包括巴基斯坦是伊斯兰共和国，只有穆斯林才可能担任国家元首，国家支持"中央伊斯兰研究院"和"（伊斯兰）法律监护委员会"的成立。由此造成了宗教集团权力的增长，而国家的力量在宗教集团的活动面前渐趋消退。在齐亚·哈克执政时，伊斯兰化得到政府的全力支持，齐亚和伊斯兰促进会（JI）密切合作，正式开启伊斯兰化进程，包括引入新的伊斯兰法律、建立联邦沙里亚法庭、推行伊斯兰义务教育、促进宗教思想和宗教学校的传播、建立，军队也开始进行伊斯兰化的训练。

伊斯兰思想在巴基斯坦军事机构及文官政府有着较强的影响力。伊斯兰促进会领导人阿布·阿拉·毛杜迪（Abul Ala Maududi）在国家建立后改变了其反对建国的思想，转而认为穆斯林占多数的国家便于实施其神权民主的思想。由于未能获得多数的支持，毛杜迪开始寻求渗透、与军事机构及文官政府结盟的方法。在政府军事机构及文官政府中的世俗主义者相信他们可以接受宗教团体的观念而不用放弃其政治权力，伊斯兰意识借助权力、社会文化的影响力改变了军事及政府领导人的观念。他们为国家是建立在伊斯兰意识形态基础上的观点进行辩护，认为国家建立的目的也是为实现和维护这个意识形态。[①]阿里·汗经常发表有关"巴基斯坦的意识形态"的特别讲话，认为伊斯兰在国家意识形态中具有首要作用。第一任军法统治的总统阿尤布·汗不断重申巴基斯坦是建立在伊斯兰意识形态基础上的观点，他相信国家的首要职责是充分实现这些伊斯兰理想，但巴基斯坦未能充分行使职责导致国家遭受苦痛的结果。而齐亚·哈克则发起了全国范围内的伊斯兰化议程，其政策从根本上重塑了主要国家机构、政治、文化。齐亚认为只有伊斯兰教是巴基斯坦的意识形态，在这一点上不应有误会。我们都应该真诚接受伊斯兰教作为巴基斯坦的基本意识形

---

① Aparna Pand, "Islam in the National Story of Pakistan," http://www.currenttrends.org/research/detail/islam-in-the-national-story-of-pakistan.

态……否则……这个国家将暴露于世俗意识形态中。①

借助于政权的力量，伊斯兰教义在国家政治、文化、社会生活以及外交、战略的各个方面有着压倒性的优势和深入的影响。两个民族的理论就建立在穆斯林与印度教两个民族分立的基础上，从而使独立后的巴基斯坦成为南亚地区穆斯林的精神家园。与印度的对抗及印度内部穆斯林的政治运动，都被赋予了民族、宗教对抗及冲突的意味。巴基斯坦把伊斯兰教奉为意识形态，也有利于克服境内多民族、多文化、多种利益诉求带来的社会凝聚、身份认同上的难题。从而集聚国家资源，以宗教、文化的向心力获取整个穆斯林世界的认可、支持，扭转其在克什米尔等诸多问题上与印度对抗所处的不利境地。这种考虑及政策推行可能带来的收益，使伊斯兰教义的支配性地位在巴基斯坦各个层面都能得到显现。如宗教学校的学位得到与大学、学院的专业及技术学位同等的对待，这种改变造成了低阶层的公务员和官僚逐渐地伊斯兰化。而专业人士进入更高级别的政府、媒体、学院也要接受政府资助的长达几年的"巴基斯坦研究"及"宗教研究"，这使得其官僚阶层的世界观已被政治化的伊斯兰教义深深影响，很少有人挑战或对这种观念提出异议，这种教化的最终结果是传统的世俗主义者及专业的自由团体也变得更加支持以伊斯兰原则来塑造政府的政策。②

伊斯兰化的一个重要影响体现在军事领域。巴基斯坦军队里采用的雇佣及提拔制度，比较偏爱一些在宗教和意识形态上更显示其伊斯兰身份的人。在军队里的强制祈祷及伊斯兰课程上，会经常请一些宗教政治性政党的领袖，鼓吹一些极端伊斯兰思想。通常，宗教政治性政党都是以其极端立场而著称的，这样就容易解释军队、情报机构与极端组织较为密切的联系，以及对这些极端组织所能发挥的影响力。2009年，巴基斯坦参谋长吉亚尼将军在独立庆典前夕的讲话中说，

---

① "The President on Pakistan's Ideological Basis," Address by President General Zia-ul-Haq at the inauguration of Shariat Faculty at the Quaid-i-Azam University, Islamabad, October 8, 1979.

② Aparna Pand, "Islam in the National Story of Pakistan", http://www.currenttrends.org/research/detail/islam-in-the-national-story-of-pakistan.

伊斯兰是巴基斯坦的灵魂和精神,是我们的力量所在,巴基斯坦永远是一个伊斯兰国家。他进一步指出,巴基斯坦军队的使命是防御国家使之免遭内部和外来的威胁[①]。而 2010 年的一次讲话中,他表明他的观点是以印度为中心,实质上说明了印度是首要的国家安全威胁。在近年发生的多起以印度为目标的恐怖袭击事件中,军队的态度、立场以及推行的政策,都极为微妙,可以说军队已成为一个愈益意识形态化的机构。

巴基斯坦对伊斯兰教意识形态的利用,出于强化国家认同、有效维护国家安全的考虑。而在国家发展过程中,由于国际、地区及国内安全的交互作用,巴基斯坦自身的安全处境不断遭受极端伊斯兰思想的反噬,安全状况及正常秩序令人担忧。在巴基斯坦形形色色的极端团体和恐怖组织中,以伊斯兰教作为旗帜和动员工具的占了相当大的比例。如穆斯林真主游击队(HM)、穆罕默德圣战组织(JeM)、"虔诚军"(LeT)、哈尔卡特穆斯林游击队(HUM)、巴基斯坦塔利班(TTP)、羌城军(LeJ)、麦赫迪民兵组织(MM)、穆罕默德军(JEM)、正义军(LT)、伊斯兰圣战组织(HUJI)以及伊斯兰促进会的学生分支(IJT)等,这些极端组织大多在印控克什米尔地区活动,和伊斯兰团体有着紧密的联系,且受到三军情报局的支持和资助。"9·11"之后,巴基斯坦追随美国发动反恐战争,使得这些极端组织的活动能量转向巴基斯坦内部,造成巴基斯坦自身安全形势恶化,在政治、经济、社会、安全等方面都付出了极大的代价。尽管有些官员认为对国家的最大威胁不是印度,而是国内的圣战运动及美国,尽管军队领导人对一段时间发生在卡拉奇的种族—语言冲突深感忧虑,并呼吁对其进行军事干预以恢复秩序。[②] 在军队内部、三军情报局中同情、支持极端组织的势力仍有着较强的影响力,而印巴关系仍将会不时受制于极端组织的恐怖活动。

对印度来说,伊斯兰教的影响有着悠久的历史。随着阿拉伯人与

---

① "We are against terrorism, not religion, says Kayani," *Dawn*, August 14, 2009.

② "Army concerned about Karachi situation: ISPR," *Daily Times Pakistan*, September 5, 2011.

南部印度的商业、贸易往来，伊斯兰文化逐渐在次大陆传播开来。随着德里苏丹国和莫卧儿帝国的统治，伊斯兰文化在南亚影响深远，即便印度教文化也打上了穆斯林知识与文化的烙印。在穆斯林没有直接控制的地区，由于穆斯林精英个人的影响，在食品、艺术、建筑、宗教思想上都体现出融合的特征。而分立既造成了穆斯林与非穆斯林主权的分割，在印度内部也被分隔出穆斯林社区，使后者的比例、人口、影响力都减少了。巴基斯坦通过国家穆斯林分离运动来维护在印度的穆斯林利益，实际上削弱了穆斯林在印度的地位。但在次大陆长期的发展过程中，印度逐渐形成了一种共通的融合文化。在独立之初，尽管作为少数族裔，穆斯林仍以印度文明为傲，因其体现了高度发展的文化、宗教、政治成就，在这其中又有解不开的伊斯兰教的影响。坚持世俗主义的印度教徒和穆斯林的精英阶层在共同庆典上、普通民众在社区生活方面都体现着相互借鉴，对彼此的宗教节日保持尊敬、分享圣地圣人。世俗主义的印度不排斥穆斯林担任国家的高级官员，包括国大党主席毛拉纳·阿扎德（Maulana Azad）、西北边界省的道德与宗教领袖阿卜杜勒·加法尔汗（Abdul Ghaffar Khan）、第三任总统贾吉尔·侯赛因（Zakir Hussain）等。[1]

随着印度国内政治的发展，各种政党力量此消彼长，民族主义的穆斯林与世俗主义传统的历史性联系也经历着变化。印度国内教派主义力量兴起，对国大党重视穆斯林这张选票越来越不满，开始取悦并重视印度教徒的政治观点。虽然穆斯林希望探索联合执政的方式以扩大其权力、影响，但由于不稳定的政党政治，分割、削弱了穆斯林的领导地位和在国会中的代表席。随着2009年国大党成为大选的最大赢家，因与国大党的固有联系，穆斯林政党的影响也在回归。同时，在整个印度范围内，出现了很多新生的伊斯兰政治党派，尤其在人口众多、政治竞争最激烈的北方邦。这一方面反映了不同伊斯兰社区的利益诉求，在另一方面也会造成穆斯林政党之间分割选票的状

---

[1] Amit A. Pandya, "Muslim Indians: Struggle for Inclusion", https://www.stimson.org/sites/default/files/file-attachments/Muslim_Indians-Complete_1.pdf.

/// 第四章 层次分析法与印巴关系的影响因素 ///

况。伊斯兰政党的兴起也反映了相当一部分穆斯林社区已融入印度的政治生活，以代议制民主的形式争取自己的影响力和合法政治诉求。但在印度教占优势地位的情况下，伊斯兰政党的政治影响力难以精确估计，这从一个侧面说明了其地位及影响的有限性。在印巴两国因恐怖事件、危机而引发的对抗、冲突面前，伊斯兰政党在政治生活中的作用更易受到震荡、冲击。穆斯林民众的安全在国内右翼势力逐渐抬头的境况下也会遭受一定的威胁，2002 年古杰拉特邦（Gujarat）就发生了一系列残忍袭击穆斯林，损毁财产、清真寺、神庙的恶性事件，并扩展到该州很多地方。事件由隶属于州执政党的政治力量精心策划并有警察加入，引起了人们对州政府机构与反穆斯林右翼势力相互勾结的担忧。穆斯林社区的安全状况也逐级下滑，印度教徒与穆斯林的心理、文化上的鸿沟在加大，相互抱有怀疑、敌对的情绪。

由于在国家及邦政府层面上，印度教派主义政党如 BJP 逐渐获取权力，以及极端主义、反穆斯林联盟意识形态影响力的增强，政府从教育课程的控制及文化复兴的讨论等方面，提升印度教文化，造成对伊斯兰历史及观念的片面理解，印度教与穆斯林的隔离逐渐加剧。而在持世俗主义立场的政治家与学者看来，持自由伊斯兰思想的穆斯林是印度世俗主义的极佳体现，证明了伊斯兰教可以在一个民主体制内与印度教和平共处，也是对巴基斯坦两个民族立国理念的事实辩驳。在民族、宗教、文化多样性、异质性的南亚地区，保持不受宗教极端思想影响和蛊惑的温和的穆斯林社区显得异常重要。[1] 因而，在政府内部，即开始进行评价穆斯林的生活、安全状况的调查。2006 年，在总理下设高级委员会进行穆斯林社区社会、教育、经济状况调查。2007 年，国家委员会宗教、语言少数族裔报告也在几个领域展开调查以得出真实的结论。2006 年的报告显示，穆斯林占人口总数的 13.4%，而担任的政府职位不足 5%，在

---

[1] Jörg Wolff, "India-A Democracy Living with Islam," The Konrad-Adenauer-Stiftung (KAS), *International Reports*, Berlin, Dec 31, 2007.

印度精英大学接受精英教育的仅为4%。穆斯林的识字率远远低于国家平均水平，贫困率只比低种姓的印度教徒好一些。在获得贷款方面，穆斯林也远远低于其他团体，尽管其创业的比例高于其他团体。[1]

由于印巴分治后，多数受过良好教育、有着较好经济条件的穆斯林移居到了巴基斯坦，造成在印度的穆斯林处于相对弱势的地位。在职业上，穆斯林多数以传统的皮革制造、商业零售、纺织、制锁为生，使其生活维持在自足的程度，而教育的发展未能与经济发展同步，致使这些社区接受的多是传统的宗教教育；在印度穆斯林社区的政治领导人也发生了重大转变，更加强调其穆斯林身份而不是与大多数印度人相同的政治、经济利益；穆斯林被监禁的人数占有很高的比例，在马哈拉施特拉邦（Maharashtra）超过1/10的穆斯林人口中，有近1/3面临着指控或监禁；穆斯林人口在政府部门任职及军队服役的人数也远远低于其人口比例。尽管在印度政治、经济、社会生活中，总体上穆斯林的地位及境况相对较低，面临着被边缘化的趋势，但穆斯林社区整体上保持着相对的稳定性。虽然因其私下里对巴基斯坦的同情而被印度教沙文主义者指责为反国家，大多数穆斯林所持的观念仍然是首先他们是印度人，然后才是穆斯林。他们独特而自由的伊斯兰思想出自于特别的地理位置与历史经历。[2]

从数量上看，印度境内穆斯林占总人口的13.4%，约1.62亿，伊斯兰教为印度最大的少数族裔宗教，也是世界上穆斯林人口第二大国。印度的穆斯林社区往往更多地集中于城市而不是农村，在印度北部的城镇和城市，穆斯林占1/3或更多的人口。比哈尔邦（Bihar）为穆斯林最为集中的地区，其他为西孟加拉邦和北方邦。[3] 尽管在印

---

[1] "Social, Economic and Educational Status of the Muslim Community of India," *A Report of Prime Minister's High Level Committee*, *Cabinet Secretariat*, *Government of India*, November 17, 2006.

[2] Amit A. Pandya, "Muslim Indians: Struggle for Inclusion", https://www.stimson.org/sites/default/files/file-attachments/Muslim_ Indians-Complete_ 1. pdf.

[3] "Muslims in India," http://www.islamweb.net/emainpage/index.php? id = 136100&page = articles.

度独立运动的历史上，穆斯林的作用可以说是"辉煌的插曲"，代表了印度人的勇气、牺牲和爱国主义。为印度兄弟从英国人的枷锁中解脱出来分担责任，为国家的前程历经了无数的苦难，付出了巨大的牺牲。[①] 在两国分治形成为独立的国家后，由于位属少数族裔、政治影响力较弱，印度穆斯林无法利用政权的力量维护自身利益。与印度政党长期执政的优势地位相比，穆斯林在政治、经济、教育、文化上都难以产生较大的影响。尤其在印度国内极端势力呈上升趋势时，穆斯林的生命、财产权都会受到一定的威胁。这也成为巴基斯坦指责并加以利用、推动以印度为目标的圣战的理由。而对印度国内的普通穆斯林及穆斯林政党来说，在民众感情及利益诉求上，都会倾向于印巴关系的改善，愿意看到两国和解的前景，从这点上说，就整体穆斯林而言，会成为印巴关系改善的助推因素。

第三节 双边层次：印巴关系中的关键议题

双边层次侧重于国家之间的互动进程，是指国家行为体之间的互动方式。国家之间的互动模式总会呈现出一些规律性、恒久性的东西，如国家的竞争与合作、国家的结盟、以战争或者谈判方式解决争端。双边的联系及互动，既不能归结为单元层次，也无法划属结构的层次。它对国家的属性有直接的影响，互动方式的变化对国家的有形或无形实力有彰显或侵蚀的可能。同时，运行方式的变化也会对结构造成冲击，导致结构改观，而运行方式之所以发生变化，可能本就源于结构发生的微妙变化，反映了结构变动的事实。国家的重复性互动经常会以国际机制的形式固定下来，所谓国际机制，按照克拉斯勒（Stephan D. Krasner）给出的被广泛接受的概念，就是指在国际关系的议题领域中所形成的"一系列隐含的或明确的原则、规范、规则

[①] Syed Naseer Ahamed, "The Role of Muslims in the Freedom Movement of India," http://www.nellaieruvadi.com/article/article.asp?aid=1226.

以及决策程序"。① 国际机制的功能主要是汇聚各国政府的行为预期，提供信息沟通的渠道，改善信息的质量和减少信息的不对称性，降低交易成本，赋予行动和政策的合法性，改变行为者的利益偏好，协调和调整各国政府的政策和行动，减少不确定因素。② 机制作为国家运行状态的制度、程序性反映，它的存在给国际关系的运行提供一定的保障，反映出国际关系的稳固性特征，也说明国际进程性因素对于塑造国家预期、改变国家互动方式的意义。在印巴之间的经常性互动中，有些持久的因素对两国关系的改善形成制约，这也是两国关系中最为关键的部分。如两国围绕克什米尔问题的争端及纠葛的复杂性、两国核威慑及核战略隐含的竞争性、恐怖主义问题的敏感性、水资源的现实性及众多阿富汗及中亚的战略迫切性。

一　克什米尔

克什米尔问题源自于印巴分治遗留下来的领土争端。为争夺对克什米尔的控制权，印巴于1947年爆发了第一次战争，后来在联合国监管下实现了停火。根据联合国决议，成立了印巴委员会，通过了停火、非军事化和公民投票分阶段解决克什米尔问题的议案，规定克什米尔的归属问题最终必须由公民投票来决定。但是在是否举行、如何举行公民投票的问题上双方始终无法取得统一意见。第一次印巴战争之后，印度控制了克什米尔地区大约3/5的土地与3/4的人口。巴基斯坦控制了另外2/5的土地与1/4的人口，基本上确定了之后印巴双方的控制范围。而在第二次印巴战争之后，双方签署了《塔什干宣言》，巴基斯坦承诺在克什米尔问题上"不使用武力而是用和平手段解决争端"和"互不干涉内政的义务"。③ 双方承诺将恢复两国间的正常关系，通过和平手段解决争端，但宣言没有规定如何投票及双方

---

① Stephan D. Krasner ed., *International Regimes*, Ithaca: Cornell University Press, 1983, p. 2.

② 苏长和：《解读〈霸权之后〉——基欧汉与国际关系理论中的新自由制度主义》，《美国研究》2001年第1期。

③ "Text of the Tashkent Declaration," signed on January 10, 1966.

/// 第四章 层次分析法与印巴关系的影响因素 ///

军事人员的活动范围等具体细节。第三次印巴战争后的西姆拉协议，规定双方举行双边会晤最终解决克什米尔问题，同时表示尊重1971年双方停火后形成的实际控制线。印巴在克什米尔地区的控制范围被长期固定下来。

对印巴来说，之所以出现围绕克什米尔反复不断的争端，始终难以解决，却又制约着印巴关系的最终走向，根源于克什米尔问题引发的两国立国理念、战略态势、宗教认同、民族感情等多重复杂的纠葛。首先从立国理念上说，印巴分治建立在宗教的基础上，穆斯林占多数的地区结合而形成一个新的国家——巴基斯坦。印度教和穆斯林作为两个民族，应该建立两个独立的国家，因而也会形成两个分立的邦。按此逻辑查谟及克什米尔作为穆斯林占多数的邦，理应归属巴基斯坦。因而真纳的两个民族立国的理论遭到尼赫鲁及其领导的国大党的强烈反对，为显示穆斯林邦在印度教占多数的国家仍可以繁荣、发展，印度领导人坚持克什米尔应归属印度版图，以证明"两个民族"理论的虚妄。而印度，一直秉持"世俗主义"的理念，1949年11月，制宪会议通过的宪法明确宣布：印度是一个世俗的国家。尼赫鲁解释说，我们称我们的国家为一个世俗的国家……显然，它并不是指一个不鼓励宗教的国家，它是指宗教和意识的自由，包括不信仰宗教者的自由。它意味着一切宗教都有自由，只要它们之间不相互干涉，并且服从我们国家的基本思想。它意味着，少数派教团能够从自己的宗教观点上接受这个立场。它甚至意味着，多数派教团也能从自己的宗教观点上充分地落实这个立场。因为这些主要教团有人数上和其他方面的优势，所以不以任何方式利用这种立场来破坏我们的世俗理想，正是它们的责任[①]。对于坚持世俗主义理念和实践的印度领导人来说，"因为宗教的原因把一个以穆斯林为主的地区交给穆斯林邻国"[②]，有违世俗主义的宗旨。况且印度作为一个多民族、多宗教的国家，允许克什米尔地区的分离，难以保持国家的完整性。同时具有

[①] [印]萨维帕里·高帕尔编：《尼赫鲁文选》，新德里，1980年版，第327页。
[②] A. Z. Hilali, "India's Strategic Thinking and Its National Security Policy," *Asian Survey*, Vol. 41, No. 5, Sep-Oct 2001, p. 738.

象征意义的还在于,克什米尔是印度国大党领袖、国家开创者、第一任首相尼赫鲁祖先的家乡。在立国理念上的根本差异也造成了在克什米尔问题上,两国的立场、政策很难发生较大的转变,这对印巴关系的根本好转形成深层次的制约。

其次,在战略态势上,印度的大国抱负使之难以将战略视野仅仅局限在次大陆范围。克什米尔位于印度西北部,北隔瓦罕走廊与中亚相望,一度是印度与俄国之间的一个重要缓冲。失去对该地区的影响及控制意味着印度在西北地区的战略防御能力将大为削弱,在与巴基斯坦对抗中处于战略位置上的劣势。同时由于该地可能的陷落出现的隔离,印度的势力、影响将难以伸展至中亚地区,这对于印度西北方向的战略伸展极为不利。对于巴基斯坦来说,克什米尔的战略位置更为重要。里阿夸特·阿里·汗在一次电报中对尼赫鲁说,巴基斯坦的安全是和克什米尔绑定在一起的。① 巴基斯坦非常关切失去该地区在次大陆范围内给其安全带来的威胁,在 1951 年的一次采访中,里阿夸特再一次清晰阐明:克什米尔的战略地位是如此重要,失去它,巴基斯坦将无法抵御一个可能出现的肆无忌惮的印度政府。由印度掌控的克什米尔,将导致巴基斯坦本来薄弱的战略纵深的严重匮乏,巴基斯坦首都及重要城市、平原完全暴露在印度军队的视野之中。

对印巴两国来说,该地区还有着丰富的林木资源以及经济发展过程中变得日益稀缺的水资源。这点对位属下游、需要河流灌溉的巴基斯坦的旁遮普省和信德省尤为重要。同时,民族、宗教认同及感情、心理的情结与国家理念的交织,使得克什米尔问题极易成为民族情绪的集中释放点。以此为"旗帜"的极端活动及恐怖活动也容易吸引更多的追随者,民众情绪的波动也制约着民主政府的政策选择,使得在此问题上的政策更动面临极大的压力,这些都成为两国政府在克什米尔问题上达成某种一致的障碍。

印巴两国建国后,虽历经变化,但其在克什米尔问题上的立场没

---

① Cable from Nehru to Prime Minister Attlee, October 25, 1947; op. cited in Robert G. Wiring, *India, Pakistan and the Kashmir Dispute: On Regional Conflict and Its Resolution*, Palgrave Macmillan, 1998, p. 86.

/// 第四章 层次分析法与印巴关系的影响因素 ///

有根本的变化,在印度不断的政治实践中,最初坚持的世俗主义的理念经历了一些变化。随着尼赫鲁的离世、国大党地位的式微,世俗主义的观念遭受了极大的挑战。尼赫鲁认为分立后待在印度的穆斯林应该有在家的感觉,而实质上完全的政教分离、无歧视的法律地位的平等缺乏现实的实施措施,使得世俗主义的观念被逐渐侵蚀。国会中的议员深知其支持来自于大多数的印度教徒,正如一位议员所说的:一个国家权力的获得来自于满足社会普遍的利益需求,它怎么会去破坏这些利益以满足所谓现代化进程的需求呢?① 世俗主义遭遇侵蚀的最突出表现就是印度人民党的兴起。作为教派主义色彩浓厚的政党,印度人民党在1980年成立后,最初在1984年的人民院选举中仅有2个席位。1989年印度人民党拥有的议席上升至85席,1991年为119席,1996年获得180席,成为人民院第一大党,后组成政府,1998年再度执政。印度人民党的异军突起足以说明印度世俗主义色彩的逐渐淡化,而在克什米尔问题上,其立场、倾向不会出现根本的变化,仍然认为克什米尔是印度永久的、不可分割的一部分,不存在公民投票决定归属的问题,克什米尔争端的提法应当从联合国协议中去除,该地区同联邦其他的邦没有任何区别②。同时,印度人民党支持一项禁止非克什米尔人在当地拥有财产议案的提出,主要考虑到非克什米尔印度教徒的大量涌入会使印度教徒占据多数,从而对当地的穆斯林社区拥有较强的优势,而禁止对该地区的移民将会使克什米尔牢固地置于印度的控制下。③

在巴基斯坦,国内政治生活的主要特征:强势的军队、虚弱的政府、国家整合的乏力及伊斯兰教义在社会、政治生活的复兴共同塑造了国家的克什米尔政策。正如前文所分析的,军队被认为是巴基斯坦

---

① Mitra S. K., "Desecularising the State: religion and Politics in India after Independence," *Comparatives Studies in Society and History*, October 1991, p. 767.
② Iffat Malik, *Kashmir: Ethnic Conflict International Dispute*, Oxford University Press, 2002, p. 195.
③ "The Hindu Charioteers," *Economist*, December 14, 1991.

命运的最终仲裁者①，社会的恒久军事化需要恒久的敌人②。在对印度关系上，军队需要维持强硬的立场，在巴基斯坦对克什米尔的最初政策基础上反对任何妥协。同时，军队的政策事实上支配了政府的外交政策，政府的脆弱性使之难以在这个问题上同军方进行较量。贝·布托在1990年的柔和立场成为其被免职的原因之一，而在第二任期间，她显然避免了同样的失误。一体化方面，非民主的传统、权力的集中、旁遮普支配的政府阻滞了国家整合及国家认同的进程，克什米尔冲突也成为重要的影响因素。首先，未能成为一个稳定、一体化的国家意味着为了统一，政府需要不断借助形成为一个独立国家的最初理由——两个民族的理论，而没有克什米尔，国家显然是不完整的。通过重申对整个克什米尔的主权，强调印度对穆斯林的压迫，巴基斯坦领导人不断重申巴基斯坦的存在是源于在次大陆建立一个独立的伊斯兰国家的必要性。其次，克什米尔（及核武器）可能是仅有的能维持国家一致性的问题③，在此问题上宣称主权要求的正当性，支持克什米尔地区的反叛运动，对于在国内凝聚力量是非常重要的。随着伊斯兰教在政治、社会生活中的复兴，对印巴克什米尔冲突也产生了多重影响。提高了公众对印度——印度教国家的敌视，使得民主政府通过谈判解决与印度的分歧难度加大。认识到伊斯兰教在政治中的分量，一些政治家在事关印度及克什米尔问题时有意识地采取与政府对立的立场，以赢得选民的支持。伊斯兰教复兴在克什米尔问题上的最重要影响，反映在政府对这场冲突的认知上。国家利益至上的观念反映在伊斯兰教义上，就成为一场穆斯林对非穆斯林的一场战争即圣战。将克什米尔冲突看作是圣战致使更多的巴基斯坦人作为游击队员

---

① Ali Salamat and Clad James, "Democracy on Trial: Political Uncertainty Likely to Follow army-backed polls," *Far Eastern Economic Review*, October 4, 1990, p. 28.
② Hoodbhoy P and Nayyar A, "Rewriting the History of Pakistan", Khan, Asghar ed.), op. cit, p. 175.
③ 伊斯兰教信仰者在巴基斯坦几乎有95%之多，但对教义的精确解释反而会导致教派差异的扩大，因而伊斯兰教义并不能形成整个国家的认同。

/// 第四章 层次分析法与印巴关系的影响因素 ///

加入到冲突中。①

以上几种因素的共同作用,塑造了巴基斯坦在克什米尔问题上的基本政策,在宣称对印度控制的查谟及克什米尔拥有主权上拒绝妥协。在国际社会,认为该地区是争议领土,应按照联合国方案,由公民投票决定其归属。巴基斯坦坚持克什米尔人民的自决权,主要源于该地区穆斯林占多数,同时谴责印度把该地区的一部分并入联邦,声言支持克什米尔的反叛运动。巴基斯坦同样不支持该地区的独立(在这一点上,与印度态度相同),因为独立的克什米尔会导致巴基斯坦在水资源、战略纵深等方面的损失,也会导致巴基斯坦失去目前在其控制下的自由克什米尔及北方区域。出于国际压力的考虑,巴基斯坦对克什米尔境内分裂力量的支持往往不是公开的,而是通过自由克什米尔政府或者三军情报局,给予其实际支持。此举也反映了巴基斯坦的意图,对克什米尔反叛运动的支持是出于自我利益的考虑而不是对该地区穆斯林的真正关心②。

国际社会通常从印巴冲突的视角来关注克什米尔,对克什米尔冲突的内部变化考察得相对较少。从民众对印度疏远的程度及克什米尔激进活动的强度,可以将冲突划分为两个区别明显的阶段。1987—1989年可以看作是叛乱活动的积累时期,虽然在此之前已经出现了一些激进组织,比如,60年代的法塔赫(Al-Fatah),以及随后的克什米尔解放阵线(JKLF)。这些组织的破坏活动,通常是一些小规模的袭击,采取的反抗方式和后来的激进组织有所区别。这一时期的叛乱活动呈现个别化的特征,未造成社会、政治的持续的骚乱。从1986年开始,零星的激进活动出现了变化。主要起因于阿曼努拉·汗(Amanullah Khan)和JKLF的主要领导人巴特(Maqbool Butt)来到自由克什米尔后,被印度内政秘书无端驱逐至巴基斯坦,导致阿曼努拉·汗招募当地的青年进行极端活动,印度执政者把印控克什米尔激进活动的剧增和阿曼努拉·汗联系在一起。其次,在1987年的邦

---

① Iffat Malik, *Kashmir: Ethnic Conflict International Dispute*, Oxford University Press, 2002, p. 228.

② Ibid., p. 230.

选举中，法鲁克·阿卜杜拉（Farooq Abdullah）领导的国民大会——议会联盟获胜。由于对其竞选成功的方式不满，公众对选举结果的愤怒逐渐从政治活动转向激进活动。

印度政府对 1989 年绑架事件的处理，更引发了分裂运动的加剧。12 月，JKLF 绑架了克什米尔内政部长的女儿，要求释放 5 名关押在印度的 JKLF 成员。公众的观点并不支持这次绑架活动，法鲁克也告诫联邦不要屈服于绑架者，认为一旦满足绑架者的要求，将引发类似事件的泛滥。同时他考虑了公众日益高涨的反对声潮将迫使 JKLF 无条件释放人质。然而，V. P. 辛格政府无视这些告诫，和 JKLF 达成妥协，这一事件被认为是反抗印度统治的全面叛乱的助推因素，使之前毫无联系的袭击逐渐演变成持续的活动。它将公众对极端活动的不支持转变为政府的支持，引发了极端活动的全面展开。法鲁克称之为打开了未来的闸门，助推了克什米尔的分裂运动。①

叛乱活动的全面发展时期从 1989 年开始，除了上述事件的促发作用，苏联在阿富汗军事占领的结束，也释放了极端组织更多的能量，导致人员及武器大量投向克什米尔。虽然克什米尔冲突中的极端组织数量众多，但几乎难以精确地定义哪些极端组织在军事斗争中扮演着最为重要的角色。对这些极端组织的分类基本上以意识形态区分，支持独立的派别以克什米尔解放阵线为代表，在冲突的早期具有支配性的地位，后来影响逐渐减弱。而支持加入巴基斯坦的组织成为冲突的最重要的参与者。除了意识形态的基本分野，这些组织在规模、公众支持、军事力量、采用策略及持续时间上也差别迥异，这使得其共享政治目标变得异常困难，在应对印度统治者进行战略的协调方面自然也比较欠缺。甚至一度出现极端组织之间关系恶化、相互交战的状况，随着邦政治力量成功进行一些具有一致性的举措，极端组织之间的争斗逐渐减少了。这些极端组织的核心成员大多来自克什米尔河谷及自由克什米尔地区，同时这些极端组织建立后，很快吸引了包括巴基斯坦人、阿富汗人、伊朗人、阿拉伯人甚至波斯尼亚人的加

---

① Schofied Victoria, *Kashmir in the Crossfire*, London：Tauris, 1996, p. 232.

入，而由于其行动缺乏协调性及仅有轻型武器的配备，致使极端组织的活动仅能将印度部队拴在克什米尔，难以达到在军事上完全击败的目的。

在对这些极端组织的支持和训练上，除了最初有些来自于阿富汗战争的"斗士"，对极端分子的训练都是由自由克什米尔进行的。印度政府指责巴基斯坦提供了这些训练，而巴基斯坦政府予以否认，称其提供的只是道义及外交的支持。对于认为巴基斯坦煽动叛乱活动的观点，穆罕默德·萨拉夫（Mohanmad Saraf）进行了驳斥："你不可能把金钱和武器给予那些准备赴死的人，你必须要问的问题是什么因素使他们准备去赴死。"① 很多观点倾向于可以排除煽动因素，但巴基斯坦确实涉入克什米尔冲突，从两点可以说明。首先，在克什米尔较为活跃的极端组织的发展、演化。以独立为宗旨的克什米尔解放阵线被支持并入巴基斯坦的真主穆斯林游击队（Hizbul-Mujahideen）及其他类似思想的组织取代。克什米尔解放阵线称巴基斯坦支持这些组织主要是因为可以满足自身的利益需要——将查谟及克什米尔并入巴基斯坦。维森（Robert Wirsing）赞同这些观点：巴基斯坦支持这些暴动，提供资金、训练、装备的支持，逐渐集中于反映自身的利益需求。② 第二个因素，圣战者的活动转向。苏联入侵阿富汗之后，ISI 开始训练和装备圣战者组织，以进行针对占领军的圣战。在苏联军队撤出后，圣战者组织的活动能量很容易投放到克什米尔的叛乱上。巴基斯坦政府则回应不会给克什米尔的这类活动提供任何军事支持，但不能阻止非政府组织及非现役军事人员的活动，而武器的供应及实控线的活动也是难以控制的。在极端组织的支持来源中，除了 ISI、巴基斯坦政府以及自由克什米尔政府，还有非政府组织及国外伊斯兰政府。而实际上，外国政府对克什米尔冲突鲜有较大的兴趣。巴基斯坦内部的非政府组织在支持极端组织的活动上，相对活跃。影响最大的是巴基斯坦伊斯兰阵线（Jamaat-i-Islami），由其赞助的真主穆斯林游

---

① Schofied Victoria, *Kashmir in the Crossfire*, London: Tauris, 1996, p. 271.
② Wirsing, op. cit, p. 123.

击队是河谷最大、装备最好、最有效的极端组织。同巴基斯坦政府一样，伊斯兰阵线支持的组织也是具有高度选择性的：共享伊斯兰意识形态、对克什米尔强烈的渴望。

印度政府在1991年之后，放弃了以政治程序解决克什米尔问题，以军事框架来应对危机。虽然政府的政策后来做出了些微的调整，做出一些努力重新开启政治进程，但对军事力量的倚重仍在提高。克什米尔警察主要由河谷地区的穆斯林组成，无论是数量还是训练在应付极端威胁上目前都相对不足，况且很多警察被认为是"即便不是同情，也对极端分子怀有很复杂的感情"①。因而对付叛乱分子的安全部队主要从印度其他地方抽调过来，包括边界安全部队、中央后备警察部队（CRPF）等预备役部队，少部分来自于印度—西藏边界警察（ITBF）以及印度国家步枪队（RR），都是印度教徒占优势地位。安全部队在克什米尔的军事行动程序通常包括：封锁实控线，以阻止武器的进入及极端分子的穿越；建立警戒线，在平民居住区搜索进入河谷地带的极端分子及武器，通过逐一排查，由情报人员指认嫌犯；②对疑犯的监禁和询问。印度安全部队的各种举措被指严重违反人权，造成了河谷地区安全气氛的高度凝重。安德鲁·怀特海德（Andrew Whitehead）写道："斯利那加的安全限制是异常残酷的，数以千计的士兵和预备役部队排列在街道上。在大街拐角修建的沙袋掩体、覆盖的反榴弹网罩，在外国外交官的眼里，无异于一个被占领的城市。"③

对克什米尔叛乱活动的发展阶段的概括上，还有一种观点认为应该结合国际因素，尤其是印巴两国的政治实践，据此来推断克什米尔叛乱活动每个时段的特点及明显的区分。在克什米尔的叛乱活动持续的10多年间，其活动范围基本维持在河谷及控制线地区，巴基斯坦政府的支持尽管不仅仅是在道义及外交方面，却也克制直接卷入。90年代后期，巴基斯坦军队开始直接卷入克什米尔穆斯林的叛乱活动，

---

① Wirsing, op. cit, p. 144.
② Ibid., p. 155.
③ "killing time in Kashmir," *New Statesman and Society*, September 3, 1993.

/// 第四章 层次分析法与印巴关系的影响因素 ///

从而使克什米尔的冲突升级为国际冲突①，克什米尔内部极端组织的活动与印巴两国的国内政治紧密交织，使得地区形势更为复杂。在印巴两国公开核试验、卡吉尔冲突、2001年印度议会大厦遇袭及2003年之后两国开启缓和进程、孟买恐怖袭击等重大事件的发生，往往都会伴随克什米尔地区叛乱活动及安全形势的周期性波动。这既说明了克什米尔与两国关系的密切联动，也证明了印巴关系的缓和及根本性好转必须要考虑克什米尔的内部因素。

在两国围绕解决克什米尔问题的互动进程中，最初保持着较为坚决、立场难以更动的态度。如印度坚持克什米尔领土是其不可分割的一部分，反对以公民投票的方式决定归属。而巴基斯坦则坚持遵照联合国协议，以公民投票确定克什米尔的最终归属。在阿格拉会晤期间，印度坚持越界恐怖主义问题必须讨论，巴基斯坦明确表示必须把克什米尔是印巴关系的核心问题写入《阿格拉宣言》，由于双方立场的对立，宣言最终未能签署。2004年的南盟峰会上，穆沙拉夫做出表示，放弃在联合国主持下公民投票的方式决定该地的归属，通过两国的商谈打破在此问题上的僵局。印度方面也不再坚持一直固守的立场，同意将克什米尔问题列入双方全面对话的进程。在恐怖主义问题上，印度坚决主张巴基斯坦应加强打击越界恐怖主义，穆沙拉夫也申明了"不允许任何巴控领土被用来支持任何形式的恐怖主义"②。这种态度上的转变无疑对打破克什米尔问题上的僵持，推动两国关系的进一步发展有积极作用。但态度上的变化对于两国在原则性立场以及具体问题上的突破，只能起到较为有限的作用。在事关克什米尔问题的谈判上，两国进行得较为艰难。比如，在2004年6月28日，两国外交秘书会谈后发表的声明中，对联合国宪章及西姆拉协定中条款的引用发生了争论，就说明了两国在此问题上仍然坚持原有的立场。

两国全面对话进程中，在克什米尔问题上取得的成就主要包

---

① Iffat Malik, *Kashmir: Ethnic Conflict International Dispute*, Oxford University Press, 2002, p. 325.

② "In Musharraf's Words—'A Day of Reckoning'," *Newstimes*, 2002/01/12.

括：实现边界地区的停火、开通公交路线、放松签证、实控线两侧的商贸交流等。而在具体到克什米尔的政治解决方案时，表现为提出的倡议较多、一致性较少，因而难以取得较大的进展和突破（有关政治解决克什米尔的各种方案，在前文论述 2004—2008 年印巴缓和进程中已有详细介绍）。在解决克什米尔问题的诸多方案中，穆沙拉夫提出的克什米尔非军事化及最大化自治的观点获得的赞同较多。该方案的具体内容为：克什米尔将会有同一个边界，人民可以在该区域自由行动；该地区实行自治或有自主权，但不能独立；分阶段从该区域撤军；由印度、巴基斯坦、克什米尔选派代表建立联合监管机制。巴基斯坦外交部长库雷西在 2010 年声称：前穆沙拉夫政府在 2007 年完成了持续半个多世纪的克什米尔争端的 90% 的艰难工作，接下来的全部工作只是巴基斯坦、印度、克什米尔的代表正式签字。[1] 该方案实质上主张一种松散的自治，介于完全独立和自治之间。印度最初对建议未作反应，后来对其中自治的观点颇有兴趣。协议计划在印度总理 2007 年 3 月访问巴基斯坦时最终完成，但由于穆沙拉夫解雇最高法院首席大法官引发政治危机，辛格对巴基斯坦的访问未能成行。之后 2008 年 5 月，新德里指责巴基斯坦违反控制线停火协议，导致两国边界形势紧张，并认为穆沙拉夫试图转移注意力以扭转不利的国内形势，导致该协议最终被搁置。7 月，发生了印度驻喀布尔大使馆遭遇自杀性汽车炸弹袭击，以及班加罗尔、艾哈迈达巴德的恐怖袭击。12 月的孟买恐怖袭击，致使双方的和平进程完全中断。在 2011 年两国实质性对话进程重启之后，会谈议题主要集中于其他领域。由于克什米尔议题的难度，两国采取了有意回避的态度，使得在此问题上难有较大进展。

同时，伴随着两国 2004 年开始的对话进程，克什米尔的总体形势有了较大的好转。极端活动处于较低的水平，当地人民积极参与主流的政治进程。斯利那加与新德里的距离也开始拉近，克什米尔人逐

---

[1] "India-Pakistan were very near deal on Kashmir: Former Pak minister," http://www.rediff.com/news/2009/feb/19kashmir-solution-was-very-near-fmr-pak-min.htm.

渐接受内部信任措施的建立,如新德里提出的总理圆桌会议。印度政府还指定了一些团体与克什米尔各阶层进行对话,听取他们对解决克什米尔问题的建议及方式,多数克什米尔人相信今天的自由意味着政府的信任、要求更好的治理、对自尊的渴求①。在克什米尔一度有某种倾向,会以消极的目光来看待印度,对巴基斯坦总有一种同情和敬仰。由于巴基斯坦在"9·11"之后面临的社会动荡及政局危机,以及巴基斯坦支持的恐怖分子在克什米尔的恶行,致使很多人认为加入巴基斯坦并非最好的选择。在河谷地区,巴基斯坦的支持者相对减少,相信巴基斯坦会把"克什米尔人从印度的暴政下解放出来"的人就更为减少。② 同时,在克什米尔内部,民众的抗议活动开始逐渐倾向于采取更灵活的方式,这对巴基斯坦针对克什米尔的传统政策形成冲击。印度政府和克什米尔邦政府公开承认在政治进程中考虑克什米尔人的意见,不把克什米尔人的情绪及巴基斯坦考虑进和平进程,就难以取得持久的解决方案。2008 年,克什米尔大选获得了 60% 的投票率,也说明了克什米尔地区民众参与的提高及政治形势的趋缓。③ 该地区情况的好转,自然会使两国在解决该问题时来自克什米尔内部的阻力相对较小。而该地区形势的缓和也有利于印巴以一种较为从容的方式来面对涉及克什米尔的所有问题,地区民众的声音也更容易被倾听和接纳,从而在考虑解决方案时会有克什米尔代表的建议,使方案的形成更具有代表性及一定程度的可行性。

克什米尔问题的重要及复杂程度决定了提出双方都可接受的方案极为困难,印巴关系中的水资源、越界恐怖主义乃至阿富汗问题都与此有着极大的关联。④ 肇因于两国以往谈判的艰难,2011 年两国重新开始对话进程时,没有将克什米尔问题作为主要的会谈内容。同时,

---

① Najeeb Jung, "What Kashmir Wants," *Times of India*, August 30, 2010.
② Happymon Jacob, "Kashmir Insurgency, 20 Years After," *The Hindu* (December 24, 2009).
③ Ershad Mahmud, "Kashmir: the challenges to non-violent movement," http://www.issi.org.pk/publication-files/1361341258_ 56065590. pdf.
④ 有观点认为如巴基斯坦获得阿富汗的战略纵深,则克什米尔的战略意义不再具有迫切性。

和以往会谈相比，2011年开始两国的全面和谈有了经贸合作的新亮点，这自然会引起一些学者提出"超越克什米尔"的观点。该观点倾向于自由主义的视角，认为印巴两国同样可以在一些有较少争议的领域进行合作，如历史上的法德合作一样。通过在各个领域合作进程的加深，形成相互依赖的格局，最终在相互信任、彼此融合的基础上，解决克什米尔等重要议题的时机会水到渠成。其中，建立相互协作的最重要领域是贸易，其次有旅游、教育机构的合作潜力，灾难管理、自然资源管理，公路交通，建立电话、电视、电台交流，最后也是很重要的一个方面是金融及经济的联系，如建立银行的分支机构。该观点考虑到查谟和克什米尔地区经济的长期隔绝，因而在控制线两侧进行经济合作的潜力巨大。随着经济合作的顺利推进，自然会加深两侧经济及相关领域的相互依赖，对印巴的政治互信的建立也具有推动作用。从印巴两国近来的对话进程及政治举措中，可以说经济合作的考虑初露端倪，两国也有意集中于较少争议的问题，没有将克什米尔作为会谈的主要内容，从而引发以"经贸合作促克什米尔问题解决"的猜测。这种观点的提出有一定的合理性，但印巴之间经济合作的空间极为有限，南盟自由贸易区的推进也进展不顺。克什米尔两侧的交往也只集中于开通巴士、放松签证、鼓励经贸合作的较低水平，以各领域的相互依赖推动克什米尔问题的解决也就只是美好的设想，克什米尔问题的解决仍要依赖于印巴两国政治家的战略视野及切实可行的方案。

二 恐怖主义

印巴两国国内都存在为数众多的恐怖主义组织。以往在两国关系出现改善的趋势时，总会出现颇具"惊悚效应"的恐怖袭击事件，使两国缓和关系的脆弱进程趋于中断。这既说明了两国缺乏足够的信任，也从一个侧面反映了恐怖组织的"能量"。恐怖组织对两国政府改善关系的举动心存不满，有意以此举破坏缓和进程，阻滞两国正常关系的发展。因为在两国趋于缓和的情境下，恐怖主义滋生及发展的空间会越来越小。

南亚是恐怖主义活动的多发地带,据南亚反恐网站的统计数据,从 2005 年到 2013 年,涉及恐怖活动的死亡人数总计达 10 万人之多,其中尤以印巴两国为恐怖活动的最大受害者。

表 4　　　　　南亚 2005—2013 年恐怖活动中死亡人数　　　　单位:人

年份	平民	安全部队	恐怖分子	总计
2005	2063	920	3311	6294
2006	2803	1725	4504	9032
2007	3128	1504	6145	10777
2008	3653	2342	14632	20627
2009	14197	2738	12703	29638
2010	2571	844	6016	9431
2011	3173	962	3284	7419
2012	3270	871	2903	7044
2013	62	4	75	141
总计	34920	11910	53573	100403

注:数据截止到 2013 年 1 月 6 日。
资料来源:"South Asia Fatalities 2005 - 2013," http:www.satp.org/satporgtp/southasia/datasheets/Fatalities.html.

表 5　　　　　印度 1994—2013 年恐怖活动中死亡人数　　　　单位:人

年份	平民	安全部队	恐怖分子	总计
1994	1696	417	1919	4032
1995	1779	493	1603	3875
1996	2084	615	1482	4181
1997	1740	641	1734	4115
1998	1819	526	1419	3764
1999	1377	763	1614	3754
2000	1803	788	2384	4975
2001	1693	721	3425	5839
2002	1174	623	2176	3973
2003	1187	420	2095	3702

续表

年份	平民	安全部队	恐怖分子	总计
2004	886	434	1322	2642
2005	1212	437	1610	3259
2006	1118	388	1264	2770
2007	1013	407	1195	2615
2008	1030	372	1217	2619
2009	721	431	1080	2232
2010	759	371	772	1902
2011	429	194	450	1073
2012	252	139	413	804
2013	4	0	2	6
总计	23776	9180	29176	62132

注：2004 年未包括左翼极端分子的死亡人数，数据更新至 2013 年 1 月 5 日。

资料来源："India Fatalities 1994 – 2013," http://www.satp.org/satporgtp/countries/india/database/indiafatalities.htm.

表 6　巴基斯坦 2003—2013 年恐怖暴力活动中死亡人数

年份	平民	安全部队	恐怖分子及叛乱分子	总计
2003	140	24	25	189
2004	435	184	244	863
2005	430	81	137	648
2006	608	325	538	1471
2007	1522	597	1479	3598
2008	2155	654	3906	6715
2009	2324	991	8389	11704
2010	1796	469	5170	7435
2011	2738	765	2800	6303
2012	3007	732	2472	6211
2013	58	4	73	135
总计	15213	4826	25233	45272

注：数据截止到 2013 年 1 月 6 日。

资料来源："Fatalities in Terrorist Violence in Pakistan 2003 – 2013," http://www.satp.org/satporgtp/countries/pakistan/database/casualties.htm.

第四章 层次分析法与印巴关系的影响因素

印巴恐怖主义的产生有极为复杂的根源。首先，对巴基斯坦来说，恐怖主义与极端组织泛滥的根源在于其建国之初继承的是较为虚弱的政治结构。真纳的早死使其缺失了明确的方向，成熟、完善的政治结构未能确立，效率低下而高度腐败的政府毁坏了国家的根基。这些因素造成了社会的极化和国家机构的恶化，从而产生了恐怖主义迅速发展的真空。国家凝聚力的缺乏与外来力量的鼓励、纵容共同促进了极端主义、分裂主义运动的发展。[①] 其次，缺乏普遍的国家认同，宗教、部族认同的强化造成了社会的分隔。在巴基斯坦权力构成上，有一个鲜明的特点，政府及军队高层多来自于旁遮普省，易于形成权力、政策、资源有利于该地区的分配，引起其他省区及民族的强烈不满。尤其是西北边境省、联邦直辖的部族地区以及北部地区，经济的落后、社会分配的不公、民族构成的区分及政治上的疏离，使联邦政府难以在这些地区形成有效的统治，成为极端分子与恐怖分子的安全天堂。同时，巴基斯坦政府采取的一些政策及态度倾向，产生了促使恐怖主义生长的效应。如齐亚·哈克时期推行的伊斯兰化，以伊斯兰教义改造军队，同时宣扬对印度的仇恨，以达到加强国家团结和提高凝聚力的目的。适逢苏联入侵阿富汗，大批圣战者在美国、沙特阿拉伯及巴基斯坦的赞助及支持下，展开对苏军的战争。而在苏联撤军后，巴基斯坦情报机构三军情报局有意识地利用了一些恐怖组织的能量，使恐怖行为的目标转向克什米尔，使局势发生有利于自身的某些改变。在参加美国领导的反恐战争之后，巴基斯坦在打击塔利班势力上也较为勉强。因为巴基斯坦认为维持与阿富汗境内极端组织如塔利班的强有力的联系，可以增强巴基斯坦自身地缘战略重要性。巴基斯坦还认为，在美国、阿富汗等国选择性支持一些极端组织有损巴基斯坦稳定性的情况下，对塔利班的支持可以获取平衡的力量。在巴基斯坦打击恐怖主义的同时，对针对克什米尔的恐怖组织往往区别对待。因为在

[①] Muhammad Irshad, "Terrorism in Pakistan: Causes & Remedies," *The Dialogue*, Volume Ⅵ, Number 3, September 7, 2011.

巴基斯坦政治、经济、社会形势因反恐而全面下行的状况下，以一个强有力的外在威胁作为目标指向，无疑会起到凝聚人心、强化国家认同的效果，也便于转移公众对日益恶化的部族地区形势的注意力。在与印度的全面对抗及克什米尔的争端中，以"代理人战争"的形式扭转军事上的不利处境，获得国内民众的支持与认可。

巴基斯坦境内的恐怖主义组织数量较多，划分标准也不尽相同。（1）按威胁来源，可分为国内恐怖主义和国际恐怖主义或国家支持的恐怖主义。前者指安全威胁基本上来自于内部，如巴塔（Tahreek-e-Taliban）、羌城军（Lashker-e-Jhangvi）、麦赫迪民兵组织（Mehdi Militia）。后者主要由一些国家赞助作为其政策工具，针对目标是巴总统、总理、陆军总司令、车站、无人机等重要人物及设施。（2）以性质区分，可分为种族恐怖主义，如信德省乌尔都族群与其他语言族群发生的冲突。种族恐怖主义在 80 年代末及 90 年代一直困扰着卡拉奇（Karachi）和海德拉巴德（Hyderabad）；分裂恐怖主义，在开伯尔—普赫图赫瓦（Khyber Pakhtunkhwa）及俾路支斯坦一度存在着分裂主义恐怖势力。迄今，俾路支斯坦仍有间歇性的战争，种族与民族冲突给极端分子提供了发展的空间。由部族极端分子发起的恐怖活动，包括暗杀及针对国家基础设施的破坏活动。巴基斯坦认为这些极端活动有外来因素的积极支持，在阿富汗的印度领事馆帮助传授、训练恐怖分子以对付巴基斯坦军，"印度在阿富汗的情报基地成立后，复兴俾路支斯坦解放军这样的极端组织、进行叛乱活动成为可能"[①]。

以民族、宗教属性来划分，巴基斯坦境内还存在着的恐怖组织有：（1）亚民族恐怖主义，亚民族主义主要是在联邦范围内寻求获得认同和正确的身份，行动的根源是担心其他民族在联邦内的支配地位。旁遮普省众多的人口及在政府、军事机构内的群体性存在使较小省份及民族感觉到威胁。发展乏力、贫困滋生引发的民众的沮丧与外部力量的插手，驱动了暴力及叛乱。这种恐怖活动于 60 年代在一些

---

① Farzana Shah, "Cost of war on terror for Pakistan," *Asian Tribune*, (2009), Available at http://asiantribune.com/07/31/cost-of-war-on-terror-for-pakistan.

/// 第四章 层次分析法与印巴关系的影响因素 ///

小省出现,通常由外部支持。对政府来说,这种形式的恐怖主义的威胁也是非常关键的,亚民族主义合法的恐惧必须通过消除其边缘化情感的根源予以解决。①(2)宗教极端主义和教派恐怖主义,宗教极端主义造成了宗教的割裂,引发了对其他宗教信奉者的暴力活动。2009年8月,戈杰拉(Gojra)社区暴力活动即为典型的一例。教派恐怖主义起源于80年代对苏联侵占阿富汗的圣战,迄今仍是巴基斯坦面临的最主要的恐怖主义威胁。目前的教派暴力主要是在什叶派及逊尼派之间,发生的频率及致命性都在提升;圣战恐怖主义,主要针对外国的占领,最初是苏联入侵阿富汗,后随着美国发动反恐战争,逐渐演变为某种类型的国内战争,而美国的占领成为发动圣战的极有吸引力的缘由。因巴基斯坦加入以美国为首的反恐联盟,美国及以其为首的盟军、巴基斯坦都成为恐怖活动的袭击目标。这种类型的恐怖活动手段残酷、能力极强,也鼓舞、助推了其他的教派恐怖组织,圣战恐怖主义的联合从内部及外部两个方向上威胁着巴基斯坦国家安全。(3)伊斯兰极端主义(为宗教极端主义的一个特殊表现),也是巴基斯坦面临的一个令人生畏的挑战,主要在开伯尔—普赫图赫瓦省及部落地带展开行动,具有地形上的天然优势。其观念是伊斯兰教的一种扭曲,强调部落化、仪式化,不容忍和平共处、人权、生命中的美好事物。除此之外,巴基斯坦塔利班一支在美国进入阿富汗后逐渐兴起,主要藏身在巴阿边界的部落地区,与基地组织、阿富汗塔利班形成联盟。致力于在阿富汗及其他地区展开针对美国的行动,拥有一批随时准备暗杀和被杀的死硬激进分子,极难对付。在联邦的管理难以有效推行的部落地区,巴塔建立了影子政府,颁布法令和相应的保护措施,使政府的法令、机构形同虚设。

对印度而言,恐怖主义除了克什米尔,更多集中于东北地区。东北地区是印度与中国、孟加拉国、不丹、缅甸的多国交界地带,民族成分复杂,文化构成多元化,佛教、印度教、伊斯兰教、基督教等宗

---

① Muhammad Irshad, "Terrorism in Pakistan: Causes & Remedies," *The Dialogue*, Volume Ⅵ, Number 3, September 7, 2011.

教文化汇集。由于该地区历史演进过程中社会形态发展不均衡，政治上四分五裂，从未实现过政治上的统一。地缘上距离印度中心地带较远，英国殖民统治者在当地采用不同于次大陆其他地区的治理方式，除保留了若干个王国，将多数山区部落划分为完全排斥（外地人进入的）地区和部分排斥（外地人进入的）地区，维持东北地区分割、零散、封闭的状况。[①] 由于东北地区与中心地带相对隔绝，仅有一条20—50公里的西里古里（Siligure Corridor）走廊相连，造成与中心联系相对薄弱。政治上的封闭以及印度政府有意利用隔绝性作为天然的防御屏障，致使该地区的经济发展被忽视，民众的政治诉求通过相对极端的方式予以表达。印度学者钱德拉·布山（Chandra Buhshan）将东北部恐怖主义盛行的原因归结为：历史境遇、地理环境、社会因素、军事行动、经济滞后、政客与恐怖组织之间的默契和合作、部落间缺乏互信了解、巴基斯坦国家安全部的作用及媒体角色等多重因素。[②]

东北地区包括：阿萨姆邦（Assam）、曼尼普尔邦（Manipur）、梅加拉亚邦（Meghalaya）、米佐拉姆邦（Mizoram）、那加兰邦（Naga）、特里普拉邦（Tripura），以及与中国存在领土争议的阿鲁纳恰尔邦（Arunachal Pradesh）。整个地区的反政府武装及其他武装有120多个，长期活跃的有50多个。那加兰邦最早开始分裂主义活动，以建立大那加兰（包括现在的那加兰邦、曼尼普尔邦、阿萨姆邦及阿鲁纳恰尔邦一部分）为奋斗目标。以那加兰民族社会主义者委员会（MSCN）为最主要的分离武装，内部分为伊萨克和穆哈瓦系、科哈普兰系及团结系。那加兰反政府武装组织近年来活动频繁，造成大量人员死亡。从1992年到2009年（截至9月14日），造成了2330人死亡，其中平民755人。[③] 阿萨姆邦的恐怖组织数量众多，有38个，

---

① 关于印度东北地区的古代史及英属印度时期历史演变，参见 Edward of Gait, *A History of Assam*, Guwahati: LBS Publications, 2005。

② Chandra Bhushan, *Terrorism and Separation in North-East*, India Dehli: Kalpaz Publisher, 2004, p. 125.

③ 资料数据来源于南亚反恐网站：http://www.satp.org/satporgtp/countries/India/States/nagaland/date-sheets。

以波多民族民主阵线（NDFB）、阿萨姆解放阵线（ULFA）、拉河地区联合解放阵线（ULFBV）为主，该邦的恐怖主义活动危害较为严重。曼尼普尔邦则有康利帕克共产党（KCP）、人民解放军（PLA）为首的约 40 个反政府武装。其他还有特里普拉的"全特里普拉猛虎力量"（ATTF）、梅加拉亚的"阿齐克人民族志愿委员会"（ANVC）等众多活跃的反政府武装。为数众多的反政府武装及其恐怖活动使东北地区深受动乱之苦，1990—2004 年，仅在阿萨姆就发生重大恐怖事件 70 多起，平均每年约 5 起；1992—2004 年，曼尼普尔发生重大恐怖事件 53 起，特里普拉发生 51 起，同样接近每年 5 起。从 1994 年至 2005 年 6 月 30 日止，印度东北地区共有 13933 人在暴力事件中被打死，其中平民 7140 人，安全部队人员 1958 人，恐怖分子 483 人。[1] 除了东北地区及传统的恐怖主义多发地区——克什米尔，印度恐怖主义相对集中的地区还包括安得拉邦（Andhra Pradesh）、西孟加拉邦、加尔克汉德邦（Jharkhand）、奥里萨邦（Orissa）、比哈尔邦。上述地区以纳萨尔派武装为主，自 60 年代以来，其活动范围不断拓展，已扩展至 28 个邦。查迪斯加尔邦（Chandisgarh）也活跃着左翼武装，2006 年曾造成 360 多人死难。

印巴两国都存在恐怖主义的袭扰和危害，一般意义上说，本可以戮力同心，向恐怖主义开战。从国内政治、社会的角度出发，两国恐怖主义产生的根源却有明显的差异。客观上造成在利益的驱使下，恐怖主义往往成为政府的政策工具，使得在改善关系的进程中，恐怖主义问题成为制约两国关系进一步发展的因素。在同巴基斯坦改善关系的进程中，印度多次提出"越界恐怖主义"问题。和谈之始，将巴基斯坦停止对越界恐怖主义的支持作为开启和谈的先决条件，和谈进程中，也不断提出"越界恐怖主义"问题。对巴基斯坦来说，"越界恐怖主义"问题却又和克什米尔、国家体制等深层次因素紧密结合，非短时期所能根本清除的。自印巴分别独立建国后，为扭转因权力对比而造成的对峙、冲突的不利

---

[1] 资料来源于南亚反恐网站：http://www.satp.org。转引自邓兵《印度东北地区国内安全问题》，《南亚研究季刊》2006 年第 2 期。

形势，巴基斯坦开始训练、组织部落力量作为非常规手段，争取克什米尔形势向有利于己方的方向发展。自由克什米尔政府对极端组织、恐怖组织的资金、人员、装备、后勤等各方面的支持，也是源于巴基斯坦政府的授意及政策安排。这些恐怖组织在克什米尔境内以暗杀、爆炸等多种形式，展示其意欲脱离克什米尔并入巴基斯坦的目标指向。在印度其他地区，恐怖组织通过制造具有轰动、惊悚效应的事件，显示其活动能量，吸引更多的人员加入，以达到政治目的。伴随着苏联对阿富汗的入侵，巴基斯坦境内恐怖主义组织蜂拥而入，纷纷展开针对入侵者的"圣战"。恐怖主义的应运而生与巴基斯坦特殊的政治体制及特定时期的政策相结合，产生了催生恐怖主义滋长、培养、壮大的政治、社会土壤，使得在巴基斯坦国内恐怖主义一直与国家政治、经济、社会发展相生相伴。及至苏军撤出阿富汗，众多恐怖组织的活动指向产生了变化，巴基斯坦政府力图通过对这些组织的支持维持一个对己有利的阿富汗政府。在这个目的落空之后，巴基斯坦转而支持塔利班，借以伸展在阿富汗的影响，获得其一直渴望的战略纵深，避免两面作战的窘境。因而塔利班政权建立之后，巴基斯坦成为仅有的承认并和其维持良好交往的国家之一。同时，一部分恐怖主义组织将矛头指向克什米尔，造成克什米尔极端活动及叛乱活动的激增。

"9·11"事件后，迫于美国的压力，巴基斯坦开始加入以美国为首的反恐联盟向恐怖主义开战。巴基斯坦的政策转变被认为是巨大的背叛，为表达其愤怒情绪并迫使政府改变政策，恐怖主义组织开始在巴基斯坦境内外进行报复，导致恐怖主义活动日渐泛滥。在应对恐怖活动方面，政府的政策也被批评为是不成功的，恐怖主义组织的基础设施仍保持完好、有效。恐怖组织仍能和宗教—政治政党、伊斯兰学校、情报机构的伊斯兰教主义者保持联系。对于一直培育了圣战者文化的巴基斯坦政府来说，让民众抛弃对这种文化的信仰相当困难，民众难以理解政府改变圣战政策的压力。[①] 在政府的政策转向之后，

---

① Naeem Ahamed, "Rise of Terrorism in Pakistan: Reasons, Implications and Countering Strategies," *Journal of South Asia and Middle Eastern Studies*, Vol. XXXIII, No. 4, Summer 2010.

/// 第四章 层次分析法与印巴关系的影响因素 ///

巴基斯坦确实出现了恐怖主义活动急剧抬头的状况。相关资料显示，2002 年巴基斯坦自杀式恐怖袭击造成死亡 15 人，受伤 34 人；2003 年死亡 69 人，受伤 103 人；2004 年死亡 89 人，受伤 321 人；2010 年死亡 1167 人，受伤 2199 人。① 在恐怖活动加剧的同时，恐怖主义和宗教—政治政党的联系也在加强。伊斯兰联合行动同盟（Muttahida Majlis-e-Amal，MMA）的三个主要成员：伊斯兰促进会（Jamaat-e-Islami，JI）、伊斯兰神学会（Jamiat Ulema-e-Islam-Faz-ul-rehman Group，JUI-F）、巴基斯坦政党（Jamiat Ahl-e-Hadith，JAH）分别支持穆斯林真主游击队（HM）、穆罕默德圣战组织（JeM）、"虔诚军"（LeT）。这些组织积极参与在克什米尔及阿富汗的圣战活动。在 2003 年穆斯林真主游击队的报告中称，2001 年它在巴基斯坦新建立了 32 家组织，雇佣、训练 2626 人，使其总人数达 12987 人，包括 2558 名活跃的游击队员。该组织隶属于伊斯兰促进会的学生分支（Islami Jamiate-e-Tulaba，IJT），它不仅鼓动学生加入克什米尔圣战且为该组织募集资金。②

因巴基斯坦政府的反恐举措的推行，各种恐怖组织与基地组织的联系也在加强。当阿布·祖贝达（Abu Zubayda）2002 年 3 月在费萨拉巴德（Faisalabad）当地"虔诚军"的领导人住所被抓捕时，基地组织与"虔诚军"的联系开始逐渐显露出来。而在 2003 年，策划了"9·11"飞机劫持的基地组织极端分子哈立德·谢赫·穆罕默德（Khalid Sheikh Muhammad）在拉瓦尔品第一幢属于伊斯兰促进会的建筑中被捕。巴基斯坦内政部长称伊斯兰促进会支持基地组织，给其在巴基斯坦的领导人提供庇护。一些教派组织如德奥班迪（Deobandis）也公开加入了基地及其他极端组织在阿富汗及克什米尔的活动，因其共享相同的神学、训练营及行动。同时，巴基斯坦的这些恐怖组织也越来越呈现出基地组织的活动特征，如自杀式炸弹袭击的方式、

---

① "Fatalities in Terrorist Violence in Pakistan 2003 – 2011," http：//www.satp.org/satporgtp/countries/pakistan/database/casualties.htm.

② "Unfulfilled Promises：Pakistan's Failing to Tackle Extremism," *International Crisis Group Asia Report*（Brussels），January 16, 2004.

袭击对象针对西方的平民、不立刻宣称对恐怖活动负责等。

巴基斯坦的政策转向也促使极端组织开始利用巴基斯坦情报机构中的伊斯兰主义成分，他们对恐怖组织充满同情并暗中支持其活动。在穆沙拉夫于"9·11"之后召开最高军事长官讨论形势的会议上，多名官员强烈反对穆氏的建议。同时有报道称，是三军情报局中的伊斯兰主义成分创建了穆罕默德圣战组织（JeM），其活动范围不仅针对占领克什米尔的印度军队。该组织产生后，很快参与了巴基斯坦境内的教派战争①，JeM还宣称对2001年10月的斯利那加议会爆炸案负责。在2004年的瓦纳（WANA）行动中，500名士兵被包围，或者因其遭受袭击或者是他们拒绝对同胞开战。《亚洲时报》称，这是巴基斯坦军队历史上的第一次，军官和士兵们拒绝向同胞开枪，这些士兵后来被逮捕，送交法庭审判。② 在塔利班垮台后，极端组织收缩潜藏于巴基斯坦境内并在三军情报局的支持下完成重组，对穆沙拉夫及其他政府高官的暗杀行动也被证明是极端组织与情报机构中的宗教成分共同协作的结果。

巴基斯坦对极端主义的利用最初具有政策工具的效用。在印巴关系中，巴基斯坦以宗教、民族的"激情"影响教派极端组织的目标指向。通过默许、资金支持、暗中鼓励等多种方式，使这些极端组织在克什米尔及印度境内以武力方式争取克什米尔问题的解决，借以改变巴基斯坦在两国军事对抗中的不利地位。印度学者的观点认为：巴基斯坦在20世纪90年代加强了跨境恐怖主义方面的政策，从而导致了一场以其主要对手新德里为目的的低强度冲突……由于非常清楚无法与印度的军事力量相抗衡，巴基斯坦随之采取了著名的对印"影子战"。巴基斯坦因此相信，与其对印度进行正面的攻击，远不如把印度拖入一场低强度的边界冲突和小规模战争来得合算。③ 而在"9·11"之后，

---

① Azmat Abbas, "Tightening the Noose," *The Herald*, February 2002, p. 34.
② Syed Saleem Shahzad, "Unlearned Lessons From Waziristan," *Asia Times Online*, July 22 2004.
③ S. K. 芮：《跨境恐怖主义与印度地区安全》，载杨恕译《中亚和南亚的恐怖主义和宗教极端主义》，兰州大学出版社2003年版，第117页。

第四章 层次分析法与印巴关系的影响因素

随着政府结束了持续数十年之久的支持"越界恐怖主义"的政策，2003年之后更开启了与印度全面对话的进程，越界恐怖主义活动的减少在其中也起到积极的作用。与此相伴的则是巴基斯坦境内恐怖主义的泛滥，无论是巴基斯坦政策的转向还是印巴和谈的进行对力图以圣战的方式争取克什米尔脱离印度的恐怖组织都是一个不幸的消息。对他们来说，印度仅仅理解"武力"的语言，对话意味着巴基斯坦会失去有利的形势。尤其是随着印巴围绕克什米尔问题的谈判在持续推进，穆沙拉夫不断提出解决克什米尔问题的新的建议方案，无论是把克什米尔划分为7个部分还是在控制线开放5个点，对恐怖组织来说都是根本性的政策转变。在穆沙拉夫提出建议时，伊斯兰促进会领导人侯赛因·艾哈迈德（Qazi Hussain Ahmed）在一篇文章中写道："穆沙拉夫在克什米尔问题上很快退却，提出分割克什米尔的不同建议。他已经从巴基斯坦在此问题上的历史性及原则性立场上（即联合国有关公民投票决定该地区归属的立场）做出退让。但印度并没有对他的单方面建议做出积极回应，相反印度代表经常把自由克什米尔描述为他们的领土，是被巴基斯坦非法占据的。一旦巴基斯坦从这块土地撤出，克什米尔问题会很快得以解决。[1]"政府立场与恐怖组织的立场形成截然反差。对政府来说，克什米尔及其他与印度对立的问题可以通过协商、谈判的方式逐渐得以解决，而对恐怖组织来说，公民投票解决的途径已被证明是印度不可接受的，唯一的解决方案就是以武力迫使印度把克什米尔交还巴基斯坦。为力压巴基斯坦政府改变对印政策，各种极端团体、恐怖组织不仅在巴基斯坦境内也在印度开展恐怖活动，孟买恐怖袭击案即为一例。[2]

越界恐怖主义一直是困扰、阻滞印巴关系的一个重要因素，在公开的层面上，是两国对此问题认识、态度的差异。如印度将从事越界渗透的非政府武装称为越界恐怖主义分子，而巴基斯坦习惯上称其为自由战士。名称上的不同实质上反映了两国政策考量上的对立。如上文分析所

---

[1] Qazi Hussain Ahmed, "The Kashmir Issue: Reflections," *Dawn*, February 4, 2006.

[2] Naeem Ahamed, "Rise of Terrorism in Pakistan: Reasons, Implications and Countering Strategies," *Journal of South Asia and Middle Eastern Studies*, Vol. XXXIII, No. 4, Summer 2010.

说约，巴基斯坦政府将其作为军事力量的一个有益的补充，以一种非常规、非对称手段弥补军力不足的颓势。同时认为印度的政策是造成克什米尔问题得不到解决的原因，迫使渴望自我决定命运的"自由战士"采取适当的方式改变克什米尔问题的现状。因而，印度是造成国家恐怖主义的根源。在巴基斯坦国家内部的分裂主义活动，如吉尔吉特—巴尔蒂斯坦的分裂活动，巴基斯坦政府一直认为是得到了印度的支持。据此，在政府层面的政策及外交实践中，越界恐怖主义一直难以得到有效的承认及相应的重视。"9·11"之后，巴基斯坦追随美国进行全面反恐，其政策逐渐有了较大的改变。首先是向盟军提供情报共享、协助抓捕恐怖分子、提供空中走廊、军事补给通道、切断恐怖分子的资金来源等方面的合作，后来逐渐开始对逃逸、藏匿在部落地区的恐怖分子进行直接军事打击，如2009年4月展开的清剿塔利班力量的黑雷行动，10月的拯救之路行动。但巴基斯坦的行动更多着眼于自身的战略权衡。在2009年的斯瓦特（Swat）和南瓦济里斯坦（South Waziristan）进行的清剿行动，主要是为了打击巴塔、维护中央的权威，却非着眼于反恐大业。[①] 同时，巴基斯坦展开对恐怖分子的军事行动时，更多是从国内安全角度进行考虑，对恐怖组织并非一概进行大力围剿，而是有所区别、有所调整。对自己来说巴方认为印巴边境50万驻克什米尔的印度军队是需加以防范的现实威胁，因此保持在此地区强大有效的兵力部署符合现实需要，巴基斯坦关注的是印度的威胁和在阿富汗获得战略纵深。从此角度考虑，对越界恐怖主义的态度、采取的应对之策就难以获得政府机构的一致性认同及执行上的稳定和连贯性。

出于改善两国关系的考虑，巴基斯坦对待越界恐怖主义及克什米尔问题的立场及方案都出现了明显的改变。但正如曾经政府将恐怖主义作为可资利用的政策工具一样，而一旦恐怖组织力量壮大，就会成为反噬政治、社会、经济正常进程的怪兽。恐怖组织利用政府机构内同情、支持其活动的成分，一定程度上绑架、劫持了国家机构，使之

---

① 陈继东、李景峰：《巴基斯坦在美国阿富汗新战略中的独特地位》，《东南亚南亚研究》2010年第4期。

/// 第四章 层次分析法与印巴关系的影响因素 ///

为恐怖组织的目标服务。这在近年来巴基斯坦境内的各种恐怖主义组织与宗教—政治政党的联合与博弈，共同干扰国家反恐政策、破坏印巴和谈进程方面可以得到很好的体现。因而，在考察印巴关系的制约因素尤其是两国关系的互动进程中，恐怖主义尤其是越界恐怖主义对两国全面改善关系的潜在破坏性作用不可小觑。在以往两国改善关系的努力中，因改善关系的愿望本身较弱、国内因素的持续影响，一旦遇到恐怖活动的意外袭扰，两国改善关系的努力就会化为无休止的指责、对峙乃至兵戎相见。尽管 2008 年孟买恐怖袭击案之后，相比于以往关系的恶化，两国在军事上对峙的强度略低，并能通过各种渠道尝试重开对话，但此次事件仍使得两国对话进程中断，时隔两年，才最终开始实质上的和谈进程。结合历史的因素及两国政策的现实考察，可以预见，尽管巴基斯坦政府承诺并实际执行了打击越界恐怖主义的政策，但由于利益的纠缠及政府机构内对此类活动的同情与支持，针对克什米尔及印度的恐怖活动短时期内难以中止，并有在巴基斯坦国内形势动荡时反弹及重新激活的可能。越界恐怖主义对两国关系的破坏及和谈进程的干扰仍有可能出现，对全面提升两国关系也成为一大隐忧，这也是两国必然面对的一个挑战。

三 水资源

水资源的分配也是制约印巴关系改善的一个紧迫问题。因印度河干流及多条支流流经印控克什米尔地区，印度无疑握有控制河流流量及水位的主动权。在这种形势下的水资源问题不可避免地和克什米尔紧密连接在一起，成为影响印巴关系的一个重要因素。

印度河干流上游位于中国境内，后流经印控克什米尔、巴控克什米尔及巴基斯坦，流入阿拉伯海。印度河领域总面积 113.88 平方公里，其中 86% 的地区位于印巴境内。多年平均径流量 2080 亿立方米，产流也主要来自印巴，占总径流量的 88%。[1] 印度河干流

---

[1] Jeremy Allouche, *Water Nationalism: A Explanation of the Past and Present Conflicts in Central Asia, The Middle East and Subcontinent?*, Geneva: University of Geneva, 2005.

西侧的两条主要支流经由阿富汗流入巴基斯坦，而东侧主要的支流有杰赫勒姆河、杰纳布河、拉维河、比亚斯河、萨特莱杰河，除比亚斯河在印度境内，其他都由印度流入巴基斯坦。对巴基斯坦来说，印度河干流及支流具有生命线的价值和意义。因其国土面积的70%位于印度河领域，全年水资源总量的90%来自于印度河干流及支流的年平均径流量。国土92%位于干旱及半干旱地区，耕地灌溉用水几乎全部来自印度河流域水资源。在印度河系水能的蕴藏量占全国水能蕴藏总量的87%。[①] 与巴基斯坦相比，印度河领域在印度境内占其总流域面积的13%，多年平均径流量占水资源总量的4%，水能蕴藏量占全国的23%。印度河系的饮水灌溉面积占全国调水灌溉面积的43%。对比可见，印度河水域资源对巴基斯坦意义尤为突出。作为传统的农业国，巴基斯坦在农业发展、水能蕴藏等方面都形成对印度河干流及支流的严重依赖。尤其是干流支流的上游皆位于印度或印控克什米尔区域，更易为印度掌控水资源分配的主动权，增加了巴基斯坦对水资源受控的担忧。印度对印度河水资源的依赖虽远非巴基斯坦那样显著，但在灌溉上，也构成其主要的用水来源，这点上，对印度的意义显然也非常重要。

在1947年印巴分治后，印度河中下游流域成为跨界区域。印度河流域灌溉面积的80%位于巴基斯坦境内，因而巴基斯坦拥有较为完善的灌溉系统。但印度河干流支流的上游位于印度境内，作为重要的产粮区，印度同样依赖印度河干流及支流进行灌溉。印度在所属区域修建大坝及引水渠，对下游巴基斯坦的农业用水自然会产生影响。由于在水资源分配上存在争议，1947年秋天，印巴两国的工程师签署了一项《暂停协议》（Standstill Agreement），冻结印度河上两个点的水流分配直至1948年3月底，允许水流从上游的印度流向巴基斯坦。1948年4月，协议期满后，由于没有签署新的协议，出于控制水权、在克什米尔的动荡问题上向巴基斯坦施

---

① 胡文俊、杨建基、黄河清：《印度河流域水资源开发利用国际合作与纠纷处理的经验及启示》，《资源科学》2010年第10期。

/// 第四章　层次分析法与印巴关系的影响因素 ///

压、证明在水资源问题上巴基斯坦的依赖等原因[1]，印度切断供应巴基斯坦旁遮普运河的水源，造成100多万的土地灌溉受到灾难性影响，许多巴基斯坦民众呼吁政府进行军事报复。在数月内水流重新得到供应。印度同意未来供应既定的水量，但仍宣称在其需要时有权限制水的流量，巴基斯坦自然不接受这个方案。这一事件也加剧了巴基斯坦对其水资源安全的忧虑，唯恐印度在两国交恶时以断绝水资源供应相要挟。在世界银行的居间调解下，并充分考虑了印巴双方的建议草案，最终在1960年双方签署了《印度河水条约》。其主要内容为：（1）印度河的划分及使用：印度河东部的萨特莱季河、比亚斯河、拉维河归印度使用，而西部的河流包括印度河干流及杰赫勒姆河、杰纳布河归巴基斯坦使用。巴基斯坦可以享有10年过渡期，用来修建水渠从巴方拥有的西三河调用水源以取代原来的从东三河调水的方案。（2）双方对印度河水体共同设计开发，并有义务在开发时通知对方，不得对水体造成难以改变的不利影响。条约还确定了协调水资源争端的合作机制以及争端解决机制，并设立永久性的印度河常设委员会管理河流事务。[2]

《印度河水条约》被誉为国际社会解决跨境水资源冲突的典范，条约的签署保证了之后相当长的时期内印巴之间在水资源分配上的相对稳定。条约的相关规定详细而具体，具备很强的操作性。设立的常设委员会方便双方就一些临时性问题进行及时的处理，而合作机制及争端处理机制的构建也进一步提供了平稳运作的有效平台，使得即便在冲突、战争期间，条约执行的权威性也能够得以保障；条约中采取了公平分配、合理补偿的原则，充分考虑了印巴各自建议方案中相对合理的成分，摒弃其极端立场如印度声称的对境内河水完全自由的权力以及巴基斯坦绝对领土上的完整论立场，要求印

---

[1] Aaron T. Wolf and Joshua T. Newton, "Case Study of Transboundary Dispute Resolution: The Indus Water Treaty," http://www.transboundarywaters.orst.edu/research/case_studies/Indus_New.ht.

[2] "The Indus Water Treaty".

度不得改变其用水权力。① 对巴基斯坦来说，条约保证了其运河系统长久的水源供应，条约约束印度遵守正式的国际条约的规定，从而使巴基斯坦摆脱了对印度水源供应上某种程度的依赖。条约有利于调节印度河及支流的水量，在丰水期的7—9月，水流量可达总体水量的80%，根据条约建设的储水工程保证了在枯水期的冬季有可用的水量并提高了运河的分水能力。同时，条约中的一些条款的具体实施有助于克服巴基斯坦农业的不足，以促进其农业革命的推行。不利的一面在于，失去了东部河流，依靠这些河流灌溉的土地受到了严重影响。巴基斯坦通过修建蓄水库、运河和分水渠进行弥补。同时，由于印度河水减少导致的省际不和谐有所增强，尤其是在信德省与旁遮普省之间。对印度来说，收益主要有，尽管分治后并没有获得较为发达的具备完善运河与灌溉系统的区域，但可以比较自由地发展灌溉系统，充分利用东部河流的收益，提升灌溉能力，从而使得像拉贾斯坦邦这样的干旱地区也得以灌溉。可以在西部河流建立径流式梯级水电站防洪存储设施。损失主要是，失去了曾经拥有的对这些河流的充分的控制权，将西部河流交由巴基斯坦，导致克什米尔区内水资源无法被利用，阻碍了查谟与克什米尔的经济发展。水资源的分配差异导致盆地各邦之间的争夺加剧。印度认为该条约并不能算作一个好的条约，因其没有退出条款，只有第12条规定了对条约的修改。②

《印度河水条约》为解决印巴水资源争端保证两国水资源分配上的相对稳定，发挥了持久而有效的作用。而伴随着两国经济的发展出现的对用水量的持续要求以及河流水位下降的客观事实之间的落差，近年来印巴之间围绕印度河水开发问题的争执与矛盾逐渐增多。争论的焦点主要集中于图尔布尔导航渠、沃勒拦河坝、巴格里哈（BagHh）大坝、基申甘加（Kishen-ganga）大坝，以及印度在拉维

---

① 胡文俊、张捷斌：《国际河流利用权益的几种学说及影响述评》，《水利经济》2007年第6期。

② Sundeep Waslekar, "The Final Settlement: Restructuring India-Pakistan Relations, 2005," *Strategic Foresight Group*, 2005.

/// 第四章 层次分析法与印巴关系的影响因素 ///

河、比亚斯河及萨特莱杰河建立拦水工程。争论的实质在于双方的大坝建设及节流工程自然会造成下游水量的减少，损害对方的利益。比如，在基申甘加大坝问题上，巴基斯坦对印度提起诉讼，认为印度修建此坝既违反条约规定，对巴基斯坦境内的农业、水电开发和自然环境也会造成严重破坏。这也成为《印度河水条约》下提交国际法庭制裁的第一例争端。巴基斯坦媒体抱怨国内专家组处理诉讼事件的拖沓，而印度利用巴基斯坦浪费的时间加速大坝的建设。大坝计划在2014年完工，而巴基斯坦如不能在此之前阻止工程的持续建设，印度就会以既成事实取得较量的胜利。[1] 针对印度修建大坝的举动，巴基斯坦于2008年开始修建尼鲁姆—杰赫鲁姆水电站，以获得对该河流资源的优先使用权。在图尔布尔导航渠和沃勒拦河坝问题上，印度于1984年开始修建这座大坝，建成后将具备3.7亿立方米的储水容量，印度称大坝的修建是为了保持杰赫勒姆河流域的湖泊水位正常[2]。巴基斯坦坚称大坝的建设将使下游水量严重减少，双方围绕此问题进行了多次谈判，在2003年开始的印巴全面和谈进程中专门针对此项议题进行了讨论，但未取得根本性进展。1992年，印度拟在杰纳布河上游建设巴格里哈水坝，预计总库容4亿立方米，装机90万千瓦。巴基斯坦认为项目在洪峰流量、顶坝超高、蓄水库容等方面严重违反条约规定，具有对下游地区造成破坏性灾难的潜在可能性，因而坚决反对大坝的修建，直到2007年经过世界银行专家为期1年多的独立调查，最后才提出双方都接受的裁决。[3]

印巴水资源的纷争首先根源于经济发展对用水量需求的绝对增长而印度河及其支流的供水量在急剧减少，印度的总体人均水资源可利用量已经从1950年的5000立方米减少到2005年的1800立方米，预计2025年将到达人均1000立方米的水资源匮乏的门槛，一些地区已面临着水资源匮乏的严峻形势。印度北方的旁遮普邦和哈里亚纳邦，沿着查谟、克什

---

[1] Ashfak Bokhari, "The Kishanganga dam case," *Inpaper Magzine*, May 16, 2011.
[2] 刘思伟：《对当前印巴水资源纠纷的理性思考》，《和平与发展》2011年第3期。
[3] 胡文俊、杨建基、黄河清：《印度河流域水资源开发利用国际合作与纠纷处理的经验及启示》，《资源科学》2010年第10期。

米尔和喜马偕尔邦构成印度河谷地带，尤其对未来5—10年可利用的水资源显著减少感到担忧。这两个邦的地下水位以年均5%的速度沉降，旁遮普有1000万英亩可耕种的土地，获得水量为12亿立方米。哈里亚纳有800万亩可耕种土地，获得水量为14.5亿立方米。在水资源分享上的不均衡使两个邦之间产生争议，旁遮普拒绝完成亚穆纳河—萨特累季河连接运河的建造。2004年，旁遮普大会通过一项决议，宣布与邻邦之间的所有水条约无效，该项决议得到执政党和反对党的一致支持。而随着印度北部区域整体可用水的减少，旁遮普与哈里亚纳的关系将逐渐恶化。水资源的下降直接导致国家内部各地区之间关系的紧张及争执，在巴基斯坦表现得也比较明显。

巴基斯坦的总体人均水资源可利用量从1947年的5600立方米滑落到2005年的1200立方米，2007年已将近人均1000立方米的门槛。这对80%的农田需要灌溉的巴基斯坦无疑是个灾难性的消息。用以灌溉的水流量从1980年的140亿立方米下降到2005年的100亿立方米，而随着三条河流的流量以年均6.6%的速度减少，未来可用水流将进一步衰减。水资源供给的急剧减少对信德省及俾路支斯坦影响最大，信德省几乎完全依赖于运河灌溉，地下水资源几乎难以利用。上游的分流导致信德省下游的水量减少，流入大海的淡水下降，产生海水的倒灌，破坏了沿海地区的农田。海水入侵摧毁了巴丁和塔塔地区的150万英亩的农田，造成了一些传统商业城镇的衰落和25万人的迁移，整体经济损失接近GDP的2%。① 水资源分配还造成了巴基斯坦国内在用水问题上矛盾的激化，如旁遮普拥有独享曼格拉（Mangla）的权力，而信德必须和旁遮普及其他省分享塔贝（Tarbela）大坝。旁遮普已经有36个小水坝，可以给36000亩土地提供灌溉设施。新近又进行了项目开发和水资源的一体化以保证安全的水资源供应，旁遮普还设想5年期投资20亿卢布改进灌溉系统以弥补损失，改道杰纳布河使之与拉维河、萨特累季河汇合。同时，旁遮普还计划在博

---

① Sundeep Waslekar, "The Final Settlement: Restructuring India-Pakistan Relations, 2005," *Strategic Foresight Group*, 2005.

/// 第四章 层次分析法与印巴关系的影响因素 ///

德瓦尔（Pothohar）地区建造60座小水坝、100条连接运河、200座村级蓄水库。联邦政府对旁遮普改造、提高水利用的计划、项目表示支持，使信德省非常不满。两个省的政治家每年都会在冬季枯水期打嘴仗，而在播种季节的5—6月争执达到高峰，主要因为在播种季的早期4—6月水位最低。旁遮普可以排他性地使用曼格拉大坝，获取足够的水源，而信德只得祈祷上天的恩赐。提议修建的卡拉巴格大坝（Kalabagh）和塔尔运河（Thal）也将加剧旁遮普与信德之间的冲突，旁遮普赞成修建大坝，可以在播种季的早期4—6月提供额外的水量以弥补水资源的短缺。而信德认为大坝修建后戈德里（Kotri）以下地区将没有盈余的水可以供应，最终将使该省变成一片沙漠。信德还反对塔尔运河的修建，运河的修建旨在从塔贝拉给旁遮普提供另外的1.9亿立方米的水量，计划覆盖的区域恰好是圣战者以及高级军事官员私人土地的集中区。同时，在吉尔吉特—巴尔蒂斯坦修建巴沙（Basha）和斯卡度（Skardu）大坝的建议也遭到信德、俾路支斯坦以及西北边境省部分地区的反对。[1]

在加剧省际之间的争执和冲突，对内政造成严重影响的同时，水资源问题更具有重要的战略意义，这点对巴基斯坦尤为关键。早在1990年，穆沙拉夫在英国皇家国防研究学院学习时，已然认识到水资源安全对巴基斯坦国家安全的重要影响，其论文以一个全新的分析框架来定义南亚的安全范式。他认为印巴的基本问题是穆斯林与印度教徒心态的分歧，因其是心理问题，几乎难以解决。而其他两个核心问题，具有实践的本质，具有解决的可能性。即一个是克什米尔问题，一个是水资源问题，而这两个问题是相互依赖的，解决其中一个另一个问题也就不复存在。从巴基斯坦的视角，他认为如果有解决克什米尔冲突的方案，则保证公平的水资源分配是必备的条件。在穆氏任总参谋长及发动政变之后，一直给予水资源问题以非常重要的位置。在1999年3月，总理特别代表出访新德里时，提出以杰纳布河作为两国

---

[1] Sundeep Waslekar, "The Final Settlement: Restructuring India-Pakistan Relations, 2005," *Strategic Foresight Group*, 2005.

的边界，且在其回国之后，立刻和穆沙拉夫进行了持续3个多小时的会谈，最后得出结论杰纳布方案应成为和印度商讨克什米尔冲突的基础。在2001年议会大厦遇袭之后，印度撤回其高级师团，而巴基斯坦高层会议商讨的是一旦印度以水资源作为武器，巴基斯坦将如何应对。相对印度中断铁路、公路、空中联系的报复，巴基斯坦最大的担心仍是水资源。在12月最后一周的一次研讨会上，有人宣称一旦印度以水资源作为武器，巴基斯坦将使用核武器对印度发动初次打击。会议也引发了新闻媒体与政府总理、资深军官、克什米尔各团体领导人的热烈讨论，观点同样强调了水资源在印巴关系中的中心地位。2002年6月，联合圣战委员会主席赛义德·萨拉赫丁（Syed Salahuddin）也加入了讨论，他认为克什米尔是巴基斯坦所有河流的发源地，一旦巴基斯坦输掉对印度的战争，它将会变成一片荒漠。萨拉赫丁在以后的公众会议上，多次强调克什米尔的自由战士是为巴基斯坦能够控制克什米尔的水资源而战。[1] 在1960年的《印度河水条约》中，明确规定禁止将水资源问题和双方在克什米尔问题上的立场连接在一起，同时也规定了禁止将水资源分配和双方的争端、冲突结合起来。但实践中，一旦两国关系趋紧、迫近战争边缘，武器的使用有可能不仅仅局限于军事上的，这自然成为巴基斯坦安全上的最大隐患，从此意义上说，巴基斯坦支持并宣称克什米尔人是出于自身的独立及民众福祉而战，就会吸引更多克什米尔青年为维护巴基斯坦的生命线做出牺牲，这种考虑未必是有明确意图的政策设计，但至少隐含了这种潜在的目的。

出于经济发展及战略安全的双重考虑，印巴水资源问题在水资源供应绝对量持续减少的情况下，矛盾及争执在所难免。可以改变的是两国政府如何通过明确的政策设计，以相互谅解、包容的方式化解彼此之间的争端乃至冲突。这就需要双方本着合作共赢的精神，以不断地探索、寻求双方都可接受的方案，避免"生命线"问题上的过激行动。如印度切断水源供应的极端行为真实地发生，巴基斯坦动用核

---

[1] Sundeep Waslekar, "The Final Settlement: Restructuring India-Pakistan Relations, 2005," *Strategic Foresight Group*, 2005.

武器的选择也就不足为奇。所幸的是，印巴双方在多年的互动及博弈中，已学会如何以战争边缘的政策艺术换取对己有利的政治及声望上的效果，两国实则希望避免冲突及战争的重演。对水资源问题的解决自然也会以和平的方式进行，唯有不断地权衡、博弈，争取分配方案中能尽可能维护本身的利益，成为两国政府商谈、讨价还价的焦点。

四 核武器及核战略

在1998年公开核试验之后，印巴成为事实上的核国家，揭示两国提取核原料，试验、生产核武器及核设施系统的著述也日渐增多。因核武器系统能力的考察更能反映出一国核武器发展的真实状况，本书在前文已经简要论述1998年印巴核试验的基础上，将研究的聚焦点首先集中于印巴两国的核武器系统能力上，从还原的真实状况探究其对两国核战略、核政策的影响。从技术层面分析，对核武器系统能力的考察主要集中在三个方面：核材料生产、核装置爆炸威力（前文论述1998年印巴公开核试验时已详细说明，此处从略）、武器化和运载系统，三者紧密结合构成一个完整的核武器系统。

（一）印巴核武器系统能力

1. 印巴核材料的生产

印度核武器的主要材料首推武器级钚，其次是高浓缩铀。钚的生产主要集中于巴巴核研究中心，该中心在60年代早期即获得加拿大提供的反应堆，依靠反应堆和后期离散装置生产钚。据瑞典斯德哥尔摩和平与冲突研究所的资料，1995年印度累计有350千克武器级钚，按照一枚核弹需要8千克武器级钚的标准，足以制造40—46颗2万吨级核弹。[1] 依据不同的制造标准，美国核研究机构的数据显示，估计印度在1998年核试验前后武器级钚的存量为425千克，可制造大约140枚当量为2万吨的核弹。考虑到反应堆供料消耗约100千克，前者的数据可靠性更高。浓缩铀的生产方面，主要由设在迈索尔（Mysore）的国有稀有材料工厂进行加工。该厂为印度较大型的浓缩

---

[1] "Inventories of fissile materials and nuclear weapons," *SIPRI*, *Yearbook* 1995, 09.

铀厂，印度先进技术核潜艇反应堆所需浓缩铀就是由该厂提供的。氚的生产，则是采用重水堆为动力源的 CANDU 核能反应堆，在其辐照的重水中提取，每年可回收 30—100 克氚。依据 2006 年美国国会研究机构的报告，印度的核设施主要包括：3 个研究反应堆、26 个动力反应堆（15 个正在运行、8 个建设中、3 个计划建造）、2 个增殖反应堆（1 个正在运行、1 个正在建设）、1 个浓缩铀工厂、3 个核废料处理厂、6 个重水生产厂、多个铀回收和转化设施（3 个铀矿、2 个铀矿矿尾提取单元、1 个铀矿集中处理厂，多个铀处理装置、3 个燃料制造厂）。①

巴基斯坦主要采用铀作为核弹原料，1984 年设于卡胡他（Kahuta）的可汗实验室开始铀浓缩试验，采用气体离心机浓缩铀生产设施，并在 1986 年生产出高浓缩铀。90 年代初实验室离心机级联数量达到了 3000 台，巴基斯坦继续追求扩大铀浓缩能力，在伊斯兰堡附近的思哈拉（Sihala）及格尔拉（Golra）建有离心机设施②。有报道称，90 年代中期巴基斯坦每年生产的浓缩铀达到 210 千克。到 1998 年，巴基斯坦拥有的高浓缩铀达 500 千克，按每枚弹头需要 20 千克标准计算，可制造核弹 25 枚。同时，90 年代巴基斯坦开始追求钚的生产能力，在胡沙布（Khusab）建成 40 兆瓦（兆瓦热）研究反应堆。1998 年 4 月，巴基斯坦宣布该反应堆开始运作。美国官员公开宣称该反应堆估计每年可生产 8—10 千克武器级钚，足以装配 1—2 枚核弹。据卡内基的 J. 塞恩（J. Sain）称反应堆如装载锂 -6 也能产生氚，胡沙布的钚生产能力有助于巴基斯坦发展轻核弹头，使得部署弹道导弹相对容易。

2. 武器化

据 2012 年 1 月的数据，巴基斯坦拥有高浓缩铀 2.75 吨，武器级钚 0.14 吨；印度拥有高浓缩铀 2 吨，武器级钚 0.5 吨。据 2011 年 1 月 SIPRI 的统计数据，印度可能拥有的核弹数量为 80—100 枚，而巴基斯坦为 90—110 枚。印度方面有三个专门的部门明确负责武器化相关工

---

① "India's Nuclear Separation Plan: Issues and Views," *CRS Report for Congress*, Order Code RL33292.

② 夏立平：《巴基斯坦核政策与巴印核战略比较研究》，《当代亚太》2008 年第 3 期。

作：原子能部（DAE）负责武器的设计、发展，国防研究和发展局（DRDO）制造、试验高性能炸药组件，巴巴则负责设计核炸药、生产裂变材料及向武器部件的转化。核弹的当量—重量比是衡量弹头能否小型化的一个重要指标。从印度 1998 年公开的核试验来看，首先试爆的是沙克蒂（Shakti）Ⅰ，当量为 4.3 万吨，属热核装置；沙克蒂Ⅲ、Ⅳ、Ⅴ则属低当量装置，可作为轻量纯裂变战术核弹。美国专家推测，印度核试验时的装置重 1000 千克，当量—重量比为：低当量战术核弹 0.2—0.5（吨当量/千克），裂变弹为 15（吨当量/千克），热核装置为 43（吨当量/千克）。这种推测极为粗糙，因其缺乏核弹重量的确切数据。[①] 对沙克蒂Ⅰ是否属于热核也存在很大争议，有人认为不过是加强型核弹。巴基斯坦方面，由于采用原料不同，与印度相比，巴基斯坦核武器多为万吨以上的战略核武器。而印度采用提纯技术更为复杂的钚作燃料，核弹更容易小型化以满足战役战术的需要。巴基斯坦首席核能科学家可汗则暗示巴基斯坦在减小核弹重量、增加当量和存储寿命方面已颇具成效。

3. 运载工具

70 年代中期，印度已拥有可投掷核武器的飞机，80 年代开始专门装备用于核武器运载、投掷的飞机系统。

表7　　　　　　　　　**印度具备核运载能力的飞机**

型号	作战半径（千米）	有效负载（千克）	速度（马赫）	装备数量
美洲豹	2600	4750	1.5	116
米格－27	1100	4000	1.7	200
米格－29	1500	3000	2.35	74
苏－30	1500	8000	2.0	>8
幻影－2000	1850	6300	2.2	42

资料来源：http：www.fas.org/nuke/India.

---

① 李志民：《印巴核武器系统能力的分析》，《中国未来与发展能力报告（2002）》，第 949 页。

印度多种飞机如美洲豹及米格、幻影在原来执行地面攻击及空中作战任务的同时，加以适当改装，都可以执行核弹运载及投掷的任务。虽然多种战机具备核弹投掷能力，但威慑需要借助不间断的空中飞行，当时的印度显然不具备这种能力，因而导弹的发展势在必行。

印度自70年代开始建立巴拉特动力公司以生产、经营导弹，但当时仅能生产从国外引进的反坦克导弹，战术导弹多为从国外引进。自1983年起，印度政府制订了导弹综合发展计划，决定发展国防现代化急需的6种导弹，分别为烈火中程弹道导弹、大地地对地战术导弹、蓝天地对空导弹、毒蛇反坦克导弹、三叉戟近程地对空导弹和阿斯特拉空对空导弹。其中烈火导弹是其导弹发展综合计划的主要项目，也是三位一体核威慑力量的主要倚重对象。烈火Ⅰ于1989年发射成功，采用两级推进结构：第一级为固体发动机，采用聚丁二烯作为推进剂；第二级是液体发动机，以红色硝酸和混氨为推进剂。在主要性能达到测试要求、各项技术参数成熟的基础上，印度在1996年结束烈火Ⅰ的研制，并很快启动烈火Ⅱ的研制。1999年1月26日，烈火Ⅱ在国庆阅兵式上正式展出。烈火Ⅱ为两级固体燃料发动机，飞行控制系统得到了改进，因而命中精度大为提高。印度运载系统简况见表8。

表8　　　　　　　　　　印度战略运载系统

可能的运载系统	测试、部署年份	最大范围（千米）	总发射数量（枚）	负载（千克）	备注
导弹					
大地Ⅰ SS-150	1994	150	75—90	1000	部署于333及355导弹团，将从液体燃料转换成固体燃料军队设计
大地Ⅲ SS-350	2004年10月首次试飞	350	25	~1000	第一级固体燃料 第二级液体燃料
烈火Ⅰ	2004	750	36	1000	最近测试—发射2004年7月4日；报道称部署新成立的334导弹团；运行状态未知
烈火Ⅱ	2004	2000—2500	36	1000	1999年4月首次测试；最近测试是在2004年8月29日；报道称已部署新成立的334导弹团；运行状态未知

续表

可能的运载系统	测试、部署年份	最大范围（千米）	总发射数量（枚）	负载（千克）	备注
烈火Ⅲ	2010年2月试射成功，据称2012年列装	2500	—	1500	发展中。最近测试2008年7月
烈火Ⅳ	2011年11月试射成功	3500	—	1000	
烈火Ⅴ	2012年4月	5000	—	1100	
潜射弹道导弹					
大地Ⅲ（萨加里卡）	未部署	300+	—	~1000	发展中。最近测试发射2005年12月
丹努什Ⅱ（大地）	未部署	~350	—	~1000	发展中。海军版大地Ⅱ，最近测试发射2007年5月

资料来源：作者依据相关资料进行整理。参见"Indian Nuclear Capability Data," http://www.nuclearfiles.org/menu/key-issues/nuclear-weapons/issues/capabilities/india-cdi.htm.

巴基斯坦方面，用于核弹投掷的飞机为30多架F-16，其他为幻影180多架，60多架A-5。在运载系统方面，巴基斯坦高里Ⅱ的射程可达2000多千米，有效载荷1000千克，可覆盖印度的战略纵深，足以与印度的烈火Ⅱ相匹敌，是巴基斯坦的主要倚重对象。另外，巴基斯坦目前还在研制射程2000千米的沙欣Ⅱ和射程2100千米的格赞纳维（Ghaznavi）型导弹。与印度相比，巴基斯坦发展导弹的意图相对单纯，导弹的射程、负载量、威力、精确度都难以与印度抗衡。

表9 巴基斯坦的弹道导弹

导弹	射程（千米）	有效载荷（千克）	误差（米）	估计数量（枚）
哈夫塔Ⅰ	60—100	100—500	未知	80
哈夫塔Ⅱ	280—450	300—500	200	未知
M-11	300	500	600	30—84
沙欣Ⅰ	600	750	200	5—10
沙欣Ⅱ	2500	750	350	5—10

续表

导弹	射程（千米）	有效载荷（千克）	误差（米）	估计数量（枚）
高里Ⅰ	1500	760	2500	5—10
高里Ⅱ	1800—2300	760	未知	未知

资料来源：作者根据相关资料整理。参见夏立平《巴基斯坦核政策与巴印核战略比较研究》，《当代亚太》2008 年第 3 期；"Armaments, Disarmament and International Security", *SIPRI Yearbook* 2011。

（二）印巴核战略

1999 年 8 月，印度国家安全顾问委员会公布的印度核原则草案（DND）被认为是对印度核战略的基本原则及指导思想的阐述。国家安全委员会的一位专家称草案将宽泛的原则和指导决策者的概念结合起来。草案不能与政策、战略甚至态势相混淆，但毫无疑问，政策、战略皆出于此。草案对印度核战略进行了全面的概括。因而，尽管其不具备官方政策的地位，但仍可管窥印度对核原则及战略的思考。草案借鉴西方核战略理论及实践，称印度奉行"可信的、最低限度的威慑"。为达到这个目标，则需要以足够的、可生存的和随时准备作战的核力量作为支撑；以健全的指挥和控制系统、有效的情报和早期预警能力为依托；以核作战的计划和训练、使用核武器的意志作为必备的辅助。草案还提出了印度核力量建设政策：实现飞机、机动式陆基导弹和海基装备三位一体。2003 年 1 月 4 日，印度成立了核指挥机构（NCA），随后印度将核武器移交给新成立的战略司令部管辖下的军队。同时，印度公布了一份核战略的正式文件，文件脱胎于 1999 年的草案，结合其中的内容，可将印度的核战略概括如下：（1）印度核战略的目标：建立有效、可信的核威慑和在核威慑失败情况下的核报复能力，以阻止任何国家或实体对印度使用或威胁使用核武器；印度应当对所有类别的大规模杀伤性武器保持可信的威慑；印度不会诉诸使用或威胁使用核武器打击无核国家，一旦其与拥核国家结盟或得到其支持针对印度，则这样的国家被视为是有核国家。（2）核威慑的原则：印度维持可信的、最低程度的核威慑。可信性

/// 第四章　层次分析法与印巴关系的影响因素 ///

由三个明确的元素构成：领导的可信性、武装力量的可信性及科技的可信性。战略司令部应当向首相建议，维持最低核威慑的量度及性质指标，由首相决定；坚持不首先使用原则，印度将不会首先启动核打击。①（3）指挥及控制系统包括一个政治委员会和一个执行委员会，政治委员会由总理掌管，它是印度国内唯一有权批准使用核武器的机构，执行委员会由国家安全顾问掌管，它为核力量指挥与控制机构提供方案，并负责执行政治事务委员会的指令。（4）在核力量建设方面，建立一支与最低限度核威慑概念相适应的、有效的、多类别的、灵活的核力量，由陆基导弹、海基导弹和轰炸机构成"三位一体"的核打击系统②。

　　印度核战略中宣称的可信、最低程度的核威慑颇具争议性，不首先使用核武器的声明意味着印度具有在对方第一次核打击下保存核设施并进行报复的能力。要具备这种能力，必须具有足够的核弹及运载系统作为保证。而拥有多少枚核弹才能确保可信的、最低程度的核威慑呢？印度战略家显然在这一点上分歧较为明显，认为最少十数枚多至400枚。所需核弹的数量取决于武器级裂变材料的可用性和质量，对核武器设计技术的掌握，运载系统的可信度及精确度，政府国防预算的财政约束，对手目前与未来的导弹防御能力，对报复性核打击的承受能力。而一旦威慑失败，印度在对对手的主要城市及工业中心进行报复前要承受一次核打击。印度打击目标的选择依据于反制力，它将对对手的主要人口及工业城市进行大规模惩罚性报复，以造成不可承受的损害。要保证其两次打击能力，印度核力量必须是结构性的，核弹和运载系统在对手第一次打击之后，还有足够的数量对选定目标进行惩罚性报复。通过广泛分布于铁路、陆路的机动发射装置、飞机运载的核弹以及数量有限却难以探测的核动力潜艇，配备潜射弹道导

---

① "India's Nuclear Doctrine: An Alternative Blueprint," *Report of Institute of Peace and Conflict Studies*, pp. 4 – 5.
② "Draft Report of National Security Advisory Board on Indian Nuclear Doetrine," http://www.indianembassy.org/Policy/CTBT/Nuelear-doetrine_ aug – 17_ 1999. html.

弹，保证其第二次打击能力的实现。① 因此，印度最低限度核威慑的实施有其三位一体的核打击系统作为保障。路基导弹上，主要倚重烈火中程及远程弹道。最新发射的烈火－Ⅳ采用三级固体燃料推进，大大提升了印度的全面战略打击能力，并可以采用公路机动发射。海基导弹上，主要为丹努什与萨加里卡，射程分别为 350 千米、300 千米，前者为舰载型，后者为潜射弹道导弹。印度海军计划建造 6 艘核潜艇，可携带核弹 36 枚，使其具备海上潜射核打击能力。空中核力量主要包括各种可携带核弹的飞机，如幻影、米格－27 等。同时，尽管最低程度核威慑的提法被广泛使用和接受，仍有学者提出异议，认为极小核威慑更能准确描述印度核威慑的特性。极小核威慑会随着印度面临的战略环境的改变进行数量上的调整，在概念上，也比最低程度核威慑更为灵活。② 最低程度核威慑设定了核武库的最低限度，一旦低于该限度就会被认为威慑面临着危险，因而极小核威慑极好地传达了威慑的可信性与数量上的灵活性之间的关系。对有关核威慑性状及数量上的争论反映了印度战略家对于可信核威慑的认识存在着极大的差别，从一个侧面也说明印度的核战略正处于不断发展、调整且趋向于成熟的过程中。

　　与印度不同，巴基斯坦没有公布较为明确、具体的核战略。在印度国家安全顾问委员会公布其核原则草案后，由前外长沙伊（Agha Shahi）、退休空军中将佐勒菲卡尔·阿里·汗（Zulfiqar Ali Khan）、外交秘书（时任）斯塔尔（Abdul Starr）共同起早了一份报告，在政府官员及军事高官间传阅。文章作者表示其建议是对印度核原则草案的针对战略，提出最低限度可信核威慑及大规模扩充战略部队和常规部队的设想③。在巴基斯坦的核战略设想中，核武库被看作是弥补与

---

① Gurmeet Kanwal, "How many Nuclear Warheads does India Need?," *Peace and Conflict Studies Article*, No. 1995, March 6, 2006.

② "India's Nuclear Doctrine—An Alternative Blueprint," *Institute of Peace and Conflict Studies*, Nuclear Security Programme, p. 7.

③ Agha Shahi, Zulfiqar Ali Khan, and Abdul Sattar, "Securing Nuclear Peace," *The News*, October 5, 1999.

第四章 层次分析法与印巴关系的影响因素

印度军力差距的关键，因此巴基斯坦明确拒绝做出不首先使用核武器的承诺。1999 年 5 月，巴基斯坦外长阿齐兹（Sartaj Azizi）全面论述了巴基斯坦核武器政策，保持最低限度核威慑能力是其基本指导原则。为保持核威慑的抗打击性和可靠性，巴基斯坦致力于不断维持和提高核能力。为弥补常规军力上的劣势，巴基斯坦在必要时将会首先使用核武器。巴基斯坦领导人也在不同场合不断宣称其首先使用核武器的立场，强化其在核武器上的政策选择。2000 年 5 月，穆沙拉夫在一次讲话中表示，巴基斯坦拒绝加入核军备竞赛，将会寻求地区稳定。与印度不同的是，巴基斯坦并不会寻求地区乃至全球的权力位置，通过最低限度的核威慑，巴基斯坦采取一种负责任、克制的核政策。2001 年，巴基斯坦战略规划处处长哈利德·基德瓦伊（Khalid Kidwai）中将公开陈述了一旦威慑失败，巴基斯坦对印度使用核武器的可能性：印度进攻巴基斯坦并占领了巴基斯坦大部分领土（空间门槛）；印度消灭了巴基斯坦陆军和空军的主要力量（军事门槛）；印度持续扼杀巴基斯坦经济体系（经济门槛）；印度推动巴基斯坦国内不稳定因素或制造大规模颠覆活动（国内动乱门槛）。2002 年 5 月，巴基斯坦驻联合国大使穆尼尔（Munir）陈述说，我们没有说我们将使用核武器，我们没有说我们不使用核武器。我们拥有核武器，印度也是如此，我们不会以不首先使用核武器的原则来削弱威慑的效果。[①] 6 月 4 日，穆沙拉夫的讲话进一步指出，拥有核武器对任何国家来说，显然意味着在某些情况下，将会使用它。[②]

与印度注重发展二次核打击能力不同，巴基斯坦更加注重的是扩大核打击能力及核力量的多样化，以保持对印度的威慑能力，避免常规冲突的升级，以维护巴基斯坦国家安全。至 2011 年，据估计巴基斯坦拥有核弹数量在 90—110 枚。可担负核弹发射的弹道导弹主要为哈夫特、高里、沙欣三种，高里－Ⅰ型 2003 年开始部署，射程 1200

[①] Barbara Crossette, "Pakistan Asks U. N. Council for Action on Kashmir," *New York Times*, May 30, 2002.

[②] Laurinda Keys, "Pakistan President Says There are Circumstances For Use of Nuclear Weapons," *Associated Press Newswire*, June 4, 2002.

千米，有效载荷700—1000千克。2005年3月的沙欣-Ⅱ型为两级固体发动机，射程2000—3000千米。据悉，巴基斯坦在2007年3月成功试射哈夫特-7型巡航导弹，射程700千米，亚音速，导弹速度可达880千米/小时，可与美国战斧式巡航导弹相媲美。① 可携带核弹的飞机运载系统主要为幻影、F-16、A-5。巴基斯坦的核武器控制系统方面：国家指挥机构（NCA）负责整个核武器的研发、生产及控制，总统直接领导。2000年2月，穆沙拉夫完善了专门委员会集中处置核操作问题的计划，在联合参谋部下设战略计划处（SPD）。这意味着操作层面上核威慑控制权更多掌握在军方手里，在A. Q. 可汗核商业化网络被披露之后，战略计划处负责比较敏感的核生产地址的安全性。核武器控制系统同时包括战略部队，独立于常规部队。在整个控制系统中，科学家在发展计划中扮演着重要角色，文官也有一定的比例。鉴于军人在巴基斯坦政治生活中的重要地位，军人在核战略制定及核武的控制上一直居于主导性的地位，真正的决策权掌握在军人手中。

在坚持最低限度的可信核威慑的同时，巴基斯坦认为可信核威慑的条件不是固定的，取决于动态的安全环境。由于巴基斯坦核威慑明确地以印度为针对目标，尽力维持与印度在核军备上的平衡就成为其核发展计划的一个基本选择。根据瑞典和平冲突研究所的数据，巴基斯坦在核弹数量及装载的可操作导弹数量上，优于印度。出于政治、经济等多重考虑，巴基斯坦在多种场合表示不会致力于核军备竞赛。在1998年公开核试验之后，巴基斯坦多次强烈地向外界传达这些信息。1999年11月，巴基斯坦智库赞助的一次研讨会上，外长阿卜杜勒·萨塔尔（Abdul Sattar）强调说，我们不会加入核竞赛和军备竞赛。2000年5月，在国防学院的讲话上，萨塔尔宣称巴基斯坦政策是最低限度的可信威慑，将消除任何战略军备竞赛。②

概括起来，巴基斯坦核战略包括明确的四点：（1）巴基斯坦核

---

① 夏立平：《巴基斯坦核政策与巴印核战略比较研究》，《当代亚太》2008年第3期。
② "Strategic Issues," *Institute of Strategic Studies*, Islamabad, March 2000.

威慑明确针对印度;(2)巴基斯坦维持最低限度、可信核威慑;(3)最低限度、可信核威慑的条件不是固定的,视战略环境而定;(4)考虑到印度常规军力的优势,巴基斯坦保留在极端情况下首先使用核打击的权力。但由于巴基斯坦核战略缺乏规范性文件,加之文官政府与军队之间的分歧,时常有不一致的声音及表述的差别性存在。比如,在2008年,扎尔达里表达了对不首先使用核武器政策(NFU)的支持,而军事领导人不赞同总统的观点,随后扎尔达里指出不首先使用的姿态需要新德里方面采取重大步骤。[1] 除了不首先使用核武器的选择,巴基斯坦核战略的核心原则都存在很大的延展性。在核威慑的针对性上,表示以印度为明确目标,而在核武库的储备上,并不完全以印度为唯一的目标。巴基斯坦官员时常会表达其对以色列和美国打击巴基斯坦核能力的担心,在80年代中期及1998年核测试之前,对以色列直接打击尚在建设中的浓缩铀设施的忧虑在媒体中时有表现。在穆沙拉夫为其支持美国的反恐政策辩护时,也会以维护巴基斯坦核威慑能力作为因素之一。而最近巴基斯坦的一个陈述是:威慑所有形式的入侵,其中主要来自于印度[2]。在最低限度、可信核威慑方面,巴基斯坦威慑力量必须升级以适应先发制人与中途拦截威胁的逐渐强化。但在2010年巴基斯坦国家指挥机构一次会议发布的声明中说,必须采取必要的步骤以确保巴基斯坦国家安全,维持可信核威慑。其中最低限度的修饰被取消了,由此引发公众的不断猜测,随后的公开声明中重新补充了最低限度的修饰。如果巴基斯坦依据其对安全环境的判断,依照最低限度、可信核威慑原则,不断增强核武器的性状和能力,相应地会引发印度加快其核竞赛的步伐,在此条件下,巴基斯坦军方会自然地做出加剧核竞赛的选择,则其不进行、不加入核竞赛的声明仅仅限于一个外交词令。同印度类似,巴基斯坦也认为最低限度可信核威慑无法用静态的数字进行限定,缺乏相互制约的情

---

[1] Shubhajit Roy, "Won't use nukes first, says Zardari, but adds a rider," *The Indian Express*, November 22, 2008, http://www.indianexpress.com/news/wont-use-nukes-first-says-zardari-but-adds-a-rider.

[2] Adil Sultan, "Pakistan's emerging nuclear posture," p. 147.

况下，巴基斯坦核武库的规模和部署程式必须调整以避开先发制人的打击与中途截击的危险。可信核威慑所需的最小数量仍取决于军方的目标战略，而此目标仍然有意地保持隐晦、不透明性。① 巴基斯坦领导人使用首次核打击的环境状况也有意保持一种不明确的状态，军方的观点认为一旦设置清晰的红线会鼓励印度方面采取相应的军事行动。在三人共同起草的报告中，核武器只能在国家生存攸关的情况下才能使用，核武器只针对印度，一旦威慑失败，将在临界四种门槛的条件下使用核武器，这种观点和战略规划处的表达保持一致。

印巴双方的核战略都存在着界定不清的特性，因而有不断调整—完善的空间。事实上，印巴作为后起的核国家，有一个不断学习、稳定威慑的过程。围绕核计划的实施及核试验的进行，印巴在外交辞令、道义的争夺及军事的象征性动员等多方面都进行了针对性交锋，双方在不断的博弈中也使得两国的核威慑状态渐趋稳定。从核学习的角度来看，印巴至少在三个方面取得了较为一致的认识：核武器的作用主要限于威慑，因而双方都对核武器的使用设定了限制，印度政策选择是不首先使用核武器。巴基斯坦则对核武器的使用规定了四个门槛；双方都建立了较为完整的核武器控制系统，以免核意外的发生，减少未经授权使用核武器的风险。相对于印度的文官控制系统，巴基斯坦军人主导的控制机制，增添了核武器部署位置的隐秘性以及核武器部件分散配置的砝码，以更有力地增添核武库的安全系数；稳定两国核竞赛的水平，承诺建立最低限度、可信核威慑，两国都将最低限度、可信核威慑作为核战略的基本指导原则，并在实践中不断丰富其内容。②

（三）印巴核威慑的稳定性③

自 1998 年印巴公开核试爆以来，有关两国作为新生核武器国家

---

① Michael Krepon, "Pakistan's Nuclear Strategy and Deterrence Stability," http://www.stimson.org/.../Krepon_ _ Pakistan_ Nuclear_ Strategy_ ./.

② 关于印巴核学习形成的共识，参见章节根《核学习与印巴核威慑的稳定性分析》《南亚研究季刊》2004 年第 4 期）。

③ 该部分内容选自作者在读博期间所发论文。参见刘红良《核威慑效应的生成及印巴核威慑的稳定性》，《南亚研究季刊》2011 年第 3 期。

威慑是否稳定的辩执就不绝于耳,学者们从构成威慑稳定性的诸多条件出发,借鉴冷战时期美苏核威慑稳定性生成的具体限定,对印巴核威慑的稳定与否进行了分析,得出种种不同的结论。在此基础上,本书从核威慑效应生成的机理这一角度出发,结合印巴两国长期以来已然形成的安全态势,探讨印巴核威慑的状况,对核威慑稳定性作出自己的解读。需要指出的是,本书不是在断然性的逻辑意义上使用稳定性一词,假定印巴形成的核威慑具有稳定性的特征,只是对其可能性作出分析,以期逐渐趋向于结论的得出。

1. 核威慑及其效应的生成

何为核威慑,考察其确切内涵显然有助于设定基本概念,使所要阐述的问题及其展开有清晰的逻辑脉络。核威慑的概念,应当起自于威慑的形成。一般意义上,威慑是指通过使用武力的威胁,以阻止敌方利用军事手段来实现其目标,或者如果敌方这样做即加以惩罚,从而阻止可能的敌方不致发起战争。① 威慑在军事上的运用历史久远,人类战争的初始即有了威慑手段相伴。中国春秋时期《孙子兵法》中有"不战而屈人之兵"的提法,而英文 Deterrence 所指的制止、吓阻以及 Intimidation 包含的恫吓、被吓的屈服,与中文威慑表达的含义基本相当,② 都在于通过军事安排或者外交手段的施展,阻止可能的战争的发生,避免敌方的挑衅、侵略行为。从中可看出,威慑的最终目的不在于展示军力的强大,而用于制止、阻挡侵略等战争行为的发生。

增添了核武器这种手段使威慑更具有可信性的同时,威慑的内涵因之也有了丰富和扩展,其内核也得到鲜明的体现。核武器具有破坏性和灾难性的实效,在人类仅有的使用经历中也已得到明证。这更强化了核武器作为政策工具而非实战工具的衍生特性,保罗·尼采(Paul Nitze)认为,核威慑理论有效说明了长期对抗的敌手之间的关系,他们保持着高度的军事戒备状态,发生战争的可能性很大。但基

---

① 联合国专家小组:《安全的概念》,联合国大会第 A/26/359 号文件,1986 年,第 7 页。
② 林国炯:《威慑理论及其在实现中国统一进程中的作用》,《国际政治研究》2004 年第 4 期。

于进攻的代价和可能获益之间的权衡,使得发动战争的机会和意愿降低。① 这种效应在美苏冷战期间僵硬对峙而终未引发战争的事实中得以彰显、放大,有关两极格局的稳定性特征的争论也突出了核威慑这一变量所起的作用。摩根索则认为常规武器时代,作为外交手段的武力和外交政策的目的之间存在着一种合理的关系,但由于核武器的出现,这种合理关系已经被可能的核战争摧毁了。② 实则意味着核武器可否发挥政策工具的作用,核时代"战争是政治通过另一种手段的继续"的预言还是否生效。

因技术的突破性变革而产生的核威慑概念,与威慑在通常意义上进行比对无法体现出其应有之义。核威慑得益于技术的量度获得了前所未有的直接性、即时性和现实性的特质,致使传统威胁和实战、部署和应用、战略与战术、局部和整体等重要界限几乎完全消弭并融合,而此一界限消弭与融合之境域恰恰是威慑思想与实践得以充分施展与作用的境域。核威慑既丰富了传统威慑理论的内涵,又使传统威慑不能完成的战略目标成为可能,因而成为拥有核武器国家安全战略的秉持与物质、技术依托。

核威慑产生的效应因何而成立,通常认为核威慑有效性的发挥有赖于双重因素。一是核武器令人震慑的力量,即物质效力,比如,核武器的数量和精确度以及各军种运输系统的机动性、防空系统的应战状况,它是发挥核威慑的基础,核武器的数量和精确度构成物质力的核心。二是心理效应。心理效应有赖于物质要素一旦使用可能产生的灾难性后果、在对手心理上造成的震慑程度,使得对手的行动趋向于己方期望的结果。在基辛格看来,有效核威慑来自于意志与物质要素的乘积:既有强大的军事力量同时又有使用这种力量的意志时,威慑的力量就最大。

即便在一般逻辑意义上,核威慑也存在着难以克服的悖论,它以慑止对手行动为目的,而凭借的手段是核武器。必要时以不惜最终使

---

① [美]詹姆斯·多尔蒂、小罗伯特·普法尔茨格拉夫:《争论中的国际关系理论》,阎学通等译,世界知识出版社2003年版,第426页。
② 俞正梁等:《全球化时代的国际关系》,复旦大学出版社2000年版,第131页。

用核武器、阻止对手的核冒险行动为基础，这就使得核威慑具有诱发核战争的潜在危险。因为核威慑要获得成功，能够有效地阻止核战争的爆发，就必须有一旦威慑失灵使用核力量的决心，否则就无法真正慑止敌人的侵略。因此，一方面核威慑具有抑制核战争的意图，而另一方面核威慑又具有引发核战争的成分。这就是核威慑的二律悖反。① 实践中，美国于60年代初发展了"实战威慑"的思想，以摧毁敌方的军力系统而不是平民为目标。而随着苏联核武库的逐渐充实和两国核军备竞赛的不断升级，为保证核威慑的有效性，两国都不断致力于核武器数量和效能的提高，保证拥有第二次打击能力，确保相互摧毁战略应运而生。

对于核威慑效能之所以能够生成的解释，学者们倾向于运用美苏核威慑的实证分析，说明第二次打击能力的存在提供的恐怖均衡。而在建构主义学者的眼中，理性主义者所说的核武器被禁止使用根源于一旦使用招致报复产生的可怕的、灾难性后果，但美国垄断核武器的最初十年不支持理性主义学者的上述说法，于是他们提出了规范性禁令的作用，也被后来的学者广泛接受为"核禁忌"。②

冷战时期，学者们注重分析美苏核对峙的典型性意义，然而对于冷战后拥有核武器国家的数量已日趋增多、核武器扩散化的现实，对于已经拥有核武器并将其作为保留性使用手段的国家，却不可能遵循同样的演绎逻辑。换言之，诸如美苏核战略以及与之相联系的稳定性不完全契合于当今的核安全情境，那么核威慑的有效与否又取决于何种因素呢？印巴两国多次冲突的历史与现实安全相互纠结，成为核威慑稳定性分析的一个典型例证，以下我们就结合核威慑的相关理论对印巴的核态势做一梳理和分析。

2. 印巴核态势

在印巴竞相核试爆之后，两国核计划的"暗流"进入学界、政界的关注视点，两国的核武器及其发展计划逐渐浮出水面。在印度，

---

① 田景梅：《核威慑与核战争》，《外交学院学报》1997年第4期。
② [美] 卡赞斯坦主编：《国家安全的文化》，宋伟、刘铁娃译，北京大学出版社2009年版，第114页。

核武器的试验及获得一直是印度的大国地位、身份、尊严乃至实现民族形象的一种方式，尽管面临着争议，独立后的几届政府实行的也是不发展核武的政策，印度却一直保留核选择的权利，并有专门机构从事原子能研究项目。1974 年 5 月 18 日，印度进行了第一次核试验。1998 年人民党再度执政后，出于对 CTBT 的不满以及对可能丧失成为有核国家机会的忧虑，最终选择了公开进行核试验的方式，走向有核国家的发展进程。在与印度对抗中处于不利位置的巴基斯坦，在1974 年印度核试验之后，加快其发展核计划的进程。虽然开发较晚，但发展过程遭遇的困难更大，巴基斯坦还是在面对来自印度、美国以及国际社会的压力之下，赶在印度公开进行核试验之际，针锋相对地进行了多次核爆炸，以显示自身的实力、意志。而印巴两国在核试验之后，在运载工具——导弹的研发及试射上频度较高，印度的大地、烈火导弹，巴基斯坦的哈夫塔、沙欣等引起国际社会的极大关注。两国在核裂变材料的生产、核武库的充实及更新上也保持着相互竞争、不甘落后的态势。

两国的核战略都强调建立可靠的、最低限度的核威慑力量，把保持最小限度的核威慑作为其核战略的指导原则。据布鲁金斯学会的统计，美国几十年间核武器成本总额达到 5.5 万亿美元。相对于美苏冷战中一度追求的核优势战略，印巴国力缺乏如此巨大的财政资源的支撑，且冷战后的环境也使得庞大核武库不具有必要性。印巴领导人显然从美苏的经历中得到了教益，最小程度核威慑如最大程度核威慑一样遏阻对手。[1] 从此角度看，最小核威慑其实起到了最大边际效用的效果。最大边际效用核威慑是指在资源和科技水平相对有限的条件下，重点发展少量核武器系统，以维护自身安全，进行报复性反击，造成对方难以承受的损失，以发挥最大的边际效用。印度、巴基斯坦作为后起的核国家，在综合国力相对较弱的状况下仍然致力于核武器的发展以及核军备竞赛的进行，其政策倾向于以有限的核武器发挥最大的

---

[1] ［美］肯尼斯·沃尔兹：《南亚的核稳定》，载［美］罗伯特·J. 阿特、罗伯特·杰维斯编《国际政治：常在概念和当代问题》，时殷弘、吴征宇译，中国人民大学出版社 2007 年版，第 283 页。

/// 第四章 层次分析法与印巴关系的影响因素 ///

边际威慑力,这实际也成为两国政治上反对核威慑理论、军事上实行核威慑战略部署的原因。印度承诺不首先使用核武器的原则并确保最低限度可靠核威慑,然而对于实现最低限度可靠核威慑的数量争议很大,印度强调根据自身安全环境的变化来动态地理解"最低限度"和"可靠"的含义。① 巴基斯坦发展核武器本有抵消印度常规军力优势的初衷,因而拒绝承诺不首先使用核武器,不放弃继续进行核试验的权力。两国在核武器控制与指挥系统的掌握上也有着根本的不同。巴基斯坦的核项目控制权握在军方手中,是世界上独一无二的军人控制核武器的国家。而印度较早在其核原则草案中规定,只有总理或其法定继承人才有权批准核武器的使用,以避免未经授权使用核武器的状况出现。

从总体军力对比来看,印度具有常规军力的优势,而核武器的出现是其增强威慑可信性的一个砝码。巴基斯坦同时建立的核威慑体系,侵蚀了印度已有的军事、战略上的优势,抵消了印度在总体军事上的有利地位,从而使本已倾圮的南亚战略天平发生有利于巴基斯坦的微调。加上巴基斯坦军人政权的脆弱性、社会的动荡以及不放弃首先使用核武器的声明,都使得印度越来越难以保持其在可能的军事对抗中的绝对有利位置。

3. 印巴威慑的稳定性分析

对于印巴核威慑的判定,很多分析着眼于冷战时美苏的对比分析,将之比照于南亚核对峙的现实。如核威慑体系的简单性、地理邻近带来的反应的时限压力、预警体系的匮乏等,来预测南亚核冲突的可能性。将以上种种核现实的脆弱性和印巴间战争频发的事实、恐怖袭击不时的困扰、"话语"针对性纠缠一起,以至于出现"各种风险因素集合一起并加以倍增,此乃世界上最稳定、最不稳定的军事形势"的判定。② 然而,这种判定也只是就技术的限定以及军事形势的

---

① 张力:《印度的核政策与核战略》,《南亚研究季刊》2000 年第 2 期。
② [美]肯尼斯·沃尔兹:《南亚的核稳定》,载 [美] 罗伯特·J. 阿特、罗伯特·杰维斯编《国际政治:常在概念和当代问题》,时殷弘、吴征宇译,中国人民大学出版社 2007 年版,第 283 页。

不明朗而言，并不能作为印巴之间威慑不具有稳定性的佐证。相反，我们倒可以据此提出，正因为动荡及可能的混乱局势，才更驱使在多次冲突、战争中渐趋理性的领导人保持明智与冷静，以应付不必要的冲突及越轨，防止升级、失控。在其后印巴两国关系中出现的重大事件中，如卡吉尔冲突、2001年印度议会大厦遭袭以及2008年孟买恐怖袭击事件等致使两国关系曾一度紧张对峙，却最终避免了进一步升级走向战争，核威慑因素起到的作用不容忽视。

同时，美苏核威慑的分析提供的是一种经验性、实证性的结果，我们并不能从结果出发推导稳定的核威慑一定要具备美苏类似的充分条件，而是可以据其概括稳定核威慑需要的关键要素。稳定核威慑的形成历来和核威慑效应的生成具有相似的机理，不同的是核威慑有效性的立论构成是立足于一国的视角，探讨其生成性条件，对手的考虑、军力状况、是否拥有制衡的手段或拥有核武器及其状况则不在考虑之列。而前者则应用于对峙、冲突状况下保持核威慑稳定性需具备的条件，双方的军力、部署等情况则会被赋予较多的权衡。通常认为稳定核威慑应具备三方面条件——报复性力量、确实有效的威胁和真实传递威胁的信息。第一个条件涉及物质能力的建设即"第二次打击能力"，也即遭受突袭后对攻击者实施具有足够杀伤力的报复性打击能力。第二点则是保证威慑的有效性，与之相伴的难题正如前文所说的，为抑制战争以核武器相要挟，为确保这样的威慑真实有效，必要时有动用核武器的危险性。此种威慑的恐怖性，成为威慑理论的一大困境。三就是向敌方传递己方动用核武器的真实信息。除此之外，一些学者还指出一方拥有优势期间预防性战争的避免以及避免事故性核战争作为稳定核威慑的构成条件[①]，这在印巴的黄铜钉危机期间得以验证，事件的结果也证明了核武器具有导致危机稳定的功用。

对印巴核威慑心存忧惧的一个因素在于核武器的控制系统及部署状况。其一，巴基斯坦军人控制核武器的现实及普遍存在的对军方组

---

① ［美］斯考特·D. 萨根：《南亚的核不稳定》，载［美］罗伯特·J. 阿特、罗伯特·杰维斯编《国际政治：常在概念和当代问题》，时殷弘、吴征宇译，中国人民大学出版社2007年版，第271页。

/// 第四章　层次分析法与印巴关系的影响因素 ///

织性过程的担忧。其二，双方部署以及移动核装置的方式往往为对方所探知，从而双方核武器的布防失去模糊性。然而对于印巴双方的国家战略来说，技术性因素仍然从属于整体政治。国家的决策系统是异常复杂的过程，以至于我们可以将其视为一个"黑箱"，输出的结果代表了一种态度和倾向，虽然印巴核武器的控制系统迥然不同，但面临危机时所做的最终抉择验证了其理性和冷静。况且后起的核国家会经历核学习的过程，印巴之间核对峙经历了多次危机和冲突，终能以某种方式解决，核学习也成为一个举足轻重的作用因子[①]：美苏核对峙的历史经历与印巴之间的交锋、碰撞，使双方在互动关系的考量中逐渐形成了某种默契和共识，这种学习过程有利于稳定印巴之间的核威慑关系。

在探讨核威慑稳定与否的过程中，不应忽视"不确定性"作为一个因素所能起到的作用。冷战时代，军事技术的复杂性、新型武器的部署都使得战略平衡难以计算，决策者头脑中的不确定性愈益增加[②]，尤其是在面临核危机的临界状态下，时限压力加大，对对方领导人意图的解读，行动代价和收益的反复权衡等决策困境都使得不确定性在限制冲突规模和升级中发挥着不可或缺的作用。核威慑不是一系列精确计算的结果，它和数学有着不同的内在逻辑，"威慑的分析总会涉及不确定的人为因素，尤其是领导人的政治常识、个人理性和官僚机构的互动以及猜测、冒险"。[③] 这种因素同样存在于印巴之间螺旋式的竞争关系中。核打击毁灭性后果的确定性和决策困境造成的不确定性有机结合，使核威慑稳定性作用的发挥尤其体现在慑止冲突升级上，对核威慑的状态适当加以操控，凭借双方风险指数和毁灭概率的均衡极有望避免战争[④]，而其中决策者的理性发挥了作用，避免

---

① 章节根：《核学习与印巴核威慑的稳定性分析》，《南亚研究季刊》2004 年第 4 期。
② [美] 詹姆斯·多尔蒂、小罗伯特·普法尔茨格拉夫：《争论中的国际关系理论》，阎学通等译，世界知识出版社 2003 年版，第 383 页。
③ 同上书，第 401 页。
④ [英] 巴里·布赞：《人、国家与恐惧》，阎健、李建译，中央编译出版社 2009 年版，第 276 页。

了进一步冒险的可能性。况且印巴特殊的安全环境更易于面临突发事件的干扰,在危机面前容易引发的失控只能借助于限制冲突的规模、烈度,使之不会衍生、蔓延开来,破坏两国间极力维持的脆弱平衡。

如果我们注意到印巴间总体军力对比不平衡的现实,还可以借用非均势核威慑的分析框架。非均势核威慑指双方的总体军事实力不在同一个等级上,但同时具有有效威慑对方的核武器。主要强调总体军力的差距使双方有着不同的安全概念和战略取向。在两国的常规军力对比中,印度具有绝对的优势,在核武器上实力大致均衡。印度尽管拥有数量、技术上的优势,但很难转化为可以施加决定性影响的力量,这实质上使得双方在总体军力上处于不对等的状态。在非均势核威慑的状况下,双方追求的安全不具有对等性,否则强势一方军事上的较高投入,无法获得相应的收益,则其增强军力、谋取优势的热情会趋向减弱。① 印度相对于巴基斯坦,显然安全上会有更高的要求——不会满足于和巴基斯坦追求同样的生存安全,而是在生存安全已有保障的条件下力求获得战略安全。战略安全指的是大国对更高安全层次的索求,除生存安全外,拓展战略疆域,有效辐射自己的能力,从而使安全建立在更广阔的空间范围上。从多年来印度国防战略的调整、力促印巴和解等一系列举措可以看出,印度已不满足于在南亚狭窄的区域范围内与巴基斯坦的角力,切身感受到"在更广阔的空间范围发展与区外大国关系的好处"。而巴基斯坦作为弱势一方,虽然处于军力不对称的尴尬状态,但可以凭借手中有限的核武器,发挥核威慑所能起到的"最大边际效用"。②

考虑到印度的大国取向,不应忽视印巴之间核均衡被打破带来的影响。印度的大国追求使其不可能甘愿同巴基斯坦处于同一个核等级上,因此近年来积极致力于发展核打击力量。虽然印度核武库的日渐充实并不必然地和巴基斯坦联系在一起,并非是仅仅应付来自于巴基斯坦的威胁,却迫使巴基斯坦不得不面对战略平衡被打破、自身处境更加严峻的局势。在这种状况下,巴基斯坦必然会作出选择,以努力

---

① 参见阎学通《东亚和平的基础》,《世界经济与政治》2004年第3期。
② 林国炯:《威慑理论及其在实现中国统一进程中的作用》,《国际政治研究》2004年第1期。

第四章　层次分析法与印巴关系的影响因素

增强自身的威慑手段，否则带来的将不仅是战略均衡向印度一方的倾斜，更在于安全感的丧失，生存安全几乎也难以得到保障。因为核威慑本来是用实力平衡实力的结果，一方的弱势只会使得稳定的相互威慑无法维持。即便巴基斯坦作为弱势一方选择生存安全作为其在非均势核威慑下的最基本追求，但面对与对手核能力的悬殊日益拉大的局面，巴基斯坦也会发觉自身的生存安全目标难以维继。虽然国小力弱，无力承担长期与印度进行核竞赛的压力，巴基斯坦仍作出适度发展核武器、保持最低限度核威慑的选择，以弥补印巴之间的差距。

危机的频发以及国内局势的干扰，也使得印巴两国逐渐认识到保持稳定的核威慑的意义。印度基于大国的标准及安全上的更高要求，不会放弃核力量的大力发展，同时也不会坐视常规冲突升级的危险。巴基斯坦核威慑的存在、功效使得印度军力上的优势难以发挥，长期紧张和危险的对抗又使得核危机出现的概率很高，结合巴基斯坦国内的政治因素，印度难以把自己的安全乃至更高的战略利益的追求建立在核威慑过程中的不确定性上。在爆发的几次危机面前，印巴在一触即发的危急情势下总能审视各自的选择，达成最终的妥协，避免核战的爆发。紧张对峙的局面终能以缓和告终，核威慑无疑扮演了重要角色。而反复的交锋使印巴认识到保持核威慑的稳定性是共同的利益，能够形成共识，并展开有关核问题的谈判，虽然核军备竞赛的进行仍会使未来两国间威慑的强度不断加大，但却以一种几乎默契的方式提高了战争可能性的门槛。

对南亚印巴间核威慑稳定性的分析，尽管主要集中于核威慑的技术性层面上，但我们不能忽视核威慑在总体政治框架中与其他因素结合产生的解释力。尤其是印巴间的安全观念、态势、战略、利益关切乃至第三方的介入都会使印巴间的稳定性发生微妙的变化。在两国的安全观念中，克什米尔对两国意义攸关。它具有着地缘、政治、安全、资源、宗教及民族情绪的多重意义，在两国拥有核武器的现实情境中，其脆弱性更是日益凸显。可以说，对巴基斯坦而言，其生存安全不可避免地与克什米尔交织在一起。多年来，印巴几次激烈的交锋无不围绕着克什米尔进行。极力避免边界冲突的升级、减弱在克什米尔问题上的对抗强度以防升级为核战的可能性，对双方来说都是紧迫的要求。对印度而言，一旦冲突激化造成的后果将无法预期——本来不是其最终目标的生存安全也将受到威胁，更谈不上战略安全的更高追求。将两国的安全追求降为同一层次，对印度而言是不智之举。出于安全的考虑，印度无法漠视两国边界冲突的情势。而在对抗印度的过程中，巴基斯坦的核威慑作用，是印度不能不顾及的一个重要因素。建立在这种实质的认定上，印巴的领导人都认识到避免无益的边界冲突的必要性，以防止不确定因素的破坏性后果。

　　印巴间核威慑不同于冷战时美苏之间的状况还在于，除了双方的政策选择等因素，外力的介入和干涉也发挥了关键性作用。无论是卡吉尔冲突的化解还是印度议会大厦遭袭事件终未酿成两国兵戎相见，其背后美国作用的发挥都清晰可见。随着美国反恐战略的需要及压制，印巴间的军事对峙、冲突和激烈的军备竞赛都逐渐在两国的战略排序中后移，反恐成了印巴安全事务的主题，核武器引发的不稳定性和脆弱性因之而淡化。美国的全球战略布局需要有一个稳定的南亚，反恐的前沿战场需要有一个稳固而不被恐怖分子利用的后方。印度急欲走出南亚展示其大国诉求需要有一个不至于迟滞其进程的周边环境，而巴基斯坦受困于反恐带来的国内安全环境的恶化、治理有效性的缺失，无力于一边致力于对恐怖分子开战，一边持续纠缠于与强邻的安全竞争。

　　需要特别指出的是，在印巴两国多年的纷争、冲突中，恐怖主义活动扮演了一个非常重要而又微妙的角色。每逢印巴关系出现转机之时，恐怖主义行动往往使两国关系遭受重大挫折，逆转了两国对话与和平的进程。这在2001年12月印度议会大楼遭袭以及2008年孟买恐怖袭击案中表现得尤为明显。在美国的全球反恐战屡屡压倒一切的情势下，两国在孟买恐怖袭击事件后尽管指责不断，仍然保持了最大的克制，使两国不至于走向冲突。而在2011年5月1日，随着基地组织头目本·拉登的被击毙，巴基斯坦境内的塔利班、基地组织也发誓要进行更大规模的报复，这势必恶化本已脆弱的巴基斯坦的安全形势。5月22日，巴基斯坦境内的迈赫兰基地（Mehran）遭恐怖袭击，据称该基地距离巴基斯坦核武库之一的马斯罗尔（Masiluoer）空军基地仅 24 千米，再次引起国际社会对"巴基斯坦核武器安全"问题的担忧。在美国反恐需要压倒一切时，南亚的核会维持一个稳定的威慑关系。而如果美国阶段性的战略重点出现调整，反恐的主题时过境迁，此时的南亚是否会出现威慑失效的可能？借助上文已作出的分析，在政府有效的限定下，威慑的稳定性将继续维持。毕竟外部因素的作用只能作为稳定性的强化因素，而非决定性的，况且美国全球视野下的南亚稳定符合其持续的利益。

对印巴之间核威慑现状的研究既具有理论的适用性，又具备现实的可验证性，诸多相关的核威慑理论在此可以得到检验或者新的应用。印巴都把最低限度核威慑作为自己的核战略选择，以期有限的核武器发挥最大的威慑功效。由于国家实力和状况不同，印度作出不首先使用核武器的承诺，而巴基斯坦力避做类似的承诺，反映出两国实力差距对政策选择的影响。在此形势下的印度将不得不面对核威慑失效、战争爆发的可能，巴基斯坦脆弱的国内现状也使得其只会将核武器作为政策和要挟的工具，由此限制了两国间冲突的规模和强度。因而，可以说南亚的核威慑从总体上是有效的。虽然两国在技术上的限制使其稳定性颇受质疑，但通过不断成熟的核学习以及两国在历次对峙、对抗中积累的微妙的经验，使得组织机构在保持稳定性上起到重要的作用。对此问题的索解，也从一个维度上揭示了制约冲突升级、维持均衡的因素。事实上，任何局面的形成和维持都不可能归因于单一的要素，在南亚局势的发展演变过程中，印巴对发展经济、增强国力的考虑，慑于大国以及国际社会介入、干涉的压力，以及印度出于大国身份的渴求，鉴于目前实力而做的外交战略的调整、美国出于反恐等战略需要等因素都对印巴抑制冲突升级、维持稳定的安全态势，起到了难以忽略的作用。

第四节　地区层次：阿富汗及中亚因素

对印巴两国来说，制约其关系走向的除了较为直接、关键的克什米尔、恐怖主义、水资源及核威慑等因素，在两国发生的利益碰撞中还有一个不容忽视的因素——阿富汗及中亚问题的存在。相对于两国在上述问题上的正面交锋，阿富汗及中亚因素是居于地区层面上的制约因素，源于两国在利益拓展上发生的冲撞及对立，考察两国在这两个地区的利益博弈，显然有助于分析制约两国关系进一步发展的多重因素，对未来两国关系的判断也有了基本的参照。

一　印巴两国在阿富汗的利益博弈

从地理范围上来看，阿富汗位处亚洲腹地，是几个地区的连接地带。在19世纪末英国与俄国划定该地区的势力范围后，其境内的阿姆河（Amu Darya）成为划分俄国与西亚的地缘政治界限。20世纪80年代以来，随着苏联军队对阿富汗的入侵、苏联解体等一系列因素的影响，中亚地区涌现出一批新独立国家，阿姆河的界限属性逐渐被打破。阿富汗与中亚诸国在民族、宗教、文化及地缘意义上的融合日渐加强，阿富汗已逐渐被看作是一个中亚国家。而随着美国反恐战略的推行，美军进驻阿富汗战场，奥巴马在2009年提出大中亚的概念。实质上，把阿富汗与巴基斯坦、中亚地区连为一体，阿富汗又被赋予了南亚国家的意义。在巴里·布赞安全复合体理论中，阿富汗这种类型的国家，发挥着隔离行为体的作用。即处在两个安全复合体的交界带上，同两类安全复合体都会进行着经常性的安全互动，对其安全利益有着举足轻重的影响。事实上，沿着阿富汗内部对抗的分界线，随着美国反恐战略带来的相关国家政策的配合，南亚和中亚安全态势融合的趋势逐渐明显。

阿富汗特殊的地理位置带来的地缘战略上的重要性，对于印巴两国来说，都有着极为重要的价值。巴基斯坦西北部与阿富汗的共同边境长达2252千米，经由阿富汗宽度为16—19千米的瓦罕走廊（Vāhān Corridor），可进入中亚塔吉克斯坦等国。在西部低山间有许多重要的山口通道，如开伯尔（Khaybar）山口通道，全长56千米，把阿富汗首都喀布尔和巴基斯坦西北部肥沃的白沙瓦地区连接起来；托奇（Tochi）山口通道，连接阿富汗的加兹尼（Ghazni）

和巴基斯坦的班努（Bannu）；戈马儿（Gomal）通道，连接阿富汗和巴基斯坦的坦德拉伊斯梅尔汗（Tandt Raees Mel Khan）；博兰（Bolan）山口通道，连接了俾路支斯坦首府奎达（Quetta）、信德平原和查曼（Charman）。[①] 阿富汗对于巴基斯坦的重要性还源自于巴基斯坦的国家安全战略，由于位处复杂的权力伸展的敏感地带，位置至为关键却易受攻击。巴基斯坦自建国以来便奉行以"伊斯兰"、"联盟"、"进攻性防御"为核心内容的国家安全战略，以抵御来自西北兴都库什山脉及恒河平原两个方向的权力压力。在国家建立发展过程中，巴基斯坦通过始终强调其伊斯兰特性，作为凝聚资源、强化共识、维护安全的工具。[②] 通过有意识地参与伊斯兰运动，发展与伊斯兰国家的紧密合作，伊斯兰特性既得以强化也逐渐成为国家身份及政策推行上的某种依赖。肇因于此，边界紧密相连、一直陷于动荡与战乱中的阿富汗便成为巴基斯坦至关重要的安全关切。自苏联入侵阿富汗开始，巴基斯坦就开始通过"圣战者"的形式参与阿富汗战事，保持对阿富汗事务的影响力。而在苏军撤走之后，巴基斯坦希望通过其支持的政治力量涉入阿富汗政治、安全事务，维持对己有利的态势。这将使得其获得稳定而可靠的后方，与印度的对抗有了可倚恃的战略纵深。因而，在塔利班异军突起之后，巴基斯坦支持塔利班势力并成为少数承认其政权合法性、保持与其密切的外交联系的国家之一。除了地缘上的吸引力，巴基斯坦对阿富汗的关注还在于丰富的矿产资源，包括卢格尔省储量极为丰富的露天铜矿、西南部赫尔曼德省藏量估测为世界最大稀土矿以及 2006 年美国地质学会宣布的阿富汗北部尚未探明储量的天然气 3.6 亿—36.5 亿立方英尺、石油储量 4 亿—36 亿桶。[③] 丰富的矿产资源以及因经济重建带来的经济发展的机会，对于需要重振经

[①] 杨翠柏、李德昌：《当代巴基斯坦》，四川人民出版社 1999 年版，第 9 页。
[②] Husain Haqqani, *Pakistan: Between Mosque and Military*, Lahore: Vanguard Bookes, 2005, p. 2.
[③] 《美国称在阿富汗境内发现优质稀土矿 藏量可能世上最大》，2011 年 9 月，环球网（http://world.huanqiu.com/hot/2011—09/2034967.html）。

济、扭转发展颓势的巴基斯坦而言，自然有着巨大的诱惑。况且，阿富汗还是通往中亚、获取中亚丰富油气资源的通道，利用自身所处的特殊位置，成为中亚油气资源输往印度乃至东南亚等地以获取收益的谋划也是巴基斯坦政策考量之一。

对印度而言，阿富汗的战略价值在于其连接中亚的枢纽位置，经由阿富汗可以发展与中亚广大国家的政治、经济、安全关系。中亚作为油气资源极为丰富的地区，其资源存量对于经济迅速发展、能源日益紧缺的印度意义攸关，保持与中亚国家政治上的积极交往成为获取油气资源的可靠保障。同时，出于力量均衡的考量，印度对巴基斯坦的阿富汗政策及实践极为敏感。阿巴两国极为紧密的关系会形成对印度政治、安全利益的某种制约，从而有损印度在阿富汗及中亚拓展外交的空间。因此，印度利用塔利班政权垮台之机，极力发展与新生阿富汗政权的关系，以此来削弱影响日盛的伊斯兰极端主义的兴起。况且，因阿富汗经济重建产生的利益契机，也是印度极为看重的。借此既可以为经济发展提供新的增长点，也更深入地融入阿富汗的经济、社会生活，伸展其政治影响力。除此，印度对于阿富汗的安全局势也较为关注，主要着眼点是防止阿富汗动荡的局势及恐怖主义活动外溢、波及印控克什米尔等地。因此，维持与阿富汗政权的友好关系，进行紧密的合作以期达到稳定、掌控局势的目的，也成为印度的政策选择。

出于政治、经济、安全等多方面的利益考虑，印巴两国在阿富汗的竞争由来已久。1893年英属印度与阿富汗签订《杜兰协定》（Durand Agreement），划定了阿富汗与英印之间的边界线。由于这种划界使阿富汗被迫放弃了对斯瓦特、巴贾尔（Bajall）和奇特拉尔（Chitral）的主权，其境内的主体民族普什图族（Pashtun）有数百万人被人为地分割在两个国家，造成了边界地区多次大规模武装冲突。《杜兰协定》签订后，阿富汗多届政府一直拒绝承认该协定的合法性。但依据国际法中单方面行动无效的条款以及条约无有效期的规定，法理意义上，《杜兰协定》早已无效的说法没有依据，因而不具备说服力。1947年，印巴分治之后，根据国际法中的国家继承原则，杜兰线顺其自然地成为巴阿边界线，由此埋下了两国争端和不睦的种子。当年9月，在巴基斯坦加入联合国一事上，阿富汗投了反对票。加之对巴基斯坦境内普什图人命运、境遇的关切，阿富汗历届政府通过支持巴基斯坦境内普什图地区的反政府运动，以推动普什图人脱离巴基斯坦的控制。两国围绕这一问题，产生了较深的积怨。1955年、1961年爆发了两次"普什图尼斯坦危机"，导致外交关系一度中断，后在伊朗等国调解之下，1963年两国关系才得以恢复正常。70年代，阿富汗总统萨达·达乌德·汗（Sardar Daud Khan）向巴基斯坦境内的俾路支叛乱分子提供庇护所，巴基斯坦则针锋相对，积极支持阿富汗境内伊斯兰主义者反共产主义及反达乌德·汗势力。希克马蒂亚尔（Gulbuddin Hekmatyar）、拉巴尼（Rabbani）都曾得到巴基斯坦提供的训练及其他方面的支持。苏联的入侵使得巴基斯坦对阿富汗事务的参与程度大为提高。在苏军撤出之后，直至1996年塔利班获取阿富汗的执政权，阿巴关系中才第一次出现一个与巴基斯坦关系友好、与印度缺乏联系的政权。

与巴基斯坦不同的是，印度长期维持与阿富汗的亲密关系。在巴基斯坦看来，印度通过涉入与巴基斯坦有关的国际事务如阿富汗问题制造了不安全因素，使得阿巴关系一直成为核心问题。在查希尔（Zahir）国王统治期间，印阿关系较为友好，仅在印巴1965年冲突期间有短暂的中断。在查希尔的统治被推翻之后，印度尽力维持与随后建立的亲苏政权的紧密关系。虽然与苏联有着良好的关系、紧密的合作，名义上也支持苏联的行动，但印度对苏军占领阿富汗并不满意，因而这意味着地区安全状态的打破，随着巴基斯坦战略重要性凸显，巴基斯坦获得的美国军事、经济援助大量增加。但印度避免在公开场合对苏联占领的谴责，相反采取与苏联支持的傀儡政权合作的政策，因为印度对阿富汗境内圣战者的伊斯兰意识形态取向并不关心，而这些团体得到巴基斯坦、美国的支持。依赖苏联低价提供的武器系统，印度坦言具有对巴基斯坦的军事优势。在阿富汗战争期间，印度支持马苏德领导的北方联盟，主要源于在政治立场上对巴基斯坦支持的圣战团体持敌对的态度。对普什图尼斯坦运动，印度保持口头上的支持，以期使巴基斯坦军队滞留在较为动荡的西部边境地区。[①] 而随着塔利班政权的上台，印度与阿富汗长期的友好关系接近了尾声，但通过对马苏德领导的北方联盟的支持维持在阿富汗的参与，保持对阿富汗内部事务的影响力。在2001年早期，北方联盟与塔利班的一次交战中，印度提供了高空战争装备、军事顾问、直升机技师的支持，印度医疗人员也出现在阿塔边境地带的塔吉克斯坦的法克尔（Farkhor）医院救治北方联盟的伤员。据称，印度还支持来自乌兹别克斯坦及塔吉克斯坦的反塔利班力量。[②]

随着美国领导的反恐战争的进行以及战后重建机会的出现，印巴两国在阿富汗的竞争日渐激烈。"9·11"前夕，马苏德被暗示，印度并未切断与北方联盟的关系，同时支持美国领导的反恐联盟推翻塔利班的行动。在2004年12月阿富汗问题波恩会议上，印度尽力争取对己有利的安排。美国选择卡尔扎伊作为阿富汗总统也是印度希望看到的结果，因卡尔扎伊本人曾长期生活在印度，其至本科学位都是在西马吉尔邦（Himachal Pradesh）大学获得的。卡尔扎伊的父亲则是在巴基斯坦被塔利班暗杀的，这些因素对阿富汗新政权的印度政策显然会产生微妙的影响。事实上，在阿富汗政府高层，有着极强的亲印度的势力。其中包括前外长、进入总统竞选第二轮辩论的阿卜杜拉·阿卜杜拉（Abdullah Abdullah）、第一副总统候选人穆罕默德·法西姆（Mohammed Fahim）；对印度极有好感的教育部长哈尼夫（Mohammed Haneef），在其执政下，有相当多的印度教育官员向阿富汗教育部提供技术支持；前北方联盟领导人、现任下院议长卡努尼（Younus Qanooni）等。因与塔利班政权的特殊关系，巴基斯坦一度在阿富汗事务上有着较强的影响力。在美国发动反恐战争之后，巴基斯坦在威压之下

[①] Nicholas Howenstein, Sumit Ganguly, "Pakistan & Afghanistan: Domestic Pressures and Regional Threats: India-Pakistan Rivalry in Afghanistan," *Journal of International Affairs*, Vol. 63, No. 1, Fall/Winter 2009.

[②] Rahul Bedi, "India joins anti-Taliban coalition," *Jane's Intelligence Weekly*, March 15, 2001.

选择了向塔利班及基地组织开战,这也致使其在阿富汗的影响力被弱化。在此情势下,巴基斯坦以许多阿富汗家庭与巴基斯坦有着经常性联系并时常以旅游为缘由,在哈拉德(Heart)、贾拉拉巴德(Jalalabad)、马扎里沙里夫(Mazar-e-Sharife)、坎大哈(Kandahar)设立了领事馆。① 印度也针锋相对,在这几个地方设立了领事馆。印度称其领事馆主要涉及管理发展项目,但巴基斯坦指责印度通过设在坎大哈的领事馆支持俾路支叛乱活动,煽动反巴基斯坦情绪。巴基斯坦对印度在阿富汗更多的参与极为担忧,尽管印度对巴基斯坦的这种关切也极为敏感,但不足以默许巴基斯坦在阿富汗的行动。正如一位美国官员所说的:"印度实际上已非常小心、非常注意巴基斯坦对印度提供给阿富汗的援助方式非常敏感这一事实。"② 而实际上,这种陈述也仅限于言辞上的需要。印度在塔利班政权垮台后,立刻派出了特别代表以建立在喀布尔的联络机构,一个月后重开印度在阿富汗的大使馆,保持着与阿富汗现政权密切的战略关系。其中一个重要的基础就是共同应对恐怖主义的威胁,显然这种威胁会在相当程度上来自于巴基斯坦支持下的恐怖主义。尽管巴基斯坦采取了多种反恐举措,自身也陷入恐怖主义的泛滥,但美国认为巴基斯坦在打击恐怖主义目标上是选择性的。北约组织在2012年的一份秘密文件中说,巴基斯坦三军情报局会经常和塔利班高级人员会面,巴基斯坦清楚一些塔利班高级成员的下落,继续操纵他们,塔利班影响力正在扩大;在2014年底前离开阿富汗后,塔利班可能卷土重来。巴基斯坦称这一说法为无稽之谈,其外交部发言人称和平、稳定的阿富汗符合巴基斯坦的利益。对于塔利班政权结束之初巴阿一度紧张的关系,巴基斯坦认为是印度造成的。扎尔达里政府时期,巴基斯坦主动提升与阿富汗的关系。在2010年伦敦会议上,巴基斯坦支持卡尔扎伊提出的国家和解计划,两国领导人还商讨了反恐、加强双边关系,地区和平、安全以及采取措施消除过去

---

① Brian R. Kerr, "Indian-Pakistani competition in Afghanistan: Thin line for Afghanistan?," 2011 *Report Of Center For Conflict and Peace Studies*, p. 2.
② "India mindful about Pakistan Sensitivities over Afghanistan," *Tolo News*, November 10, 2011.

的误解,加强协调以及联合军事行动。

在经济及援助项目上,印度积极参与阿富汗的重建。2002年以来投资援建金额达到15亿美元,成为第五大赞助国。建设项目包括扎兰季至迪拉腊姆(Zaranj-Delaram)国际公路,该项目旨在取道伊朗的恰巴哈尔港打开与阿富汗贸易的另外一个通道,则印度物资可以经伊朗进入阿富汗,巴基斯坦的过境作用就被弱化了。印度援建的项目还包括喀布尔河上的系列大坝、哈吉铁矿。印度资本的大量投入换来了在阿富汗政治影响力的深化。2011年10月,两国签署《战略合作伙伴协议》(The Strategic Partnership Agreement),阿富汗承诺支持印度争取联合国安理会常任理事国席位,数日内,印度矿业集团赢得了哈吉铁矿石项目的开采权。巴基斯坦深知在经济援建上远远无法与印度相提并论,仍然采取积极努力参与阿富汗的重建,在许多项目上提供帮助,包括学校、医院、公路,对阿富汗官员和通信技术人员进行培训。"9·11"事件之后,在阿富汗建立的第一个外国银行和外国航空公司即为巴基斯坦国家银行和巴基斯坦国际航空公司。另外,巴基斯坦具备与阿富汗边界毗邻的地缘优势,通过直接的财政捐助与投资获得在阿富汗重建中的影响力。2010年10月,阿巴两国签署了《阿富汗—巴基斯坦过境贸易协定》(Afghanistan-Pakistan Transit Trade Agreements),根据协定的规定,阿富汗货物可以运送至瓦嘎边境口岸及卡拉奇港口。协议中的特别条款明确规定了禁止印度货物经由巴基斯坦运输到阿富汗,阿富汗出口印度的商品可以经瓦嘎由水路运输。条约有意识地排斥和防止印度获得货物运输上的优势。[①] 据悉,在阿巴双方进行有关过境贸易的多轮磋商和谈判中,巴基斯坦工商界就竭力反对将印度纳入过境贸易协议的提议。

在安全领域,印度与阿富汗利用反恐之机发展更为紧密的合作关系。两国的国家安全顾问和情报机构定期协商机制已然建立,2008年双方的国防部长商议决定,由印度训练阿富汗军队包括在印控克什

---

① "Afghanistan-Pakistan Transit Trade Agreement," http://www.state.gov/r/pa/prs/ps/2011/06/166078.htm.

/// 第四章　层次分析法与印巴关系的影响因素 ///

米尔阿富汗官员接受特训。2009年卡尔扎伊访印,建议印度派军前往阿富汗在反恐中发挥攻击性作用,由于担心巴方强烈反对,印度未敢接受。但最近印度已决定派出特别警察力量以加强在阿富汗的利益。印度在阿富汗的战略目标其中就包括稳固和强化与阿富汗政府的关系使之成为限制巴基斯坦的主要同盟。巴基斯坦则利用作为反恐前沿的有利情势,使阿富汗形势向有利于自己的方向演化,比如,在地区合作上,强调发挥阿巴两国的关键作用,以排除印度的参与。2009年3月24日,巴基斯坦、伊朗、阿富汗三国在阿富汗建立咨询、顾问机制,涉及反恐、反毒品及提升地区政治、经济、安全合作方面。2010年1月25日,巴基斯坦、阿富汗、土耳其三国在伊斯坦布尔召开峰会讨论阿富汗安全问题。这些有关问题的合作都排斥了印度的参与。对巴基斯坦来说,在阿富汗至关重要的安全关切在于维持与阿富汗政府的友好关系,以获得应对印度威胁的战略纵深,因塔利班体制的瓦解,巴基斯坦战略纵深的维系只有依靠良好的巴阿关系,阻止对巴基斯坦敌对的印阿政府的出现。[1]

印巴两国竞相发展与阿富汗的关系,看似平行不悖的正常国家交往,实则充满着排他性的竞争。无论是领事馆的设立还是贸易通道的开辟以及安全防务上的选择性合作,都可看到印巴角力的清晰印记。印阿战略伙伴协议签署时虽明确表示不针对任何国家和集团,但仍引起了巴基斯坦的负面反应和较深的疑虑,在卡尔扎伊做出"伙伴关系"不会影响兄弟情谊的表示后,巴基斯坦仍发出了"阿富汗总统理应表现得更为成熟"的警告。[2] 印巴在阿富汗的竞争反映出两国利益延伸过程中的碰撞,有学者认为印度正在积极寻求更广泛的在泛亚洲地区的影响,而对阿富汗政策不过是这种影响的一个部分,而其寻求这种影响的这种尝试被巴基斯坦理解为战略上的包围,是巴基斯坦

---

[1] Zheng RuiXiang, "New U. S. Afghanistan Strategy: India and Pakistan Factors," *China International Studies*, July/August 2010.

[2] Mujtaba Syed, "India, Pakistan and the Future of Afghanistan," http: www.nl-aid.org/continent/south-asia/india-pakistan-and-the-future-of-afghanistan/.

非常担忧且多年极力防止的。① 尽管印度在阿富汗的多种举动有着可能更高层次上战略追求的深虑，但其政策及举措的针对性无疑会引起近邻的疑虑及猜测。况且在战略对手的认知和判断中，对手的所得即为自身的所失。巴基斯坦历来存在的安全环境的脆弱性，使其对阿富汗的战略位置更为看重，在战略后方维持一个对己友好的政府委实利益攸关。虽然印巴关系处在改善的进程中，但历史的积怨及根深蒂固的猜忌、敌对的氛围难以在短时期内消除。在变动不居、难以测知的环境中，唯有首先保证自身生存环境的稳定才是立国之道。印巴两国在阿富汗的竞争可以说既反映了两国对于自身国家利益的认识和极力的追求，也真实地说明了两国难以掩饰的对立与猜疑。虽然两国会在直接的对话进程中极力渲染友好气氛，营造建设性的对话环境，但在没有直面交锋的第三国或其他领域，两国的竞争性意识及对手思维仍将持续存在，且会对双方的关系产生负面影响，这已从印巴对阿富汗的角逐中已清晰显现。

二 印巴在中亚的竞争

对巴基斯坦来说，中亚国家与其有着天然的文化、意识形态的联系，因而历史上就同中亚地区的穆斯林存在着感情上的趋近性，与穆斯林国家亲密的关系也是其外交政策的主要支柱，同时可以借此平衡来自印度的安全威胁。在苏联解体、中亚形成为独立的国家之后②，巴基斯坦就开始了积极的中亚外交。如时任参谋长的贝格提议与中亚国家进行战略磋商以借此平衡印度的威胁，后来成立一个小组密切关注中亚事态的发展。巴基斯坦经济部长访问中亚国家并提供 1000 万—3000 万的长期贷款，巴基斯坦商人在中亚国家积极参与经济发展也给各国领导人留下了深刻印象。在塔利班时期，由于中亚各国对巴基斯坦支持塔利班政权的做法极为警觉，关系也

---

① Nicholas Howenstein, Sumit Ganguly, "Pakistan & Afghanistan: Domestic Pressures and Regional Threats: India-Pakistan Rivalry in Afghanistan," p. 132.

② 学界对中亚国家的划分存在一定的分歧，本书所指的中亚国家包括哈萨克斯坦、乌兹别克斯坦、土库曼斯坦、吉尔吉斯斯坦和塔吉克斯坦五个。

/// 第四章　层次分析法与印巴关系的影响因素 ///

处于低谷之中。巴基斯坦参与反恐战争成为前线国家之后，与中亚国家的交往开始日渐活跃。巴基斯坦与中亚各国领导人的互访较为频繁，签署了包括贸易、旅游、文化、经济合作方面各种协议，且领导人互访的安排已逐渐制度化。巴基斯坦与中亚国家建立了联合经济委员会（JECs），通过1992—1993年提议的特别技术援助计划（STAP），巴基斯坦向中亚各国提供训练设施，计划涵盖英语语言培训、银行、会计、外交等各个领域。值得一提的是，2003年12月哈萨克斯坦总统纳扎尔巴耶夫（Nursultan Nazarbayev）访问伊斯兰堡，双方决定每年进行外交部长级的磋商，纳扎尔巴耶夫确定了三个信息和生物科技的选址，使得巴基斯坦公司可以进行重大投资。2004年塔吉克斯坦外长访问巴基斯坦期间，向穆沙拉夫总统保证不会允许印度在其土地上建立军事基地。随后塔吉克斯坦总统访问期间，双方签署了8项协议，主要包括：取消外交护照持有人的签证、避免双重征税、教育部长和司法部长之间的合作、打击贩毒、官方新闻机构之间的合作、促进和保护投资合作等。[①] 2006年5月，乌兹别克斯坦总统卡利亚莫夫（Karimov）访问巴基斯坦，双方同意扩展贸易与经济联系，在反恐行动中进行协调。

在与中亚各国的交往中，巴基斯坦比较注重运用与中亚地区存在固有的文化联系的手段，巴基斯坦认为巴基斯坦既是中亚文化的延伸，又融入在南亚的社会环境中。一位学者这样写道："如果不是原生的关系把我们黏合在一起，巴基斯坦政治的存在、出现在世界版图上就不会成为现实，我们信念的根源，毫无疑问，在阿拉伯的土壤。而我们和中亚文明的文化联系，这本身就是一个多样化影响和跨文化孕育的混合体。"[②] 受此影响，文化、教育领域的合作成为巴基斯坦与中亚关系的一个重要方面，有相当多的中亚学生在巴基斯坦学习，同样在中亚学习的巴基斯坦学生也为数不少。以吉尔吉斯斯坦为例，很多学生在巴基斯坦教育机构学习，研究领域涉

---

① Chronology, *Pakistan Horizon*, 57 (3), July 2004, p. 148.
② Azmat Hayat Khan, "Pakistan's Geo-Economic Interests in Central Asia", *Central Asia Journal*, University of Peshawar, (55), Winter 2004, p. 70.

及工程、商业管理、信息技术、英语，公务员培训也在巴基斯坦境内完成。有超过 350 名巴基斯坦学生在吉尔吉斯斯坦的医学院进行学习。[①]

经济方面，自中亚国家独立之初，巴基斯坦以提供贷款和经济援助的方式进入中亚市场，并在中亚国家建立银行等金融设施，在基础设施建设、卫星通信联系、电信设备等方面提供支持。由于中亚能源方面的优势以及巴基斯坦在地缘位置上的便利，巴基斯坦很多领导人相信通过经由中亚的能源走廊可以使其获得巨大的经济机会。巴基斯坦已经建设的瓜达尔港（Gwadar Port），可以成为中亚能源出口的便捷通道，巴基斯坦同时提出修建铁路连接瓜达尔港与别的国家的计划。亚洲开发银行（ADB）已经提供 20 亿美元用以巴基斯坦铁路网络建设计划，巴基斯坦与阿富汗商定铺设从杰曼到坎大哈的 130 千米铁路路轨，使之可以延伸到土库曼斯坦和别的中亚国家。世界银行同意提供 18 亿美元贷款用于巴基斯坦耗资 60 亿美元的国家贸易走廊改进方案（NTC），以满足国内运输的要求，给中亚、中国西部、阿富汗、伊朗提供运输设施。早在 1995 年，土库曼斯坦与沙特阿拉伯—美国石油公司共同考虑将土库曼斯坦的天然气经过阿富汗运送至巴基斯坦的计划（TAP），由于安全环境的不稳定及土库曼斯坦政府利益方面的制约，该项目一度被搁置。直至 2003 年下半年，该项目开始启动，2006 年土库曼斯坦石油与天然气部长宣称已得到证实道拉塔巴德（Daultabad）的气田蕴藏量达到 4.5 万亿立方米，足以供应 TAP 项目。同年 2 月 22 日，印度明确表态支持 TAP 项目引气入印，并申请成为正式成员[②]。最终在 2012 年 5 月 22 日，土、阿、巴、印四国正式签署了天然气管道协议，该项目也改称 TAPI，土库曼斯坦成为出售国，过境阿富汗及巴基斯坦，到达印度。根据协议，土库曼

---

① Asma Shakir Khwaja, "The Changing Dynamics of Pakistan's Relations with Central Asia," *Central Asia-Caucasus Analyst*, February 23, 2005, http://www.cacianalyst.org/view_article.php?articleid=3085.

② Edward C. Chow and Leigh E. Hendrix, "Central Asia's Pipelines: Field of Dreams and Reality," The national bureau of asian research, *NBR Special Report* 323, September 2010, p.35.

/// 第四章 层次分析法与印巴关系的影响因素 ///

斯坦将从 2016 年起向三国提供每年 340 亿立方米的天然气。①

印度与中亚国家的关系方面，中亚地区作为印度延伸的邻国，自然会对印度的安全环境及战略判断产生重要的影响。结合历史因素考虑，对南亚次大陆的入侵大多经由西北方向的中亚进入，这在印度的国家安全政策考量中也会占据重要的位置。冷战时期，因与苏联的友好关系，中亚地区不会成为一个需要特别突出的政策因素。及至苏联解体，中亚分立为不同的独立的国家，因地缘安全的延伸和扩展，丰富的油气资源的诱惑以及在更广泛地区扩展影响的大国追求，使得中亚成为印度极为重视的战略区域。在政治方面，随着大国在中亚地区的影响和争夺逐渐激烈，印度对中亚的重视程度及进入的实际举措也在逐渐加强。印度尤其注意发展与哈萨克斯坦的关系，在 1992 年纳扎尔巴耶夫总统出访期间，第一站就选择了印度。两国签署了加强经贸合作及科技联系的多项协议，两国在能源、空间技术及核能方面的合作成为重点。2009 年，双方就铀原料供应、核燃料和建立核电厂等领域的合作进行探讨，印度的国有核能公司和哈萨克斯坦国家原子能公司签署了铀原料供应协议，以获得这个世界第二大铀储备国家稳定的铀供应。此外，两国还签署了民用核能合作协议。根据协议，哈萨克斯坦将为印度民用核能工业提供铀原料，帮助印度建立核电站。两国还将联合开展核燃料勘探工作。印度同意支持哈萨克斯坦加入世界贸易组织，融入世界贸易体系，承诺提供大量经济援助。同时，印度与乌兹别克斯坦、塔吉克斯坦等中亚国家的联系也逐渐加强。②

在军事安全领域，印度比较注重与中亚国家在军事方面的合作。2003 年，国防部长费尔南德斯访问吉尔吉斯斯坦和塔吉克斯坦，印度与吉尔吉斯斯坦商定进行山地军事演习，印度还准备对吉尔吉斯斯坦军人进行语言、电脑技术方面的培训。印度与塔吉克斯坦在 2002 年签署了双边防御协议，印度开始整修原苏联用过的艾尼机场。印度耗资 1800 万美元，用以升级跑道，修建塔台、机库和办公楼，并计

---

① James Fishelson, "From the Silk Road to Chevron: The Geopolitics of Oil Pipelines in Central Asia," http://www.sras.org/geopolitics_of_oil_pipelines_in_central_asia.

② 傅小强：《印度对中南亚地区战略剖析》，《外交评论》2011 年第 5 期。

划部署米格-29战斗机和米-17多用途直升机。据称由于俄罗斯的压力，印度的意图未能实现。后印度在塔吉克斯坦与阿富汗边境地区的法尔霍尔建立军事基地，成为印度海外第一个空军基地。由于面临着原教旨主义与恐怖主义的共同威胁，印度以此为利益基础，重视加强与中亚国家在反恐方面的合作。作为强化与中亚国家军事联系的突破口，印度逐渐进入中亚地区，以平衡巴基斯坦在该地区的影响。[1]

在经济方面，印度与中亚国家的贸易相对较弱，2006年总体贸易额不足4亿美元，仅与哈萨克斯坦就占到了2.1亿美元。投资领域局限于纺织、酿酒、制药等少数几个行业。印度与哈萨克斯坦的阿里别克莫拉和库尔曼加兹油田联合开采石油，分别拥有15%、10%的股分。[2] 2006年，印度参与TAP项目的谈判，支持该项目的实施并申请加入，最终在2012年获得天然气供应权。

印巴进入中亚地区各有着自身的利益权衡。对巴基斯坦来说，发展与中亚国家的关系无疑可以扩展自身在伊斯兰世界的影响，与中亚各国在文化、宗教、意识形态上的相似性，也有利于其在中亚政治、经济、安全利益的追求。况且，密切的外交关系也可以成为制衡印度、加强战略纵深、获取稳定的能源供应的有效载体。因而，巴基斯坦排斥印度利用其陆路及空中通道进入中亚，给其设置种种障碍。在作为能源管道的过境国家以及中亚国家进入国际市场的首选贸易走廊方面，巴基斯坦的重要性日渐显现。因为中亚国家作为内陆国，除了土库曼斯坦和乌兹别克斯坦可以借用伊朗的海上运输，其他国家油气资源及商品通道的最便捷运输路径就是取道巴基斯坦，经阿富汗到达巴基斯坦港口城市卡拉奇。据称，巴基斯坦将很快启动马斯通（Mastung）到瓜达尔港的铁路建设项目，铁路连通瓜达尔港与阿富汗、中亚各国，将更加便利中亚各国的商品运销。[3] 巴基斯坦作为管

---

[1] Arun Sahgal & Vinod Anand, "Strategic Environment in Central Asia and India," http://www.silkroadstudies.org/new.
[2] "Central Asia's Energy Risks," *Asia Report* N°133, May 24, 2007, p.18.
[3] "巴基斯坦政府将启动瓜达尔港至马斯通铁路建设，" 2012年12月，中国喀什特区网（http://www.kstq.gov.cn/xwpd/GZTQ/201306/00000759.html）。

/// 第四章 层次分析法与印巴关系的影响因素 ///

道及商品的过境国,既可以获取丰厚的商业利润,战略上的重要性也得以凸显。对印度来说,加强与中亚各国的政治、经济、军事各方面的联系,出自于四个方面的战略关切:中国、巴基斯坦、宗教激进主义、经济和能源安全。这些核心战略利益驱动着印度高层与中亚地区的主要国家尤其是哈萨克斯坦与伊朗,进行着地缘政治的角逐与重新结盟、获取能源利益、构建经济与战略合作网络、削弱宗教激进主义及跨国恐怖主义的威胁。[1] 对印度而言,美国、俄罗斯、中国、欧盟等大国及国家集团对近在咫尺的中亚地区的角逐,既危及印度在该地区的地缘及能源安全,也对印度的大国战略提出挑战。出于力量平衡考虑,印度不会无视大国在该地区的竞争。因而,印度利用塔利班政权垮台后,阿富汗地区形势较前稳定的有利契机,逐渐进入中亚的政治、经济、军事、能源领域。在印度的政策制定者看来,涉入中亚这一延伸的战略邻近地区,源自于该地区存在对印度的多种威胁和机遇。首先,印度认为中国加强与印度周边邻国巴基斯坦、孟加拉国、缅甸乃至中亚国家的联系,旨在构筑一个遏制、包围印度的战略体系。印度通过不断加强在中亚的涉入,可以形成打破这一战略包围的侧翼。从这一安全关切出发,巴基斯坦进入中亚,也被看作是中国抢夺中亚利益、影响并威胁印度战略疆域的谋划之一。其次,从更广阔的战略利益视角,借助在中亚地区的参与,印度对美国深入中亚腹地的军事行动形成一定的制衡。印度认为美国的参与及军事存在是一把双刃剑,既赋予了印度力量又限制了印度。比如,印度一方面尽可能利用美国的影响,劝说巴基斯坦停止在克什米尔的越界恐怖主义活动;另一方面,印度担心美国对中亚战略问题的定义会影响到印度在这一邻接地区的利益伸展,尤其会使印度与伊朗、俄罗斯的密切关系变得复杂。印度最为担心的是,美国不会长久参与该地区并制定地区问题的解决方案,从而把这一棘手问题留给印度解决。[2]

从印度的视角来看,印巴在中亚地区的竞争是更高层面上的,印

---

[1] Juli A. MacDonald, "Rethinking India's and Pakistan's Regional Intent," *The National Bureau of Asian Research*, Volume 14, Number 4, November 2003, p. 7.

[2] Ibid., p. 15.

度的战略利益在中亚地区伸展是必然会出现的局面。而印度往往以中国威胁、美国的军事存在作为其在中亚涉入逐渐加强的理由，但其中又难以掩饰在政治、经济、能源、安全领域与巴基斯坦的争夺。两国在中亚地区的外交实践出自于其战略的内在要求，由其利益驱动，但在行动举措上又体现出针对性的一面。这一方面说明两国利益的竞争性，也是两国观念认知甚至战略、文化等方面长期彼此对立的结果。在此种对立思维及举动的支配下，两国在中亚的竞争、排斥可以得到较好的解释。由于中亚特殊的地缘位置、丰富的能源蕴藏，出于发展经济、获取能源供应的考虑，印巴两国在争夺中亚的过程中不可避免存在着一定程度上的合作性，如在 TAPI 项目上。项目的顺利实施，需要安全环境的保障及各国在利益上的某种让渡，这尤其取决于巴基斯坦打击恐怖主义的力度、土库曼斯坦及印度经济上的一定程度的妥协。各国在合作过程中利益的博弈会成为影响项目顺利与否的关键，这在印度、巴基斯坦、中亚国家间的多边关系中已得以彰显，在印巴双边关系中也将会得到明显体现。因利益的复杂纠葛，两国关系不会只是一味以竞争、对峙的形式出现。在存在利益博弈时，如何以一定的智慧、高度维护本国根本利益的同时，又不危及别国利益的实现？战略追求中，有意识地避免零和博弈是双方在未来交往中需要学习的一种思维方式。

第五节　国际体系层次（结构与进程）

追溯其理论渊源，体系理论从自然科学的系统论中得到启发。由贝塔朗菲创立的系统论，旨在寻求存在于子系统及其整体内的模式、原则和规律，注重研究方法的整体性。之后的研究者提出，系统有其内在边界，系统会不断与外界进行能量、信息的交换，以动态的形式保持稳定有序的状态。莫顿·卡普兰则将系统论运用于国际关系的研究之中，首创了国际系统分析模式。其提出的国际政治系统模式，包含其基本特征、维持条件、转化规律等，自此国际系统或曰国际体系的研究被国际关系学界广泛采用。在现实主义与自由主义理论的演

/// 第四章 层次分析法与印巴关系的影响因素 ///

化、发展过程中,对体系的使用有着明显的区别。以罗伯特·基欧汉（Robert Keohane）为代表的自由主义者,倾向于从互动的层次出发,认为国家行为体及非国家行为体通过彼此的交往,逐渐形成一定的协议、制度安排。这种协议及制度汇集了行为体的预期,减少了国家之间的交易成本,成为定义国家利益、制约行为选择的体系约束,其指认的国际体系主要是指制度体系,侧重于进程层次。而在以沃尔兹为首的现实主义学者看来,国际体系主要是指"体系结构"。沃尔兹认为体系结构包含了两层含义,一是指体系构成单元的排列原则,与国内政治相区分,国际政治具有无政府特征。结构的这种特征制约了单元行为体的行为,使其选择自助作为维护国家利益的工具。二是结构也意味着约束性条件,制约着单元层次国家行为的选择。[①] 沃尔兹的国际体系主要侧重于结构方面,着重考察权力的分配及差异对国家行为选择的限制及影响。对印巴两国来说,其关系运行状况受到体系结构的影响,无法避开总体权力分配状况的制衡,尤其是大国的结构制约。这对两国的政策选择构成一定的限制,同时国家之间的互动模式及状态也会对两国的政策塑造产生影响。因此,对印巴两国体系制约的考察,既要注重国际体系结构的特点,也要结合国际进程的因素。

一 冷战后的国际体系：结构、进程的特征及其影响

冷战后时期,经过持续的演化,当今国际体系呈现出完全不同于冷战时期两极对峙的僵化格局。在体系结构层面,首先在权力格局上,美国仍保持超级强国的位置,在政治、经济、军事、科技方面的影响力无与伦比。其他大国虽然在某一领域有着较强的实力,但在总体的"话语权"上仍难以与美国相匹敌。因而,在概括国际体系结构时,一超多强格局是最易被认同的说法。多极的演化趋势尽管在酝酿中,但其余大国的综合影响力仍难在基本面上保持与美国的均衡。

[①] [美] 肯尼斯·沃尔兹：《人、国家与战争》,信强译,上海世纪出版集团2012年版,第65页。

这也极好地说明了美国在各个领域的结构性权力，对主要大国的政策塑造也产生极为关键的影响。在多极化或说多个力量中心渐趋呈现的背景下，印度作为新兴国家的地位及影响被越来越多地认可，这种认可和接纳也更加刺激起印度的大国渴望。以综合实力提升为背景、大国战略追求为依托，印度走出南亚的步伐开始加快。这就要求其首先必须巩固南亚的传统安全疆域，保持稳定的后方，使传统意义上的对手——巴基斯坦不致成为其走向更广泛战略区域的掣肘。在这种战略追求的整体背景下，改善与巴基斯坦的关系、保持稳定和平的安全环境成为印度的必然选择。其次，国际体系结构呈现包含多层面、多领域、多特性的复合状态，政治、经济、安全领域的联动日趋复杂，并出现新的发展趋势。国际体系基本结构已不再是现实主义宣传的单一的无政府状态，多个领域已然逐渐成熟的国际管理、协调使得国家之间的关系相对稳定、有序；国际关系在不同地区、国家、不同政治文化间的演化使之出现多种行为逻辑、多种国家间互动模式①；国际政治、经济、安全格局作为不同的"问题领域"，相互之间的联系趋于弱化，在一个问题领域的权力很难转化为在另一问题领域内的影响力，即约瑟夫·奈（Joseph Nye）所说的权力的转化变得越来越困难②；国际体系格局在以传统形式发展演化的同时，非传统格局也隐隐显现③，这在"9·11"之后表现得异常明显。传统的多强并立的格局作为主要体系的主体格局，同时以美国为首的西方集团与以本·拉登为首的恐怖势力之间的对抗，也成为国际安全体系中非常重要的结构性存在。这种格局对主要大国的安全战略形成一定的冲击，塑造其安全政策的调整方向；在国际经济领域，美国在继续保持超强的经济规模的同时，其相对权力逐渐下降。在国际经济事务中的结构性影响力虽然仍难以

---

① 江西元：《试析国际体系结构转型：范式界定、特点与趋势》，《现代国际关系》2007年第10期。

② Joseph S. Nye, Jr., "Soft Power, Hard Power and Leadership," http://www.hks.harvard.edu/netgov/files/talks/docs/11_06_06_seminar_Nye_HP_SP_Leadership.pdf.

③ 非传统格局的提法参见刘江永《美国军事介入钓鱼岛将面临两难困境》（《国际问题研究》2011年第3期）。

/// 第四章 层次分析法与印巴关系的影响因素 ///

被撼动,但以金砖国家为代表的"否定性"权力的存在[1],使美国的话语权遭受了前所未有的挑战和侵蚀。这种问题领域的错位发展驱使美国更加关注新兴国家在各领域影响力的上升,通过有意识的战略接触、政策支持,美国期望获得一些新兴国家在具体问题上的配合、支持。出于此目的的考虑,近年来美印接触日渐紧密。

在体系进程层面,首先,随着国家间联动的范围扩大、程度加深,国家关系呈现复杂相互依赖的趋势,主要大国在处理相互关系时不再以军事手段作为凭借、依恃,通过谈判、协商解决国家间矛盾成为主要的方式。其次,作为国家利益协调、偏好汇聚而成的国际机制,对国家政策的塑造作用以及行为调整的影响力都在持续加强。同时,国际机制既是国家之间经常性互动的产物,又反映了国际整体权力结构的现实。美国及西方国家在主要国家机制中起着主动性作用,反映了其在各个领域拥有着结构性权力。最后,主要大国间的战略互动明显增强。大国希望通过外交关系的增强,拓展其外交回旋的空间,增进国家政策被接受、认可的程度,从而有利于利益的实现和伸展。表现在大国之间战略伙伴关系的纷纷建立,战略对话举行频度的增加,各种合作协议及问题解决机制的出台。

冷战后,新的国际体系特征的出现,对印巴两国来说会形成拓展外交空间的"系统性"约束。多极化趋势的出现,使外交回旋的余地大为增加,通过发展与主要大国的关系,形成多层面、多向度的制约关系。可以使自身的政治、经济、安全利益得到更好的保障,避免如冷战时期非此即彼的僵硬对峙。同时,美国仍具有的超强影响力使得印巴两国在保持与其他大国紧密联系的前提下,都把对美关系看得异常重要。美国对南亚事态的长期关注及影响力,对巴基斯坦经济、安全意义攸关的援助,对印度成为大国战略目标可能起到的作用,塑造了印巴两国的战略选择,使两国不得不在此种环境下考虑美国因素的影响。在两国关系发生危机的状况下,也会留有适度缓和的空间和

---

[1] Giovanni Grevi, "The Interpolar World: A New Scenario," *The Institute For Security Studies*, *Occasional Paper*, 79, June 2009.

第三方调整的余地，这在以往的印巴关系中得到很好的验证。毕竟，以对峙、冲突的方式追求问题的解决往往于事无补，这也使得两国逐渐开始转向其他领域彼此之间的互动。在经济联系得到加强形成某种程度的相互依赖的条件下，选择冲突、战争的"内在冲动"会被有意识地加以遏制，驱使两国关系即便在危机时偏离正常轨道，总会通过谈判、协商的政治渠道，重新沿着稳定、正常的轨迹继续发展。

二　主要大国的影响

（一）美国在印巴关系上的作用

在主要大国的南亚政策中，美国的影响及塑造力最为显著。美国在南亚战略利益的实现，要求一个稳定的南亚尤其是非冲突形态的印巴关系，从此需求出发，美国长久保持着对南亚事态的关注，对印巴关系的发展施加一定的影响。在 90 年代以前，美国在南亚尤其是印巴关系上长久保持着一种模糊、矛盾的态度。尽管与巴基斯坦保持着盟友的密切关系，但在第二次印巴战争期间，美国继续向印度提供武器并特别表示了对巴基斯坦行动的不满。美国期望同时发展与印巴两国的友好关系，作为其忠实的伙伴应对来自苏联的扩张。随着苏联的解体，印度经济自由化政策推行带来的经济的发展，美国高调宣传其与印度的接触政策，对南亚事务的介入力度及频度都在加强，稳定南亚地区的政策意图也逐渐清晰。印巴 1998 年公开核试验后，虽然美国极力谴责并很快启动了军事、经济制裁措施，但由于两国在美国外交中的重要性使美国在防扩散问题上实际采取的强制性措施较少。在美国的推动下，印巴签署了拉合尔谅解备忘录，同意在核及常规武器领域建立信任措施，以避免在核试验的 9 个月内发生冲突。[①] 在 1999 年卡吉尔冲突期间，美国力促巴基斯坦尊重实控线，撤走其穿越实控线的军队，督促印度保持克制、避免军队穿过控制线在冲突中开辟另一个战场。7 月初，巴基斯坦总理谢里夫飞往华盛顿，要求美国出面

---

① "Text of the Lahore Declaration and the Memorandum of Understanding," http: www.nyu.edu/globalbeat/southasia/Lahore022299.html#Memo.

/// 第四章 层次分析法与印巴关系的影响因素 ///

干涉，以结束冲突、解决克什米尔问题。克林顿明确告诫谢里夫军队撤回控制线至为关键，并提醒谢里夫军方可能在其不知情的情况下部署核武器。美国的压力最终促使谢里夫立即采取切实的步骤恢复控制线①，瓦杰帕伊也接受了美国的提议，最终卡吉尔冲突得以化解。

在美国的南亚政策中，随着印度逐渐提升的国力、在国际格局中的位次及影响力的增强，随着双方不断渲染的共同的民主体制的认同，美国越来越重视发展与印度的关系，印美战略关系不断得到推进。美国也通过有意识的外交举措传达"重视"印度的信息。如在卡吉尔冲突中，印度认为美国第一次公开、坚定地站在印度一方，使印度很多人大感意外，此举也导致了与美国关系上升至较为"舒服的层面"。② 随之出现了 2000 年 3 月克林顿成功访印以及瓦杰帕伊的回访。与美印关系相比，美巴关系的重要性逐渐下降，巴基斯坦在美国南亚战略中的功能、作用被"温柔"地忽视了。而随着"9·11"事件的发生，反恐的迫切性在美国的战略布局中得以凸显。巴基斯坦作为反恐前线国家，将发挥难以替代的作用，美国重新重视巴基斯坦在南亚地区安全格局乃至全球安全中的重要作用。为保证反恐事业的顺利推进，美国对巴基斯坦的军援及经援都在不断增加。同时，通过有意识的政策宣示、特使访问、热线联系等方式，尽力维持印巴关系的稳定以及相对均衡的发展，避免两国因恐怖袭击等意外事件，走上严重对峙、冲突甚至战争的边缘。2001 年印度议会大厦遇袭事件后，印度随即发动了"帕拉克拉姆行动"（Operation Parakram），两国在边境地区各种规格、级别的军事动员使形势高度紧张。美国及英国资深官员对印巴进行穿梭访问，要求巴基斯坦采取行动停止对印控克什米尔的越界渗透。鲍威尔公开批评巴基斯坦持续的越界渗透，要求必

---

① Bruce Reidel, 2002, *American Diplomacy and the 1999 Kargil Summit at Blair House*, Policy paper series from Center for the Advanced Study of India, University of Pennsylvania, p. 13.

② Stephen Philip Cohen, "2003, The United States and South Asia: Core Interests and Policies and their Impact onRegional Countries," paper presented to the Conference on Major Powers and South Asia, August 11 – 13, at the Institute for Regional Studies, Islamabad, Pakistan (revised for publication on October 1, 2003), p. 3.

须停止并永远停止对此类活动的支持。之后,副国务卿阿米蒂奇访问巴基斯坦,极力促使印巴之间进行会谈,在艰难的会谈后,穆沙拉夫承诺将永久结束越界渗透。① 相比穆沙拉夫一周之前作出的控制越界恐怖主义的承诺,有了相当大的进步。阿米蒂奇离开印度时,印巴两国关系已有了明显的缓解。印巴两国持续10个月之久的军事动员及冲突形势结束了。通过美国的居间调解、推动、施压以及国际社会的努力,印巴之间的紧张态势逐渐缓和。

"9·11"事件之后美国与印巴两国的关系都得以强化,与印度的关系更为广泛和全面,印美之间进行了一系列联合军演,海军合作日渐密切,高层政治、经济对话持续进行。2004年1月,四方问题(包括高科技、民用核能、空间项目、导弹防御方面的合作)联合协议为显著增强的战略合作关系提供了框架。2005年双方签署民用核能合作协议,被认为是战略关系深化的标志。2010年,两国开始进行战略与经济对话,11月奥巴马访问印度,两国关系得到进一步的提升。与印度相比,美巴关系更多地集中于反恐层面以及连带的防扩散问题。美国希望巴基斯坦在打击恐怖主义问题上发挥更大的作用,以便在2014年美国撤军后保持阿富汗的稳定。而随着反恐的持续进行和深化,美巴战略上的不同考量及涉及主权问题的对立、矛盾越来越多,美巴关系正在进行着评估和调整。虽然这将不会影响两国关系的走向,但巴基斯坦的战略重要性及反恐所能带来的裨益将不可避免地下滑,在两国争夺美国的政策倾斜中巴基斯坦面临的形势会更为严峻。

对印度来说,美国是其走向大国的战略实施过程中的重要倚重对象,因而印度会对美国的政策、态度极为敏感并重视与美国的协调。2012年美国重返亚太战略出台,特别强调了印度在美国亚太战略中的作用,认为印度能够促进亚太的长期和平与安全,与印度的长远伙伴关系将有助于美国亚太战略的实现,印度可以成为亚洲经济的支柱与安全提供者。因1962年的边界冲突及悬而未决的边界问题,印度

---

① Cohen, 2003, op. cit., p. 6.

/// 第四章　层次分析法与印巴关系的影响因素 ///

一直对中国心存疑虑和戒备。因而美国重返亚太的战略布局中对印度的角色及功能定义，一定程度上迎合、满足了印度的大国渴求及防范、遏制中国的心理预期。印度在东亚的战略动向也体现出了因应美国需求的一面，但印度更多的还是出自于自身的利益考虑，与美国的政治、经济、安全等方面的合作也非联盟思维使然。在诸多问题及领域，印度外交传统中根深蒂固的独立性仍发挥着支配性作用。这种思维也使得美国尽管可以在一定领域对印度的外交政策产生影响，如在印巴关系发挥的作用上，但这种作用的发挥是建立在美国因素的存在会驱使问题向着有利于印度的方向转化。印度会因势利导，避免同对手过分胶着、过于激烈的对抗，从而使事态变得不可逆转。况且，印巴对抗中，经常存在着国内公众、媒体、反对派的推波助澜，使危机、冲突向着激烈的方向演化。在这种情况下，外力的调解、推动显得尤为必要。但在印美关系中，存在着不确定的因素在于，在实力尚不足以充分支撑其大国战略时，美国因素的存在对印度而言意义重大。而一旦印度的大国梦得以实现，印度外交中独立的思维传统还会不会使其保持与美国如此紧密的联系，与美国战略的配合性还会不会持续存在？这些都成为有待检验的问题。况且，在美国的全球战略研判中，一个民主、强大的印度是否符合美国的利益需要。对此问题，美国也没有一种清晰的思维。这对印美关系的长期发展，都是未知的隐患。对巴基斯坦而言，与印度非对称关系的存在，需要借助外在因素平衡印度的影响，这也注定了巴联盟战略的选择。相对于印度，巴基斯坦在美国全球战略中的重要性程度不足，这就使得印巴对抗中巴方会处于一种极为不利的境地。因而，巴基斯坦对争取美国的支持也极为敏感，美国的政策举动对巴基斯坦影响非常关键，这在以往的印巴关系中已经得到体现，未来发展过程中也能得以验证。

（二）中国、俄罗斯作用的发挥

国际体系中的大国不仅要具备较强的综合实力，在国际社会中具有较强的影响力，同时要兼具大国责任、大国意识，对危及国际关系有序运行的事态要及时施加一定程度的影响，促使其沿着正常的轨道运行。在印巴关系的发展、转变进程中，中国及俄罗斯的影响作用也不可低估。首先，对中国来说，印巴关系的稳定发展有利于中国周边环境的安全。出于整个世界及地区发展的良好期望，中国也希望南亚尤其是印巴之间的关系处于和平、稳固运行的状态，对改善印巴关系、促使两国在危机时刻保持克制，中国做了不遗余力的努力。1999 年的卡吉尔冲突期间，中国呼吁双方克制，以和平方式解决两国关系中的争端，避免两国武力对峙上升为不可挽回的全面冲突。在危机前后，印巴领导人相继访问了中国，与中国领导人就印巴在克什米尔的对峙进行了磋商。通过种种渠道中国向印巴双方传递了相同的信息，希望印巴双方保持克制，维持实控线现状，尽快实现停火，并通过双边谈判解决争端①。印巴因 2001 年底的议会大厦事件高度紧张对峙时，朱镕基总理出访了印度，在同瓦杰帕伊会谈期间，表示中国发展与印度关系不会影响中巴关系，二者是平行的，朱总理同时呼吁印度在印巴对抗中保持克制。针对 2003 年印巴关系出现改善的势头及具体举措，中国外长李肇星同印度外长辛格通过电话联系，表达了希望看到印巴关系缓和，赞扬印巴为改善关系所做的努力，并愿意为促进印巴关系改善发挥阶段性作用。② 鉴于中国与巴基斯坦在各个领域密切的联系，中国也适当运用自己的影响力对巴基斯坦发挥影响，促使印巴关系朝稳定的常态化发展。

考虑到政治文化的影响及中国外交方式秉持的一贯原则，中国对事态发展施加的影响常常以较为含蓄、谨慎的方式进行，以充分尊重当事国的主权及尊严。而这种方式产生的影响似不及美国的施压对印巴关系产生的效能，结合到中国与印度、巴基斯坦在各个领域日益紧密的合作关系，对印巴关系的缓和及稳定运行发挥的效力也不可低估。同时，对印巴两国来说，中国对南亚事务的参与有着截然不同的意义，因与中国的传统友谊及密切的合作关系，巴基斯坦将中国在南亚及周边的存在视为有效制衡印度的手段，从而弥补其与印度总体实力的不对称。同中国在经济、科技、军事领域的合作可以提升巴基斯

---

① 张力:《中国的南亚外交与克什米尔问题》,《南亚研究季刊》2006 年第 1 期。
② 《李肇星同印度外长通电话 欢迎印缓和南亚局势》,2003 年 5 月,http://mil news.sina.com.cn/2003 - 05 - 12/126048.html。

/// 第四章 层次分析法与印巴关系的影响因素 ///

坦的实力，不至于在日益拉大的印巴差距中滞后太多。同时，也可以缓解美印战略关系的渐趋提升对巴基斯坦造成的冲击和损失，避免南亚复杂的多边关系出现急剧的失衡。因而，外力的存在对巴基斯坦来说具有更微妙的作用。而对印度而言，虽然中印之间的贸易额在攀升，经济、科技等领域的合作在扩展，但印度仍对中国在南亚及周边的存在高度戒备，认为中国同中亚、东南亚相关国家间联系的加强是在构筑遏制印度的包围圈。印度认为在影响力增强的背景下，中国的南亚政策正发生着迅速的演变，把遏制印度地区影响的长期战略与不断增长的对中国扮演一个负责任的利益攸关者的预期结合起来。[①] 中国与巴基斯坦紧密的关系也被看作是巴基斯坦针对印度的软制衡，在这种战略认知下，印度不时在其战略及外交指向上体现出对中国的针对性。对中国缓解印巴紧张关系的努力，也抱有一定的猜忌心理，唯恐中国利用与巴基斯坦的紧密关系损及印度在南亚及周边地区的利益。这在一定程度上会弱化中国对印巴关系的影响力，使中国缓和地区局势的行动在成效上难以得到充分的展现。

对俄罗斯来说，冷战后时期，作为苏联的天然继承者，一度实行亲西方的外交政策，对南亚印巴关系的动态、变化并不关心。后在政府外交重点出现转向的情况下，俄罗斯开始逐渐重视与印度的传统友谊，两国在武器系统的供应、航天航空、机电、能源、通信领域形成比较密切的合作关系。尤其在武器供应上，印度目前的武器系统多为俄罗斯提供。因而，凭借与印度密切的战略伙伴关系，俄罗斯对南亚尤其是印巴关系有相当程度的影响力。与巴基斯坦关系上，两国也开始逐渐接近，在经贸领域进行了合作尝试，在能源领域签署了多项技术合作协议。俄罗斯改变过去不出售武器给巴基斯坦的传统，对巴基斯坦出售武器配件并在军事领域进行合作。俄罗斯的南亚外交作为其大国战略的一部分，是力图保持并扩大其大国影响的重要组成。在印巴发生对抗、冲突的情境下，俄罗斯同样极力调解，希望印巴以冷

---

① Christopher Griffin, "Hu Loves Whom? China Juggles its Priorities on the Subcontinent," *China Brief*, Volume 6, Issue 25, December 19, 2006.

静、克制的态度化解彼此间的争端，以合作、谈判的方式应对矛盾。对于印巴在阿富汗、中亚地区激烈的角逐，俄罗斯凭借传统因袭，在该区域有着极为重要的影响。因而，俄罗斯对两国间的竞争起到一种制衡作用，避免两国的竞争损害自身的利益。总体来说，俄罗斯作为大国，对印巴关系的改善、缓和，是从自身的利益权衡加以考虑的，既避免冲突升级危及地区安全、稳定的形势，又发挥大国必须具有的责任意识，从而保持对南亚事态的影响力，有效扩展在该地区的利益。

结　语

总结与展望

一　印巴关系：总结与诠释

根源于两国立国理念的迥异、安全战略的对立，印巴自分立之后一直矛盾重重，一些具体问题领域的差异更加剧了彼此对抗的态势。围绕克什米尔及孟加拉国的分离，双方爆发了三次大规模的战争。战争的经历及领土的分割，助推了两国之间仇怨的不断累积，形成两国关系僵硬对峙的宿命。冷战后时期，在总体国际安全形势趋稳的背景下，南亚地区的冲突不断上演，印巴关系仍不断重复冲突—缓和—冲突的固有轨迹。印巴之间的安全竞争更多起自于两国关系中的固有因素，是建国过程中已然形成的立国理念、认知观念、权力结构等因素复合互动造成的。印巴之间的安全纠葛因而更具内在性，主要大国作用的发挥只能通过内部对抗的分界而产生，对两国关系的进程施加一定的影响，而主要安全特征仍由地区内的国家进行定义。从这个意义上说，南亚印巴之间形成安全上的相互依赖，构成巴里·布赞所说的安全复合体，即印巴安全的不可分割。

从前文分析可以看出，造成印巴安全难以分割的因素有多种，其中最为关键的变量是两国的权力结构与观念结构。权力结构上，印度具有总体权力结构上的绝对优势，这就使其利益涵盖面更为广泛。安全利益上，不仅局限于周边及南亚范围内，更逐渐向外拓展。独立后，印度力图运用自身的权力优势，争取在印巴对抗中获得优势地位。通过不断挤压巴基斯坦的生存空间，印度以此来证明仅仅根据民族划分国家在理念上是虚妄的，在实践上不具备现实性。而居于权力对比完全不对等状态下的巴基斯坦，首要的安全利益是维护国家的独立与生存。为此，巴基斯坦在战略上通过与区外大国的结盟，扭转权力不对等的劣势；资源分配上，重点向军事领域倾斜，形成军事力量占优的政治体制，通过维持对抗状态的持久存在，避免军事力量对比的严重失衡。印巴在权力结构中的不同位置决定了两国不同的利益追求，印度的权力优势使其具有更广阔的战略目标，但因长期深陷于与巴基斯坦的角力、对抗，难以在战略追求上有真正的斩获，实际上和巴基斯坦居于几乎同样的位置。而对巴基斯坦来说，虽然在对抗中长期处于劣势，但毕竟有效维护了国家的独立，生存利益得到了保证。为弥补常规军力的不足，巴基斯坦通过"代理人战争"的形式，形成对印度的滋扰和阻滞，一定程度上消解了印度的优势。

印巴的长期对抗、冲突不仅源于权力结构对比，更为关键的是两国观念结构的塑造。在两国精英乃至民众的认知中，逐渐形成了对于对手的固定思维。对于巴基斯坦来说，印度是意图肢解、破坏其存在的敌手。而印度则认为，巴基斯坦会利用其支持的恐怖组织，制造事端、威胁印度的稳定和安全。两国在过去几十年战争、冲突的经历会强化这种观念的存在，而其反过来，又会对危机时两国相互的研判提供参考性的坐标。因而，两国对抗性关系的存在，不仅源于物质性利益的竞争，更有在此基础上的观念对立。观念的建构有其内在的独立性，改变观念的预期也需要长期的过程。但由于观念毕竟建立在实践的基础上，改变对立的观念唯有寄希望于两国改变冲突、对抗的固有模式。

随着时间的推移，因印度经济迅速发展带来的整体实力的上升，其根深蒂固的大国渴望愈益强烈。加之美国的战略需求及有意塑造，印度在国际事务中的影响力逐渐增强，大国意识及追求逐渐显现。但对印度来说极具讽刺意味的是，大国外交战略尽管更具有战略意义上的谋划，印巴两国的对抗、危机仍居于最主要的位置，也是给予国际社会最主要的印象。在两国多次上演冲突、危机之后，两国安全关系的演化逐渐有了一些变化，即在两国传统的对手形态的安全关系下，

/// 结语 总结与展望 ///

逐渐出现了对峙关系的某种调整。印巴对抗关系的典型性表现在，两国关系的危机看似以一些意外性的具体事件为表征，通过事件折射出两国关系的对抗性，实则总根源于核心因素的制约和内在驱动。关系的改善与发展受到多层次因素的制约。

总体而言，印巴关系受到多层次、多性状因素的影响。国内政治因素上，印度相对成熟的民主体制一定程度上会限制执政党的政策选择，使之难以按党派的"自由意志"行事。在这种境况下，即便执政党意欲打开改善关系的大门，也会考虑反对党、议会及民意的反应。况且，印度政治精英操纵媒体、民意的一贯做法，会使其在两国关系的关键时刻，有意识地针对目标"观众"进行选择性的观点传递，从而对大众的民族情绪施加影响，造成国家政策被民意"绑架"的现象。同时，执政党出于维护执政地位的考虑，也会强化对民族情绪的掌控，使其服务于自身利益。这种状况、现象的出现，造成国家的外交决策会愈益复杂而艰难，尤其体现在与冲突对手——巴基斯坦的关系上。对巴基斯坦而言，两国关系的制约主要存在于军事体制的强势地位上。军队可以利用两国紧张、对峙关系使资源分配更多地向自身倾斜，况且其做法有传统上一直存在的威胁作为依据。两国关系的改善，不利于其既得利益，也容易侵蚀其控制国家政策及外交战略的能力。因而，军事机构会有意识地利用印度的威胁以及伊斯兰意识形态的凝聚力，对印巴关系的走向施以影响，防止其走得太远。作为国家的意识形态，伊斯兰在巴基斯坦无疑有着较强的地位和影响。巴基斯坦伊斯兰因素的存在和影响，对两国关系的改善总体上起到反制的作用。而在印度境内，地位及影响力的截然不同，则会使穆斯林倾向于推动两国关系，希望看到两国关系的缓和、联系的加强。

在印巴两国的互动进程中，印巴关系主要受到克什米尔、恐怖主义、水资源及核武器核战略因素的影响。克什米尔作为印巴关系的中枢，实质上决定了印巴关系的最终走向。从多种角度衡量，都可以看到该地区对两国的重要意义，因而也成为两国都无法割舍、放弃的战略资源。两国的对抗、争夺也集中体现于克什米尔地区，克什米尔的政治、经济、安全状况也受制于两国关系。虽然，为解决这一问题，两国进行了多轮谈判,提出了多种方案,但都未被采纳。两国只好暂且回避在该问题上的争执,集中于其他领域的交流、合作,最终克什米尔问题将成为考量两国关系的标尺。恐怖主义的产生尤其是困扰两国关系的越界恐怖主义,更多地和克什米尔交织在一起。克什米尔地位的未定,决定了越界恐怖主义难以平息。不过一旦巴基斯坦出于改善两国关系的努力,停止其支持、资助的政策,则恐怖主义对两国关系的破坏性作用势必减弱。但此举又将削弱巴基斯坦抗衡印度的能力,使其在实力对比失衡的状况下缺失了一个有力的工具。水资源问题与克什米尔也存在着难以分割的联系,印巴两国用水量的上升与供给量的减少存在的矛盾,唯有在两国相互体谅的基础上,通过制度的约束,才能得以缓解。而矛盾在于,制度是原则性的具体体系,具有相对的静态性。两国在水资源分配上,因利益的权衡,总会存在不断的动态演化。这种状况决定即便有水资源分配条约的约束,两国的矛盾及博弈也会持续进行。

在不稳定的双边关系中,有了核武器这一因素,是增加了对抗的稳定性还是风险性?这在印巴关系中,一直是讨论的热点。两国战略追求的不同,注定了会将核武器作为不同的政策工具加以使用。两国核军备的差距及核战略的分歧,使相互关系具有不均衡的特性。与核武器具有的切实破坏性、控制体制的不确定性相结合,使得印巴的安全对峙更具风险性,两国的核冒险政策在最初的试探、交锋中也渐趋于止息、平定。其中,以美国为首的国际社会的努力发挥了较大的作用,而印巴的"核学习"也会驱使两国逐渐理性。因而,促使印巴调整关系的因素可归结为国际体系的结构性压力、国家政策的趋利避害的主动性调整以及借助于核因素的技术效应。

地区层次上,对于阿富汗及中亚的争夺,是出于印巴战略、安全、经济利益的驱使。在印巴的观念中,利益的博弈属于零和博弈,这也是"安全困境"意识在多个领域的体现。这种观念,造成了两国在中亚及阿富汗的竞争充满了非此即彼的对抗意味。妨碍两国之间的互信,阻滞两国关系的发展、改善。

在整体国际体系中,印巴关系会受到生存、安全的结构性压力,这种压力更容易转化为邻国之间的竞争乃至对抗。而大国的战略利益倾向于地区的稳定，因而会发挥其影响力，对印巴的对抗及危机进行化解，使之趋向于缓和、常态化发展。国际进程的因素，会强化国家间交往的彼此交织、相互依赖，抑制战争的冲动。随着印巴两国在经济及多个领域合作关系的展开，密切的联系、交流，会使得两国关系中的对抗成分逐渐消减。

认识到长期僵硬的对峙关系的破坏性，从国内民众的意向及预期来看，也对两国关系持续反复厌倦，加上大国的推动与政治领导人政策调整的结合，印巴逐渐开始了改善关系的尝试。两国确立会谈时间表，设定谈判的议程，就双方存在争议的问题进行了长时间、各级别的会谈，并取得了一些成果。其间虽经历了意外事件的干扰，出现了停滞，但两国没有走向全面的对峙。在印巴关系逐渐缓和后，两国重启了和谈进程。由于不可回避的核心议题——克什米尔问题的存在，使两国的和谈并不被外界看好。印巴新一轮和谈的亮点在于，两国回避了克什米尔问题上的尖锐对立，转而集中于经贸领域的具体问题，并切实进行了两国在经贸领域里的合作，以至于学者称之为超越克什米尔。

二　印巴关系：前景展望

印巴重新启动和谈时，开始聚焦于经贸领域的合作，两国在具体的事件上体现出有利于对方的意向。如印度向巴基斯坦提供电力，以弥补巴基斯坦电力需求上的缺口，巴基斯坦给予印度最惠国贸易地位；两国签署关税合作协议、相互承认协议、调整贸易申诉协议；印度承诺消除非关税贸易壁垒，巴基斯坦承诺削减"否定清单"上商品数量直至完全停止。考虑到印巴两国间的贸易体量不大，经贸合作的空间具有较大的潜力，以及近来两国间便利经济发展与贸易联系的举措，加上政府重启和谈后对争议问题的回避。有学者认为可以效法二战后法德之间的合作之路，先从较少争议、容易进行的功能性次级领域谈起。在经济联系日渐紧密以至于形成经济的相互依赖后，两国的经济、社会等领域开始真正地融合，政治、外交等领域的合作自然会提上日程。但印巴之间，彼此贸易额存在的可发掘空间较小，经济的互补性不强，在经济的具体合作上受制于政治关系，很难有自由发展的空间。况且，两国的政治体制、宗教、文化等差别较大，难以形成类似于法德之间开展经济合作所具备的成熟制度。因而，经济合作只能作为尝试，难以显示出改变、超越印巴间传统关系的迹象。

如前文论证，印巴间关系受到多重难以回避的因素的制约。其中最根本的在于根深蒂固的二元对立的思维，使印巴领导人及公众都习惯于将两国的关系看作是一场"零和博弈"，当然这根源于两国立国理念及观念、认知的难以相容，即整体观念结构的深层对立。这种镜像式的认知，集中体现于双方在多个问题领域的博弈。以往影响、制约印巴关系的多种因素，仍会持续发挥作用，而其复杂联动形成的合力会最终决定印巴关系的走向。克什米尔因素的根本性地位，牵一发而动全身的关键性仍难以撼动。核武器、核威慑在成熟、理性的领导体制下，会成为政府的政策工具而非真实的可投入的武器。水资源的争端虽然关乎巴基斯坦的生命线的安全，但在两国逐渐摸索、制度化的管控下也不会成为引爆两国关系的"炸药"。即便两国在阿富汗、中亚的利益角逐较为激烈，根本的着眼点还在于争取对己有利的战略空间、能源供给及经济机会与政治上的紧密联系，这些也不会成为最困扰印巴关系、最牵动两国"极为敏感的神经"的问题。越界恐怖主义问题是不时困扰两国关系，给两国和平进程带来破坏性影响的老问题。该问题的复杂性在于，它与克什米尔问题紧密相连，不时会触动两国关系的根本。时至今日，虽然在政府层面提出有关克什米尔问题的多种解决方案，有些方案几乎到了已被两国接受、成为最终"答案"的程度，但方案能否在克什米尔被多数民众认可、接纳仍无法解答。因而，对于印巴关系中的克什米尔，仍未看出有问题解决的征兆和较易被认可的方案，这将成为印巴关系难解的扭结。而在2013年新年伊始，印巴在克什米尔地区再次交火，两国关系中出现了一些波折。

印巴关系最终会走向何方，这是牵动各方关注而预言又不断被打破的问题。印巴独立后直至 90 年代末，两国关系一直在对抗、冲突的"迷雾"中演进。以美国为首的大国虽然时时施加压力，促使印巴关系缓和、调整，而实际获得的功效只是在冷战后两国没有再次走上战争。印巴关系的改善出现于美国因反恐需要发动对阿富汗战争之后，安全情势出现的改变包括：巴基斯坦配合美国反恐需求，转变支持塔利班及恐怖组织的政策；印巴因议会大厦遇袭，再次走上大规模的军事动员及边境对峙。而其中未曾改变却意义重大的一个因素是，两国已经拥有了核武器，核武库在不断充实，核战略也在不断"打磨"中渐趋成型。

印巴各自的国家战略发展中，印度越来越专注于其大国战略的追求，巴基斯坦则受困于国内政治、经济、安全形势的恶化。虽然"两国都感受到在更广泛的地域范围内与区域外国家发展关系的好处"①，但其潜在的意义却完全不同。对印度来说，其大国战略追求需要稳定的双边关系，因而印度对区域外交战略做出调整，改善与周边邻国的关系，对巴基斯坦关系调整显然是其中的重要环节。出于经济利益、防务安全的考虑，印度提出"东向战略"，不断拓展、深化与东南亚国家的关系，加强与东亚地区国家在各领域的合作关系。在印度的大国战略追求中，与全球大国的互动、协调是最重要的依托。印度为此极力配合美国的战略需求，注重与美国在战略、安全方面的合作。因其深知在美国全球战略布局中，印度所处的位置及产生的价值。与俄罗斯在军事方面的合作则较为密切，两国经济合作也逐渐深入。中印之间，在探索解决边境问题的基础上，两国政治、经济关系持续发展。印度的外交战略中越来越重视发展与区外国家的关系，这就要求其首先必须保障区域安全环境的稳定。而对巴基斯坦而言，因反恐而带来的政治的不稳、经济发展受阻及内部安全威胁程度的加剧，是其面临的最大问题。发展与区外国家的关系可以一定程度上缓

---

① ［美］罗伯特·J. 阿特、罗伯特·杰维斯编：《国际政治：常在概念和当代问题》，时殷弘、吴征宇译，中国人民大学出版社 2007 年版，第 287 页。

解与印度竞争的压力,如发展同阿富汗、中亚国家的关系可以避免两面作战的风险,改善其战略及安全境遇;同中国密切的政治、经济、能源、安全上的合作,可以缓冲与印度对峙的风险;与美国密切的反恐合作,可以获得经济、军事上的收益,使巴、美、印三边关系不至于太过倾斜。巴基斯坦的战略考量中,安全因素显然占了极重的分量,而这一切源自于巴基斯坦仍将印度视为最大的安全威胁。虽然,在巴基斯坦的战略考量中,可以借助发展与区外国家的关系,平衡印度的影响。但近在咫尺的邻国,毕竟是巴基斯坦发展外交关系最直接也是最现实的对象。改变国家的处境,最终还是要取决于印巴关系的发展程度,这对巴基斯坦领导人来说,是必须面对的事实。

无论从两国竞争、对峙的关系有了核武器这一因素,还是对两国外交战略的现实分析,都可以看出印巴近年来致力于改善关系的内在制约。核武器具有的毁灭性这一技术因素,同印巴两国的政治、战略考量密切联动,使得国家的政策选择都难以把稳定对抗关系的最终希望放在核武器上。这就需要保持两国关系的稳定性,通过缓和、对话降低两国关系的竞争乃至冲突强度,发展在各个领域的合作以加深彼此的联系,以相互依赖来缓解矛盾,弱化对抗、冲突的可能性。

从深层次制约因素分析,结合印巴关系延伸的轨迹及演化的脉络,可以判断两国会继续沿着改善关系的路径进行探索。即便从两国来说,印度的大国追求需要有一个稳定的邻国,而巴基斯坦脆弱、乱象丛生的国内环境,都使得和平进程成为双方最优的选择。况且,从国际体系的结构性压力以及体系进程层次形成的国家交往的制约来看,解决两国关系的战争选择已渐渐被舍弃。通过已然存在的国际制度及国家之间的机制化联系,来化解矛盾、缓和关系成为常态化的选择。以美国为首的大国,因其与南亚的复杂利益关联,从其战略需求出发,也会极力压制印巴两国的战争"冲动",推动两国以对话、和谈的方式解决两国间存在的争议。依据两国交往的历史经历,在未来两国关系的发展中,可能仍会有恐怖主义事件的袭扰,有克什米尔实控线附近的交火。但两国已逐渐学会用高危的态势、用战争追近的手法，挤压出对己较为有利的结果。而真正的战争选择，因其高成本、不可控，实际已被两国在对抗中逐渐舍弃。印巴关系的未来也会在两国曲折的和谈进程中不断演化，尽管目前还难以看到克什米尔问题得到解决的曙光，但两国关系的走向不会有根本改变。

参考文献

中文文献

1. 张蕴岭主编:《21世纪:世界格局与大国关系》,社会科学文献出版社2001年版。
2. 张蕴岭主编:《未来10—15年中国在亚太地区面临的国际环境》,中国社会科学出版社2003年版。
3. 陈继东等:《印巴关系研究》,巴蜀书社2010年版。
4. 陈继东主编:《当代印度对外关系研究》,四川出版集团、巴蜀书社2005年版。
5. [美]斯蒂芬·科亨:《大象和孔雀——解读印度大战略》,刘满贵等译,新华出版社2002年版。
6. [美]扎米尔·卡利扎德、伊安·O.莱斯:《21世纪的政治冲突》,张淑文译,江苏人民出版社2000年版。
7. 吴永年:《21世纪印度外交新论》,上海译文出版社2004年版。
8. 雷启淮主编:《当代印度》,四川人民出版社2000年版。
9. 杨翠柏、李德昌主编:《当代巴基斯坦》,四川人民出版社1999年版。
10. [美]肯尼斯·沃尔兹:《国际政治理论》,信强译,上海世纪出版集团2003年版。
11. 王逸舟:《当代国际政治析论》,上海人民出版社1995年版。
12. 王传剑:《双重规制:冷战后美国的朝鲜半岛政策》,世界知识出版社 2003 年版。

13. ［印］贾斯万特·辛格：《印度的防务》，解放军出版社 2002 年版。

14. ［英］巴里·布赞、［丹］奥利·维夫：《地区安全复合体与国际安全结构》，潘忠岐等译，上海世纪出版集团 2010 年版。

15. ［英］巴里·布赞：《人、国家与恐惧》，闫建、李剑译，中央编译出版社 2009 年版。

16. ［美］亚历山大·温特：《国际政治的社会理论》，秦亚青译，上海世纪出版集团 2008 年版。

17. 冯绍雷、项兰欣主编：《普京外交》，上海人民出版社 2004 年版。

18. ［巴］G. 阿拉纳：《伟大领袖真纳》，袁维学译，商务印书馆 1983 年版。

19. ［英］哈罗德·麦克米伦：《麦克米伦回忆录（三）》，商务印书馆 1980 年版。

20. ［美］詹姆斯·多尔蒂、小罗伯特·普法尔茨格拉夫：《争论中的国际关系理论》，阎学通等译，世界知识出版社 2003 年版。

21. 孙士海主编：《印度的发展及其对外战略》，中国社会科学出版社 2000 年版。

22. 孙士海主编：《南亚的政治、国际关系与安全》，中国社会科学出版社 1998 年版。

23. 孙士海、葛维钧：《列国志·印度》，社会科学文献出版社 2003 年版。

24. 张力：《印度总理尼赫鲁》，四川人民出版社 1997 年版。

25. 赵伯乐主编：《当代南亚国际关系》，中国社会科学出版社 2003 年版。

26. 张忠祥：《尼赫鲁外交研究》，中国社会科学出版社 2002 年版。

27. 林承节主编：《印度现代化的发展道路》，北京大学出版社 2001 年版。

28. 杨洁勉：《国际合作反恐》，时事出版社 2003 年版。

29. 马加力：《关注印度——崛起中的大国》，天津人民出版社 2002

年版。

30. 赵干城：《印度：大国地位与大国外交》，上海人民出版社 2009 年版。

31. 矫健：《冷战后俄罗斯南亚政策研究》，博士学位论文，吉林大学，2010 年。

32. 张贵洪：《超越均势》，博士学位论文，复旦大学，2003 年。

33. 章节根：《印度的核战略》，博士学位论文，复旦大学，2007 年。

34. 张力：《冷战后时期印度的外交与战略安全》，博士学位论文，四川大学，2006 年。

35. 张晓玉、张长军：《美国新南亚政策及其对南亚地区安全形势的影响》，《解放军外国语学院学报》2002 年第 3 期。

36. 阎学通：《历史的继续：冷战后的主要国际政治矛盾》，《现代国际关系》2000 年第 6 期。

37. 阎学通：《东亚和平的基础》，《世界经济与政治》2004 年第 3 期。

38. 蔡华堂、孟江虹：《论大规模杀伤性武器的扩散与国际和平与安全的维护》，《解放军外国语学院学报》2003 年第 3 期。

39. 赵干城：《印度的大国外交：现实与梦想》，《国际展望》2002 年第 2 期。

40. 赵干城：《印度东向政策的发展及意义》，《当代亚太》2007 年第 8 期。

41. 李冠杰：《一种正常的战略伙伴关系——印俄战略合作的成效与前景》，《俄罗斯研究》2012 年第 4 期。

42. 余华川：《90 年代以来俄巴关系的演变》，《俄罗斯研究》2004 年第 4 期。

43. 楼春豪、张明明：《南亚的战略重要性与中国的南亚战略》，《现代国际关系》2010 年第 2 期。

44. 郑先武：《安全复合体理论与东亚安全区域主义》，《现代国际关系》2005 年第 1 期。

45. 沈宏：《巴基斯坦的战略选择与战略困境》，《外交评论》2011 年第 5 期。

46. 沈宏：《巴基斯坦的战略选择：伊斯兰、联盟与进攻性防御》，《南亚研究》2011 年第 1 期。

47. 傅小强：《印度对中南亚地区战略剖析》，《外交评论》2011 年第 5 期。

48. 杜朝平：《论印度东进政策》，《国际论坛》2001 年第 6 期。

49. 张贵洪、邱昌情：《印度东向政策的新思考》，《国际问题研究》2012 年第 4 期。

50. 孙士海：《尼赫鲁外交思想形成探析》，《南亚研究》2006 年第 2 期。

51. 孙士海：《印度的对外战略思想与核政策》，《当代亚太》1999 年第 10 期。

52. 王希：《巴基斯坦国父真纳政治思想初探》，《南亚研究》2011 年第 4 期。

53. 杜佑康：《在核战争边缘上徘徊》，《国际展望》1994 年第 3 期。

54. 李志民：《印巴核武器系统能力分析》，《2002 年中国未来与发展研究报告》，2002 年。

55. 章节根：《核学习与印巴核威慑的稳定性分析》，《南亚研究季刊》2004 年第 4 期。

56. 黄钟：《巴基斯坦的核试验及其影响》，《现代兵器》1998 年第 9 期。

57. 王军平、柳缠喜：《印度在核试验前的情报封锁》，《现代军事》1999 年第 2 期。

58. 陆宁：《贾盖的巅峰时刻》，《国际展望》2003 年第 2 期。

59. 张力：《911 事件后的印巴关系与南亚地区安全》，《南亚研究季刊》2002 年第 1 期。

60. 张力：《南亚安全局势的近期发展及其影响因素》，《当代亚太》2003 年第 12 期。

61. 张力：《印度的核政策与核战略》，《南亚研究季刊》2000 年第 2 期。

62. 张力：《中国的南亚外交与克什米尔问题》，《南亚研究季刊》2006 年第 1 期。

63. 张四齐：《2003 年的南亚》，《国际资料信息》2004 年第 2 期。

64. 吴征宇：《关于层次分析的若干问题》，《欧洲》2001 年第 6 期。

65. 程同顺、高飞：《印度的混合式民主》，《学习论坛》2011 年第 10 期。

66. 陈金英：《两大党制：印度多党制分析》，《国际论坛》2008 年第 1 期。

67. 宋海啸：《印度对外政策决策模式》，《南亚研究》2011 年第 2 期。

68. 杜冰：《巴基斯坦的困境及前景》，《现代国际关系》2012 年第 3 期。

69. 苏长和：《解读〈霸权之后〉——基欧汉与国际关系理论中的新自由制度主义》，《美国研究》2001 年第 1 期。

70. 邓兵：《印度东北地区国内安全问题》，《南亚研究季刊》2006 年第 2 期。

71. 陈继东、李景峰：《巴基斯坦在美国阿富汗新战略中的独特地位》，《东南亚南亚研究》2010 年第 4 期。

72. 胡文俊、杨建基、黄河清：《印度河流域水资源开发利用国际合作与纠纷处理的经验及启示》，《资源科学》2010 年第 10 期。

73. 胡文俊、张捷斌：《国际河流利用权益的几种学说及影响述评》，《水利经济》2007 年第 6 期。

74. 刘思伟：《对当前印巴水资源纠纷的理性思考》，《和平与发展》2011 年第 3 期。

75. 夏立平：《巴基斯坦核政策与巴印核战略比较研究》，《当代亚太》2008 年第 3 期。

76. 林国炯：《威慑理论及其在实现中国统一进程中的作用》，《国际政治研究》2004 年第 4 期。

77. 田景梅：《核威慑与核战争》，《外交学院学报》1997 年第 4 期。

78. 江西元：《试析国际体系结构转型：范式界定、特点与趋势》，

《现代国际关系》2007年第10期。
79. 刘江永：《美国军事介入钓鱼岛将面临两难困境》，《国际问题研究》2011年第3期。
80. 马加力：《印巴关系前景》，《和平与发展》2004年第2期。
81. 王东：《印巴关系的变化与克什米尔问题》，《南亚研究季刊》2004年第2期。
82. 李群英：《印巴关系缓和现状与前景》，《现代国际关系》2011年第6期。

二 英文参考文献

1. "Addition Protocol to the SAARC Region on Suppression of Terrorism," http：www.indianembassy.org.cn.
2. "Agra summit failed due to Indian official," *Hindustan Times*, New Delhi, December 4, 2010.
3. "Agra summit at a glance," http：//news.bbc.co.uk/2/hi/south_asia/1430367.stm.
4. Ahamed, Naeem, "Rise of Terrorism in Pakistan: Reasons, Implications and Countering Strategies," *Journal of South Asia and Middle Eastern Studies*, Vol. XXXIII, No. 4, Summer 2010.
5. Ahmed, Qazi Hussain, "The Kashmir Issue: Reflections," *Dawn*, February 4, 2006.
6. Ali Salamat and Clad James, "Democracy on Trial: Political Uncertainty Likely to Follow Army-backed polls," *Far Eastern Economic Review*, October 4, 1990.
7. Allouche, Jeremy, "Water Nationalism: A Explanation of the Past and Present Conflicts in Central Asia," *The Middle East and Subcontinent*, Geneva: University of Geneva, 2005 "An IISS strategic dossier: Pakistan's nuclear program and imports," http://www.iiss.org/publications/strategic-dossiers/nbm/nuclear-black-market-dossier-a-net-as-

sesment/pakistans-nuclear-programme-and-imports.

8. "Army concerned about Karachi situation: ISPR," *Daily Times Pakistan*, September 5, 2011.

9. Asthana, Vandana, "Cross-Border Terrorism in India: Counterterrorism Strategies and Challenges," *ACDIS Occasional Paper*, Azmat, Abbas, "Tightening the Noose," *The Herald*, February 2002.

10. Bajai, Kanti, "India-US Foreign Policy Concerns: Cooperation ang Conflict." In Gary K. Bertsch, Seema Gahlaut, and Anupam Srivastava (eds.), *Engaging India*, *US Strategic Relations with the World's Largest Democracy*, New York: Routledge, 1999.

11. Barnett, Michael N., "sovereignty, Nationlism, and regional Order in the Arab State System," *International Organization*, Sumer 1995, 49: 480.

12. Bedi, Rahul, "India joins anti-Taliban coalition," *Jane's Intelligence Weekly*, March 15, 2001.

13. Bedi, Rahul, "Pay to Keep the High Ground," *Janes Intelligence Review*, Vol. 11, No. 10, October 1999.

14. Bhatty, Roy Sultan Khan, "Pakistan's Relations with the Central Asian Republics and the Impact of United States' Policies in Shaping Regional Dynamics," *Journal of South Asia and Middle Eastern Studies*, Vol. XXXII, No. 1, Fall 2008.

15. Bhushan, Chandra, "Terrorism and Separation in North-East," *India Dehli: Kalpaz Publisher*, 2004.

16. Bokhari, Ashfak, "The Kishanganga dam case," *Inpaper Magzine*, May 16, 2011.

17. Bruce, Reidel, "American Diplomacy and the 1999 Kargil Summit at Blair House," *Center for the Advanced Study of India*, University of Pennsylvania, 2002.

18. Burns, John F., "Pakistan Moves Against Groups Named by India," *New York Times*, December 29, 2001.

19. Buzan, Barry, *People, States and Fear: The National Security Problem in International Relations*, Chapel Hill: The University of North Carolina Press, 1983.
20. Cheney, Dick, *Annual Report to the President and the Congress*, February 1992.
21. Coll, Steve, "The Back Channel," *The New Yorker*, March 2, 2009.
22. Crisis Group Report, "Pakistan's Relations with India: Beyond Kashmir?," *Asia Peport* N°224, May 3, 2012.
23. Conley, Jerome M., "Indo-Russian Military and Nuclear Cooperation: Implications for U. S. Security Interests," *INSS Occasional Paper* 31, *Proliferation Series*, February 2000.
24. Crossette, Barbara, "Pakistan Asks U. N. Council for Action on Kashmir," *New York Times*, May 30, 2002.
25. Doyle, MichaelW., "Kant, Liberal Legacies, and Foreign Affairs," *Philosophy and Public Affairs*, Vol. 2, No. 3, Summer 1983.
26. "Draft Report of National Security Advisory Board on Indian Nuclear Doetrine," http: www. indianembassy. org / Policy / CTBT / Nuelear-doetrine_ Aug17_ 1999. html.
27. Effendi, Maria Saffudin, "Pakistan-India Peace Process: Summit in Focus (1999 – 2005)," *Regional Studies*, Vol. xxiv, No. 3, Summer 2006.
28. Erikson, Michael and Peter Wallensteen, "Armed Conflict, 1989 – 2003," *Journal of Peace Research*, 41: 5 (September 2004).
29. "Exercise Brasstacks," http: users senet. com/au-wingman/bras. html Pakistan times, January 4, 1987.
30. Farzana, Shah, "Cost of war on terror for Pakistan," *Asian Tribune*, (2009), Available: http: //asiantribune. com/07/31/cost-of-war-on-terror-for-pakistan.
31. Fayyaz, Shabana, "Indo-Pak Joint Anti-Terrorism Mechanism," *IPCS Issue Brief*, 126, September 2009.

32 "Fatalities in Terrorist Violence in Pakistan 2003 – 2011," http://www.satp.org/satporgtp/countries/pakistan/database/casualties.htm.

33 Friedman, Richard E., "U. S. Complementary Strategy: The Pakistan Opportunity," *An Online National Security Journal Published by the National Security Rorum* Fukuyama, Francis, "The End of History?," *The National Interest*, Summer 1989.

34 Munro, Alan, "Humanitarianism and conflict in apost-Cold War world," 30 – 09 – 1999 Article, *International Review of the Red Cross*, No. 835.

35 Garver, John W., *China South Asia Interests and Policy*, Prepared for panel on "China's Approaches to South Asia and to Former Soviet States," U. S. -China Ecnomic and Security Review Commission.

36 "Religion and Governance: Islamization of Society," Gilani Research Foundation Full report available: http://www.gallup.com.pk/Polls/31 – 05 – 11. pdf.

37 Haider, Ejaz, "Nonprolireration, Iran and Pakistan," *Friday Times*, September 19, 2003.

38 Haq, noorul and Nargis Zahra, "Pakistan-India Peace Process (2008 – 2009)," *IPRI Factfile* Haus, Ernst B., *The United Nations and Collective Management of International Conflict*, New York: UN Instiute for Training and Research, 1996.

39 Hersh, Seymour M., "On the Nuclear Edge," *New Yorker*, March 29, 1993.

40 "India: BJP Declares Readiness to Deploy Nuclear Weapons," *Business Standard*, April 8, 1996.

41 "India formally allows foreign investment from Pakistan," *Reuters*, August 1, 2012.

42 "India and Pakistan Joint Statement," *South Asia Strategic Stability Insititute Archive*, August 9, 2004.

43 "India's 'Look East Policy'", *People's Daily*, April 6, 2012.

44. "India's Nuclear Doctrine: An Alternative Blueprint," *Report of Institute of Peace and Conflict Studies*, "India's Nuclear Weapons Program Operation Shakti: 1998," http://nuclearweaponarchive.org/India/IndiaShakti.html.

45. "India-Pakistan Peace talks: Slow Progress", *South Asia Monitor*, No. 75, October 1, 2004.

46. "India delegation visit: Gilani reaffirms commitment to peace with New Delhi," *The Express Triibune*, February 23, 2012.

47. "India-Pakistan Joint Statement on Tulbul Navigetion/Wullar Barrage Project," *Ministry of External Affairs*, India, March 28, 2012.

48. "India's Nuclear Separation Plan: Issues and Views", *CRS Report for Congress*, Order Code RL33292.

49. "Inventories of fissile materials and nuclear weapons," *SIPRI*, *Yearbook*, 1995.

50. Irshad, Muhammad, "Terrorism in Pakistan: Causes & Remedies," *The Dialogue*, Volume Ⅵ, Number 3, September 7, 2011.

51. Jacob, Happymon, "Kashmir Insurgency, 20 Years After," *The Hindu*, December 24, 2009.

52. "Joint Statement of India-Pakistan," *Journal of Peace Studies*, Vol. 11, Issue 1, January-March, 2004.

53. "Joint India-US Statement, India-US Relations: A Vision for the 21st Century," March 21, 2000, http:www.indianembassy.org/indusrel/clinton_india/joint_india_us_statement_mar_21_2000.htm.

54. Jung, Najeeb, "What Kashmir Wants," *Times of India*, August 30, 2010.

55. Kahler, Miles, "Inventing International Relations," in Michael W. Doyle & G. John Ikenberry, (eds.), *New Thinking in International Relations Theory*, Colorado: Westview Press, 1997.

56. Kaul L. K., Teng M. K., "Human rights Violations of Kashmiri

Hindu's," in Tomas R. (ed.), *Perspectives on Kashmir: The Roots of Conflict in South Asia*, Boulder, Westview Press, 1992.

57. Kaushish, Poonam, "Clinton's South Asia Sojourn Shapes a New US Policy on the Region," http://www.southasiatimes.com/article/May2000/clinton.htm.

58. Kerr, Brianr R., "Indian-Pakistani competition in Afghanistan: Thin line for Afghanistan," 2011 *Report of Center For Conflict and Peace Studies*.

59. Kanwal, Gurmeet, "How many Nuclear Warheads does India Need?" *Peace and Conflict Studies*, Article No. 1995, March 6, 2006.

60. Keys, Laurinda, "Pakistan President Says There are Circumstances For Use of Nuclear Weapons," *Associated Press Newswire*, June 4, 2002.

61. Khaleeq, Kiani, "Track-II Forum Floats Idea of Siachen 'Peace Park'," *Dawn (Islamabad)*, December 3, 2009.

62. Khan, Azmat Hayat, "Pakistan's Geo-Economic Interests in Central Asia," *Central Asia Journal*, University of Peshawar, (55), Winter 2004.

63. Khwaja, Asma Shakir, "The Changing Dynamics of Pakistan's Relations with Central Asia," *Central Asia-Caucasus Analyst*, February 23, 2005.

64. "killing time in Kashmir", *New Statesman and Society*, September 3, 1993.

65. Knaul, Krista, "Nationalism in the Post Cold-War World," *Honors College Capstone Experience/Thesis Projects*, Paper 87, 11 – 21 – 1996.

66. Kohli, Atul, "India's Democracy," Princeton University Press, 1990.

67. Krasner, Stephan D., "International Regimes," Ithaca: Cornell University Press, 1983.

68. Krueger, Elizabeth, Rossana Pinto, Valarie Thomas, "Impact of the

South Asia Free Trade Agreement," *Policy Analysis Workshop Public Affairs* 869, Spring 2004.

69. Major incidents of Terrorism-related violence in Pakistan, 1988 – 2004, http://www.satp.org/satporgtp/countries/pakistan/database/majorinc2004.htm.

70. "Manmohan Singh Opens to Soft borders with Pakistan," *Times of India*, New Delhi, May 26, 2004.

71. Matinuddin, Kamal, *The Nuclear of South Asia*, Karachi, Oxford University Press, 2002.

72. Malik, Iffat, "Kashmir: Ethnic Conflict International Dispute," Oxford University Press, 2002.

73. Malik, J. Mohan, "South Asia in China Foreign relations," *Pacifica Review*, Volume 13, Number 1, February 2001.

74. Makiyenko, Konstantin, "Prospects for Russian Presence in South Asian Arms and Military Market," *Yadernyy Kontrol* 38, No. 2, March-April 1998.

75. Misra, Ashutosh, "Indo-Pakistan Talks 2004: Nuclear Confidence Building Measures (NCBMs) and Kashmir," *Strategic Analysis*, Volume 28, Issue 2, April 2004.

76. Mitra, S. K., "Desecularising the State: religion and Politics in India after Inderpendence," *Comparatives Studies in Society and History*, October 1991.

77. "Terrorism and Separation in North-East," *India Dehli: Kalpaz Publisher*, 2004.

78. Muni, S. D., "India's 'Look East' Policy: The Strategic Dimension," *ISAS Working Paper*, No. 121 – 1, February 2011.

79. Muravchik, Joshua, *From Containment to Globe Leadership: A Challenge to Noe-Isotionism*, Washington D. C.: The AEI Press, 1996.

80. "No dilution of India's position on 26/11 attack: MEA," Apr 14, 2011, PTI, http://economictimes.indiatimes.com/news/politics/na-

tion/no-dilution-of-indias-position-on-26/11-attack-mea/articleshow/7978920. cms.

81. "Nuclear Threat Reduction Measures for India and Pakistan," *CRS Report for Congress*, Odgaard, Liselotte, "Metternich and China's Post-Cold War Grand strategy," http://forsvaret.dk/FAK/Publikationer/Briefs/Documents.

82. "Pakistan Nuclear Weapons," http://www.fas.org/nuke/guide/pakistan/nuke/.

83. Pand, Aparna, "Islam in the National Story of Pakistan," *Current Trends in Islamist Ideology*, Volume 12, 2011.

84. Pandya, Amit A., "Muslim Indians: Struggle for Inclusion," *The Report of Henry L. Stimson Center*, Number: September 24, 2010.

85. Perkovich, George, *India's Nuclear bomb: The Impaci on Global Proliferation*, New Deli, Oxford University Press, 2001.

86. "Political Parties in India," http://www.cipra.in/paper/polparties.html.

87. "Proliferation of Weapons of Mass Destruction: Assessing the Rish," OTA-ISC-559, *U. S. Congress, Office of "kchnology Assessment"*, August 1993.

88. Raghavan, V. R., "Limited War and Nuclear Escalation in South Asia," *The Nonproliferation Review* 8, No. 3, Fall-Winter 2001.

89. Rakisits, Claude, "Pakistan-China Relations: Bumps on the Road to Shangri-La," *FDI Strategic Analysis Paper*, November 13, 2012.

90. Ray, Jayanta Kumar, *Indian's Foreign Relations*, 1947 – 2007, London and New York: Routledge, 2001.

91. Reidel, Bruce, "American Diplomacy and the 1999 Kargil Summit at Blair House," *Center for the Advanced Study of India*, University of Pennsylvania, 2002.

92. Rodman, Peter W., "The Wolrds Resentment: Anti-Americanism as a Global Phenomenon," *The National Interest*, Summer 2000.

93. Rizvi, Hassan Askari, "Pakistan and Gecstragegic Enviroment," London St. Martin's Press, 1993.

94. Rose, Gottemoeller with Longsworth, Rebecca, "Enhancing Nuclear Security in the Counter-terrorism Struggle: India and Pakistan as a New Region for Cooperation," *Carnegie Endowment Non-Proliferation Project Working Paper*, Number 29, August 2002.

95. Roy, Shubhajit, "Won't use nukes first, says Zardari, but adds a rider," *The Indian Express*, November 22, 2008.

96. Sagan, Scott D., "The Perits of Proliferation in South Asia," *Asian Survey*, Vol. 41, No. 6, 2001.

97. Sagan, Scott D. "The Perils of Proliferation: Organization Theory, Deterrence Theory, and the Spread of Nuclear Weapons," *International Security*, Vol. 18, No. 4, Spring 1994.

98. Shahi, Agha, Zulfiqar Ali Khan, and Abdul Sattar, "Securing Nuclear Peace," *The News*, October 5, 1999.

99. Sharma, Kalpana, "The Hindu Bomb," *Bulletin of the Atomic Scientists*, Vol. 54, Issue 4, Jul/Aug 1998.

100. Singer, David, "The Level-of-Analysis Problem in International Relations," *World Politics*, 14 (1), 1961.

101. "Social, Economic and Educational Status of the Muslim Community of India," *A Report of Prime Minister's High Level Committee, Cabinet Secretariat, Government of India*, November 17, 2006.

102. Syed, Baqir Sajjad, "Foreign Office clears confusion: MFNstatus decision to come later", *Dawn*, November 4, 2011.

103. Syed, Mujtaba, "India, Pakistan and the Future of Afghanistan," http: www.nl-aid.org/continent/south-asia/india-pakistan-and-the-future-of-afghanistan.

104. Tariq, Mobeen, "Nuclear Signaling In South Asia-Analysis", *Eurasia Review*, May 2, 2012.

105. Tariq, Sidra, "The India-Pakistan Peace Process: March-April

2012," *IRS Regional Brief*, March-April 2012.

106. "The Hindu Charioteers," *Economist*, December 14, 1991.

107. The White House, *A National Security Strategy of the United States*, August 1991.

108. The White House, *A National Security Strategy of Engagement and Enlargement*, February 1996.

109. The White House, *A National Security Strategy for A New Century*, October 1998.

110. "Transcript: Hearing of the subcommittee an Asia ang Pacific of the House International Relations Committee," *Federal News Service*, March 20, 2003.

111. "Unfulfilled Promises: Pakistan's Failing to Tackle Extremism," *International Crisis Group Asia Report (Brussels)*, January 16, 2004.

112. Verbitskaya, Natalya, "India must be Russia's number one priority," *Regions of Russia online magazine*, February 20, 2013.

113. Victoria, Schofied, *Kashmir in the Crossfire*, London: Tauris, 1996.

114. Waltz, Kenneth, *Theory of Intrrnational Politics*, New York: McGraw-Hill, 1979.

115. Waslekar, Sundeep, "The Final Settlement: Restructuring India-Pakistan Relations, 2005," *Strategic Foresight Group*, 2005.

116. "We are against terrorism, not religion, says Kayani," *Dawn*, August 14, 2009.

117. Wolff, Jörg, "India-A Democracy Living with Islam," The Konrad-Adenauer-Stiftung (KAS), *International Reports*, Berlin, Dec 31, 2007.

118. Wolf, Aaron T. and Joshua T. Newton, "Case Study of Transboundary Dispute Resolution: The Indus Water Treaty," http://www.transboundarywaters.orst.edu/research/case_ studies/Indus_ New.htm.

119. Zhang Dong, "India Looks East Strategies and Impacts," *Ausaid Working Paper*, September 2006.

120. Zhang li, "China-India Relations: strategy Engagement and Challengs," http://www.ifri.org/index.php?page = contribution-detail&id = 6223 &lang = uk.